# INTRODUÇÃO AO ESTUDO DO DIREITO

**Dados Internacionais de Catalogação na Publicação (CIP)**
**(Câmara Brasileira do Livro, SP, Brasil)**

Roque, Sebastião José
Introdução ao estudo do direito / Sebastião
José Roque. – 3. ed. rev. e ampl. – São Paulo :
Ícone, 2006. – (Elementos de direito)

ISBN 85-274-0748-5

1. Direito – Estudo e ensino  I. Título.
II. Série.

03-5051                                                    CDU-34 (07)

**Índices para catálogo sistemático:**
1. Direito : Estudo e ensino      34 (07)

# SEBASTIÃO JOSÉ ROQUE

Bacharel, mestre e doutor em Direito pela Universidade de São Paulo

Advogado e assessor jurídico empresarial

Professor da Faculdade de Direito da Universidade São Francisco

Presidente do Instituto Brasileiro de Direito Comercial "Visconde de Cairu"

Presidente da Associação Brasileira de Arbitragem – ABAR

# INTRODUÇÃO AO ESTUDO DO DIREITO

## 3ª edição
revista e atualizada
de acordo com o novo
Código Civil

Ícone
editora

© Copyright 2006
Ícone Editora Ltda.

## Coleção Elementos de Direito

**Diagramação**
Andréa Magalhães da Silva

**Revisão**
Nicéia Furquim
Rosa Maria Cury Cardoso

Proibida a reprodução total ou parcial desta obra,
de qualquer forma ou meio eletrônico, mecânico,
inclusive através de processos xerográficos,
sem permissão do editor
(Lei nº 9.610/98).

Todos os direitos reservados pela
**ÍCONE EDITORA LTDA.**
Rua Anhanguera, 56 – Barra Funda
CEP 01135-000 – São Paulo – SP
Fone/Fax: (11) 3392-7771
www.iconelivraria.com.br
e-mail: editora@editoraicone.com.br
iconevendas@yahoo.com.br

# ÍNDICE

## 1. O DIREITO E SEUS ASPECTOS

1.1. Noções e conceito de direito, 11
1.2. A ciência do direito, 13
1.3. O Direito Natural, 13
1.4. Direito e moral, 15
1.5. O direito e a sociologia, 19

## 2. O DIREITO POSITIVO

2.1. Conceito e características, 25
2.2. A codificação do Direito Positivo, 25
2.3. Unificação do Direito Privado, 29

## 3. O DIREITO SUBJETIVO

3.1. Conceito de Direito Subjetivo, 35
3.2. Teorias do Direito Subjetivo, 36

## 4. A LEI DE INTRODUÇÃO AO CÓDIGO CIVIL

## 5. A LEI

5.1. Conceito de Lei, 47
5.2. Classificação das leis, 49
5.3. O processo legislativo das leis ordinárias, 55
5.4. Da sanção, 57

## 6. EFICÁCIA DA LEI NO TEMPO

6.1. Início da vigência das leis, 63
6.2. Princípio da obrigatoriedade das leis, 65
6.3. Princípio da continuidade das leis, 66
6.4. Cessação da eficácia das leis, 67
6.5. Lei repristinatória, 69

## 7. EFICÁCIA DA LEI NO ESPAÇO

7.1. Exterritorialidade da lei, 73
7.2. Direito Internacional Privado, 74
7.3. Teoria dos atos jurídicos, 74
7.4. Elementos de conexão, 76

## 8. APLICAÇÃO DO DIREITO ESTRANGEIRO NO BRASIL

8.1. Harmonização dos sistemas jurídicos, 91
8.2. Dispositivos legais, 92
8.3. Restrições à aplicação da lei estrangeira, 95

## 9. CONFLITOS DA LEI NO TEMPO

9.1. Direito intertemporal, 101
9.2. Teoria da irretroatividade da lei, 102
9.3. Direito adquirido, 104
9.4. Ato jurídico perfeito, 105
9.5. Coisa julgada, 105

## 10. INTERPRETAÇÃO DA LEI

10.1. Conceito de interpretação, 109
10.2. Espécies de interpretação, 110
10.3. A Escola da Exegese, 115

## 11. FONTES DO DIREITO

11.1. As fontes, seus fundamentos e espécies, 119
11.2. Os costumes, 122

11.3. A analogia, 125
11.4. A doutrina, 126
11.5. A jurisprudência, 127
11.6. O direito comparado, 129
11.7. Os tratados internacionais, 131

## 12. OS PRINCÍPIOS GERAIS DO DIREITO
12.1. Conceito, 135
12.2. Os princípios mais comuns, 135
12.3. Princípios modernizados, 147

## 13. OS RAMOS DA ÁRVORE JURÍDICA
13.1. Campo de abrangência do direito, 151
13.2. A divisão romana e a atual, 151
13.3. Direito Privado: Civil, Empresarial, Trabalho, Consumidor, Internacional Privado, 153
13.4. Novos ramos do Direito Privado: à Imagem, Autoral, Cooperativo, Turístico, 158
13.5. Direito Público: Constitucional, Processual, Administrativo, Tributário, Econômico, Financeiro, Penal, Previdenciário, Internacional Público, 161
13.6. Novos ramos do Direito Público: Aéreo, Agrário, Ambiental, 171

## 14. O ESTUDO DO DIREITO NO BRASIL
14.1. O objetivo do curso, 175
14.2. A instituição dos cursos jurídicos, 176
14.3. Os antecedentes do 11 de agosto, 179
14.4. O atual curso de direito, 182
14.5. A profissão de advogado, 184
14.6. A ética profissional, 185
14.7. A luta pelo direito, 188

## 15. VISÃO GERAL DO NOVO CÓDIGO CIVIL
15.1. Amplitude do Código Civil, 193
15.2. A evolução do Código Civil, 194

15.3. A elaboração do Código Civil, 195
15.4. Reação contrária ao novo código, 196
15.5. Aspectos favoráveis, 198
15.6. Visão topográfica do novo código, 200

## 16. O CÓDIGO EMPRESARIAL

## 17. O "CORPUS JURIS CIVILIS"

17.1. A cultura romana no Brasil, 215
17.2. A codificação romana, 216
17.3. A Escola de Recife e o pensamento brasileiro, 219

## 18. O ESPÍRITO E OS IDEAIS ACADÊMICOS

18.1. O espírito do curso de Direito, 227
18.2. O exame vestibular, 229
18.3. A agitação acadêmica, 232
18.4. Os acadêmicos no poder, 237

## 19. A LÓGICA JURÍDICA

19.1. Conceito, objeto e divisão da lógica, 243
19.2. Noções históricas sobre o desenvolvimento da lógica, 244
19.3. Os princípios lógicos, 247
19.4. O conceito e o termo, 249
19.5. Conceito e regras da definição e da divisão, 251
19.6. O juízo e a proposição. Os elementos do juízo. Espécies, 256
19.7. Relações entre os juízos. Da inferência imediata, 260
19.8. Dos métodos em geral. Da inferência mediata, 262
19.9. Do silogismo e seus elementos. Regras, 268
19.10. Modos do silogismo. Espécies, 273
19.11. Valor do silogismo. Do sofisma, 277

# 1. O DIREITO E SEUS ASPECTOS

1.1. Noções e conceito de direito
1.2. A ciência do direito
1.3. O Direito Natural
1.4. Direito e moral
1.5. O direito e a sociologia

## 1.1. Noções e conceito de direito

Se vamos nos introduzir no estudo do direito, necessário se torna considerar o que seja o direito, a nossa matéria. Talvez fosse melhor estudarmos a substância do direito, do que ele se ocupa, e, depois, baseados no que pudermos observar, estabelecer um conceito para ele. Além disso, é bem difícil previamente traçar um conceito estável do que seja o direito em vista de haver diversas modalidades de direito e os ângulos pelos quais ele é analisado. Por esse motivo, cada jurista tem uma impressão peculiar e cada Escola elaborou um conceito próprio (considera-se Escola um grupo de juristas com semelhantes critérios de pensamento). Para se fazer uma idéia do quanto seja polivalente e equívoca a palavra "direito", basta ler as frases adiante:

— Furtar não é direito.
— Tenho o direito de reclamar.
— O direito é um curso prolongado.
— Deus escreve o direito por linhas tortas.
— Ela se julga no direito de vestir o que quiser.
— O transporte é um direito do cidadão, um dever do Estado.
— O braço direito não sabe o que faz o esquerdo.

Apesar de estarmos pisando em areias movediças, qualquer estudo exige, como ponto de partida, que se tome um conceito básico do que se pretende estudar, formado *a priori*. Ao completar o estudo, é possível revisar o conceito considerado. Aristóteles, um dos mais geniais pensadores que o mundo produziu, escreveu muitas obras, entre elas uma, denominada "Lógica", de inestimável valor no estudo do direito. Nessa obra, formulou ele os critérios adotados para se formar uma definição: indicar o gênero próximo e a diferença específica. O gênero próximo é a categoria do que é conceituado; a diferença específica é o que distingue uma realidade da outra. Deu ele um exemplo: "o homem é um animal racional". Animal é o gênero próximo, a substância, a essência do homem (animal por ter anima=alma); racional é a diferença específica, o que torna o homem diferente dos outros animais.

Nas esteiras dessa orientação, diremos que direito é o conjunto de normas e princípios; é o gênero próximo. Essas normas e princípios destinam-se a regular o comportamento do homem na sociedade em que vive; é a diferença específica. Temos então que o direito é o conjunto de normas e princípios que regulam o comportamento do homem na sociedade em que vive. Vê-se, nesse conceito, três realidades patentes: direito/homem/sociedade. Não se pode dissociar uma das outras; o direito provoca íntima correlação entre o homem e a sociedade.

Não se compreende o homem como um ser isolado; o direito não pode analisá-lo. Se o homem não formasse a sociedade com seus semelhantes, não teria ele sobrevivido, por ser mais fraco do que os animais. O homem não tem a força do leão, não nada como os peixes, não voa como os pássaros, não corre como o cavalo, não rasteja como as cobras. A força do homem está na conjugação de esforços com seus semelhantes, movida por objetivos comuns e pela consciência grupal. Baseado nessa conjugação e esforços, Aristóteles deu-lhe uma outra definição: "o homem é um animal social". Modernamente, realçou-se nova conclusão: nenhum homem é uma ilha, mas todos fazemos parte de um arquipélago.

*Ubi societas ubi jus* (onde estiver a sociedade, estará o direito). Assim pensaram os romanos ao criar o direito e não podemos pensar de forma diferente. Onde houver dois homens, haverá a sociedade; precisam eles se unir, aglutinar suas forças para a sobrevivência de ambos. Essa sociedade é formada pelos homens e estes, por sua vez, vivem em função da sociedade. A sociedade primitiva podia ser informal, mas não totalmente. Adão e Eva formaram a primeira sociedade humana; Deus porém impôs-lhes certamente algumas normas seguidas de sanção, caso as transgredissem. Uma delas era a de não comer a famigerada maçã e a regra foi transgredida, provocando a sanção que nós não só a conhecemos mas a sentimos.

Qualquer categoria de sociedade necessita de regras que a regulamentem. Deixar a cada homem a liberdade de escolha de seu comportamento seria submeter a sociedade ao domínio do mais forte, do mais astuto e ambicioso. É o que estamos vendo em nosso país e no mundo inteiro: não se respeita o direito, a justiça não se exerce e ficam as populações indefesas massacradas pela lei do dinheiro e da força. As regras, as normas de comportamento impõem-se para que a sociedade tenha segurança, que a harmonia reine entre seus membros. Elaborar essas normas de boa convivência entre os membros da sociedade é a função do direito.

Desde já, porém, devemos falar que essas normas devem apresentar uma característica essencial: a coercibilidade. Sem essa força de que deve ser dotado o direito, ele não se exerce, não cumpre sua função; será letra morta, fogo sem calor.

## 1.2. A ciência do direito

O termo "direito" é de origem latina: *directum*. Todavia esse termo não é encontrado nos escritos dos juristas romanos, que adotavam *jus*. *Directum* era porém utilizado pela população, ou pela *plebe*, reservando-se o *jus* para as classes cultas. Tornou-se uma ciência normativa, por estipular normas para o bom funcionamento da sociedade. O direito é a ciência do comportamento do homem da sociedade. A psicologia recebe essa mesma definição. Qual será então a diferença de uma para outra? É que a psicologia é uma ciência descritiva; o direito é uma ciência normativa.

Chegamos assim à distinção entre realidade e valor, entre o "ser" e o "dever ser". A ciência descritiva, especulativa ou enunciativa é a ciência do "ser", isto é, do que é. Acontece com as ciências naturais e mesmo com algumas ciências humanas, como a psicologia e a sociologia. A psicologia é também ciência descritiva: exprime como é o comportamento humano, não como "deve ser". Essas ciências emitem juízos enunciativos, concernentes à percepção do mundo natural; são juízos de experiência.

O direito é uma ciência do "dever ser"; é uma ciência que explica como deve ser o comportamento humano e não como ele é. Ao apresentar as normas do comportamento, impõe essas normas à vontade dos cidadãos. A norma é um juízo de valor, um juízo valorativo; é uma lei ética e não natural. Quando a ciência natural diz que um corpo solto no espaço é atraído para o centro da terra, enuncia uma lei natural. Quando o direito diz que é crime matar alguém, impõe uma lei ética.

## 1.3. O Direito Natural

Ao Direito Positivo e ao Subjetivo apresenta-se outro, denominado Direito Natural. Pelo que diz o nome, deriva da natureza humana. Considera-se um direito anterior ao homem e acima dele, um direito por natureza, um ideal de justiça e perfeição. É eterno e universal, pois decorre do gênero humano e não de um indivíduo ou de um povo; não se aplica a um país, mas a todos os homens. Não se submete à relatividade do tempo e do espaço. Alguns o consideram fruto do sentimento e não da razão; é o sentimento do justo, do bom e eqüitativo (*ex aequo et bono*).

O Direito Natural não se contrapõe ao Direito Positivo, visto que não constituem essas modalidades conceituais compartimentos estanques. Ocorre, tão-somente, que o direito é olhado sob diversos prismas, mas se completam e se integram na compreensão dogmática do direito. Não formam teorias conflitantes ou antagônicas; não apresentam divergência, mas convergência ideológica, apesar de serem diferentes entre si.

A previsão do Direito Natural vem da antiga Roma, em que Ulpiano o conceituou: *jus naturale est quod natura omnia animalia docuit* (o Direito Natural é o que orienta todos os animais). O termo "animal", a que se referem os pensadores da antigüidade clássica, origina-se de "anima" (alma). Na Idade Média foi ele enaltecido por Santo Agostinho e São Tomás de Aquino, equiparando-o ao direito divino, transmitido por Deus aos homens. Na opinião do "Doutor da Igreja", acima dos tribunais terrenos, falíveis e humanos, existe um tribunal eterno, divino e infalível, cujas sentenças são verdadeiramente supremas e inapeláveis, o tribunal da indefectível justiça de Deus, diante do qual tanto os grandes como os humildes um dia comparecerão. Esses princípios retratam-se hoje em dia no apego popular a uma justiça acima da justiça positiva, quando alguém se sente injustiçado, mas manifesta sua confiança no Direito Natural, com esta frase: "Deus é grande".

O verdadeiro corifeu do Direito Natural foi porém o jurista holandês HUGO GROTIUS, cujas idéias criaram o Jusnaturalismo ou a "Escola do Direito Natural", no século XVI. Para o jusnaturalismo, o Direito Natural é o ideal de perfeição e justiça, existente na consciência de cada um, como fonte de inspiração para o Direito Positivo. Esse direito ideal advém da natureza, enquanto o Direito Positivo origina-se da cultura, da produção intelectual do homem. Quando o legislador ignora o Direito Natural, sua produção legislativa tende a criar uma justiça injusta.

Naturalmente, o "direito por natureza" encontra fortes opositores, como os juristas que constituíram a Escola Histórica, a Escola Positiva e a Escola Exegética, das quais falaremos neste trabalho. Escola jurídica é o agrupamento de juristas que obedecem a critérios comuns na interpretação do Direito. As teorias negativistas despertaram porém vivas discussões, transformando o Direito Natural num tema importante. Ao historicismo da Escola Histórica, por exemplo, contrapôs-se o "anti-historicismo", defendendo a existência de um direito imanente à natureza do homem, sem que dele participem as leis e as convenções, um direito racional, porque a razão o forma com a análise da natureza do homem, graças à fecunda e singela consideração dos fins e dos objetivos do ser humano quando foi colocado nesse mundo. Para o anti-historicismo, a razão é a única fonte do direito.

Em resumo, de acordo com as teorias apresentadas, podemos apontar as seguintes diferenças entre o Direito Natural e o Direito Positivo:

1 — O direito Natural tem a sanção na mente do cidadão; no Direito positivo está ela expressa na própria lei, sendo pois automática e externa, organizada pelo Estado.

2 — O Direito Natural é um direito justo, é o que deve ser; o Direito Positivo nem sempre é justo; é o direito que é.

3 — A vigência do Direito Natural é permanente, eterna; no Direito Positivo a vigência é temporária, vigora só quando a lei adquire eficácia até ser revogada.

4 — O Direito Natural preexiste ao homem, não sendo criado por ele; o Direito Positivo é criação arbitrária do homem.

## 1.4. Direito e moral

Analisemos agora a posição do direito com outra ciência tendo também por objeto o comportamento do homem na sociedade: a ética ou moral. Será preferível esta última denominação, a fim de que não tendamos a ligá-la à "ética profissional", norteadora do comportamento do advogado. A moral é uma ciência por criar cientificamente normas de comportamento para o homem, no seu relacionamento, não só com seus semelhantes, mas também no círculo mais amplo de sua existência. Suas leis sobrelevam-se, porém, muito além das relações jurídicas, razão por que constitui a moral mais um ramo da filosofia do que uma ciência. Formula a doutrina do correto comportamento, do bem comum, da arte de viver acertadamente, dos meios que levam o homem à consecução do bem perfeito.

O grande problema das relações "moral/direito" está em se saber se ambos são equipolentes, ou se afastam parcial ou totalmente, quer dizer, se um está contido no outro ou não. A esse respeito, parece não mais haver dúvidas de que direito e moral são realidades separadas, duas ciências autônomas, com muitos pontos de contato, mas também de aspectos em que as normas de um não se harmonizam com as de outro. Essa distinção já se fazia notar na antiga Roma, quando surgiu o aforismo: *non omne quod licet honestum est* (nem tudo que for lícito será honesto). Analisemos um exemplo, baseado nas idéias expostas neste compêndio.

Um pedinte necessitado dirige-se a um cidadão e lhe pede esmola, que lhe é negada. Sob o ponto de vista jurídico, ou seja, perante o direito, merece censura o cidadão que a negou? Não. Não há lei que obrigue a atender àquele pedido; portanto, não transgrediu o Direito Positivo. Sob a ótica do Direito subjetivo, não tem o mendigo o direito de exigir do cidadão a entrega do óbolo. Logo, a recusa do donativo está amparada pela lei, sendo legalmente correto o comportamento do cidadão. Sob o ponto de vista moral, a recusa poderá ser encarada sob outro aspecto. O cidadão tem à sua frente um seu semelhante necessitado; a sociedade em que ambos vivem concedeu a um vários privilégios e para o outro negou esses favores, como a freqüência à escola, um bom emprego, saúde, aparência física, perfeição fisiológica e outros fatores. Será justo negar a um homem sem condições de uma existência condigna uma contribuição que lhe faculte a própria vida?

Formou-se então uma teoria discriminativa entre direito e moral, com o campo da moral bem mais vasto do que o do direito, concentrada no princípio: "Tudo o que é direito é moral, mas nem tudo que é moral é direito". Podemos aceitar pacificamente esse princípio vigorante em nossos dias? Achamos que não. O direito é sempre justo sob o seu aspecto, isto é, meramente jurídico. Sob a ótica moral, o direito e a lei são muitas vezes injustos. As leis são, em vários casos, elaboradas pelo Poder Legislativo para proteger o interesse de poderosos e proporcionar o massacre dos humildes e desprotegidos. Vejamos alguns exemplos: numa separação ou divórcio, desmantela-se uma família constituída de marido, mulher e filhos; o marido fica com a metade dos bens e a mulher com a outra metade. Ambos poderão dissipar esses bens com um potencial novo consorte. Os filhos ficam desprovidos de quaisquer bens e o destino deles estará sujeito à álea da vida. Será justa essa solução? Sob o ponto de vista do direito não há dúvidas pois assim estabelece a lei. Sob o aspecto moral, entretanto, não nos parece uma solução justa. Crianças são pessoas incapacitadas de contratar advogado e defender seus interesses no pretório. Nem tampouco podem fazer *lobby* junto ao Poder Legislativo para a elaboração de leis favoráveis a elas e o resultado é ficarem a descoberto de tutela legal.

Examinemos um fato fora de nossas fronteiras. Na África do Sul concentra-se uma população constituída de mais de 90% de negros e uma minoria branca. Entretanto, a legislação do país nega muitos direitos aos negros, que são reservados só aos brancos. Será justo esse sistema jurídico? É, sob o ponto de vista jurídico pois está na própria Constituição do país. Afronta a moral, contudo; agride a consciência mundial, que se vê obrigada a tolerar essa ordem jurídica e social injusta.

Uma situação que a própria lei provocou dá-nos idéia de um mesmo fato proporcionando conflito de interpretação. A Penitenciária do Estado de São Paulo abriu concorrência para suprimento de alimentação aos detentos, ganhando a licitação uma empresa que se dispôs a fornecer, na época, três refeições diárias a cada membro da população carcerária, a preço de R$ 13.000,00 mensais, o que equivalia a R$ 433,00 por dia. No mesmo mês, o salário mínimo era de R$ 9.606,00. Perguntamos: era justo um salário mínimo de R$ 9.606,00? Era o orçado pela lei, portanto era legalmente justo. Entretanto, a lei proporcionava a um detento o regime alimentício de R$ 13.000,00, mas para um trabalhador chefe de família o salário era de R$ 9.606,00 para o sustento geral dele e de sua família.

A principal discriminação, porém, está na fonte da sanção. No direito, a sanção está prevista na própria lei, enquanto a moral é incoercível, ou, então, fica a sanção contida nas reações sociais, ou seja, pela repulsa a qualquer ato imoral pela sociedade agredida, ou mesmo, poderá ficar contida na própria consciência do imoral. Como mensurará um homem imoral o grau de sanção pela sua imoralidade? A regra moral é então unipolar, vale dizer, apresenta um pólo só; é apenas imperativa. Por exemplo, dou a mão a uma mulher idosa para que ela possa descer do ônibus e atravessar a rua; é um dever que a moral me impõe; mas essa mulher não tem o direito subjetivo, a *facultas agendi*, de exigir que eu a ajude. A regra jurídica, porém, é imperativa e atributiva; ao mesmo tempo que ordena a mim o cumprimento de uma obrigação, atribui ao meu credor o direito de exigir de mim o cumprimento dessa obrigação, conferindo-lhe inclusive o poder de empreender ação judicial. Sob outro aspecto, a moral dirige-se à vontade do cidadão; o direito à sua inteligência, vale dizer, o cidadão aceita ou não os ditames da moral, que está condicionada ao elemento volitivo. A regra jurídica porém se dirige, não à vontade do cidadão, mas à sua inteligência, não se submetendo ao seu querer, mas fazendo-o compreender que será submetido a sanções, caso a ignore.

Apesar dessas considerações, a teoria de que tudo que é direito é moral, mas nem tudo que é moral é direito, vigora numa teoria mais mitigada, esposada pelo jurista inglês Jeremy Bentham e pelo insigne jurista alemão JELLINEK, denominada "teoria do mínimo ético". Não é possível que o direito afronte a moral, mas deve tanto que possível conformar-se com ela. Se a lei não contivesse um mínimo de moral, jamais conseguiria manter a harmonia social e a estabilidade das instituições. Por isso, eles representam o direito e a moral como dois círculos; a moral tem um círculo bem amplo, pois seu campo vai além do direito; um círculo menor é reservado ao direito, mas ficará porém situado no círculo maior, uma vez que o direito não deve sair fora do âmbito da moral:

## 1.5. O direito e a sociologia

Para a devida compreensão do direito, devemos situá-lo bem no seu campo, individualizá-lo, discriminá-lo. Urge ainda a análise de sua posição perante outras ciências afins, que com ele poderão confundir-se. Há pouco, estabelecemos uma comparação entre o direito e a psicologia. Temos agora de fazer a mesma comparação com a sociologia. Se formos observar o programa de matérias integrantes no curso de ciências jurídicas e sociais de todas as faculdades de direito do país, nele encontraremos a sociedade organizada. A razão dessa incidência é a de que a sociologia é exigida como matéria obrigatória pelo programa oficial dos cursos jurídicos. Tal exigência retrata a importância da sociologia para o estudo do direito, frisando ainda que o curso de direito recebe oficialmente o nome de "curso de ciências jurídicas e sociais". Sendo assim, o jurista não se forma apenas como um cientista jurídico, mas também um cientista social.

Antes de estabelecermos a comparação, cabe-nos dar um conceito a uma explicação sobre a sociologia, nos mesmos termos de como fizemos em nossas primeiras linhas, seguindo para a conceituação do direito. O próprio nome dessa ciência nos faz compreender a sociologia como a ciência e o estudo da sociedade (socio = sociedade — logos = estudo, ciência), é portanto o estudo das sociedades humanas, mas sob o prisma especulativo, descritivo; não é ciência normativa como o direito; é ciência de "ser" e não do "dever ser". É verdade que estabelece leis, aplicadas aos fatos ocorridos na sociedade. As leis sociológicas, contudo, são decorrentes de fatos, enquanto o direito estabelece leis para regular os fatos. Essa é a primordial diferença entre sociologia e direito; a primeira é descritiva (do "ser"), a segunda, normativa (do "dever ser"). O objeto da sociologia é o mesmo do direito e de outras ciências consideradas como humanas ou sociais; o homem na sociedade.

Toda ciência caracteriza-se por ter objeto e métodos próprios. Embora o objeto e os métodos da sociologia e do direito guardem alguma semelhança, têm eles focalização peculiar. O objeto da sociologia é "fato social", um fenômeno ocorrido na sociedade, portanto uma realidade positiva. Essa foi a concepção de Augusto Conte, criador do termo "sociologia", que a definiu como "estudo positivo" do conjunto das leis fundamentais próprias dos fenômenos sociais. Embora Comte seja indicado como o criador da sociologia, seu sistematizador foi o pensador, também francês, Emile Durkheim. Este esclareceu melhor o objeto da sociologia, o "fato social". Embora o chame de "fato", incluem-se no fato as maneiras de agir, pensar e sentir dos seres humanos, que ele chama de "consciência coletiva". A expressão "fato" incide mais sobre o que o direito chama de "ato". Esse sentido foi intensificado pelas teorias de Max Weber e Talcott Parsons. O fato social é, na verdade, ação social, o comportamento humano.

Os fatos sociais ocorrem nas mais variadas modalidades de sociedades e nas instituições sociais, como na família, no Estado, na empresa, na escola, as mesmas focalizadas pelo direito. Contudo, como ciência contemplativa e descritiva, estuda a ação social e a sociedade na sua estrutura, seus elementos constitutivos, o funcionamento do organismo social, as transformações ocorridas nas sociedades organizadas, procurando descobrir as causas e as relações que ligam todos esses fatos.

Sem esses conhecimentos, dificilmente o legislador e o jurista poderão encontrar as causas do direito, as causas da lei, enfim, compreender a ciência do direito. Deste modo, a sociologia apresenta-se como a fornecedora de fatores e elementos para que as leis tenham sua justificativa. Ela aponta os defeitos do organismo social; o direito estabelece as normas para que esses defeitos sejam atenuados ou suprimidos. Apresenta as condições objetivas e concretas, os dados necessários, baseados nos quais possa ser elaborada cientificamente a disciplina jurídica do comportamento do homem na sociedade em que vive.

Por outro lado, as pesquisas sociológicas apuram o estágio da sociedade após a aplicação das leis. Poderá então apurar os efeitos da lei sobre a sociedade, revelando então os fatores positivos da lei ou suas possíveis falhas, exercendo assim a função de fornecedora de dados, de antes e após a aplicação da lei.

A sociologia tem seus vários ramos, muitos correlatos como o direito, como a sociologia familiar ou doméstica, a sociologia política ou a sociologia criminal. Esta última, por exemplo, revela as causas sociais do crime, dos fatores sociais que forjam os delinqüentes, a maneira como a sociedade encara o crime e o criminoso, e aspectos correlatos. Pertencem à sociologia criminal os estudos do conspícuo psiquiatra italiano Cesare Lombroso, completados por sua filha Gina Lombroso. Concluiu ele que o criminoso tem uma personalidade desestruturada, às vezes uma lesão cerebral, ou outros fatores que o levam a agir movido por impulsos doentios. Essas teorias forneceram imensos subsídios para a atualização do Direito Penal em muitos países, entre os quais o Brasil.

# 2. O DIREITO POSITIVO

2.1. Conceito e características
2.2. A codificação do Direito Positivo
2.3. Unificação do Direito Privado

## 2.1. Conceito e características

Vem esse direito, etimologicamente, de *positum* (colocado adiante), designação também de "objetivo"(*objectum*). É o conjunto de normas estabelecidas pela sociedade e colocadas à sua disposição, para adequar o comportamento do homem às necessidades sociais. Modela o funcionamento da sociedade com as regras jurídicas, submetendo-se porém às variações no tempo e no espaço; desta forma, o Direito Privado vige para um povo, delimitado numa extensão territorial e num determinado tempo. É pois contingente e variável.

*Jus norma agendi est* (o direito é a norma de agir); assim consideravam os romanos o Direito Positivo. Era o direito colocado à frente dos homens para pautar seu modo de agir; formulava os direitos e as obrigações. Nesse sentido, o direito é um conjunto de -normas obrigatórias de comportamento; é patente pois seu caráter normativo. As normas, porém, não são apenas as legislativas; o Direito Positivo ou objetivo compõe-se das leis promulgadas pelo poder competente, mas também as decorrentes dos costumes, da jurisprudência, dos princípios gerais do direito e outras fontes. É nesse sentido que empregamos as expressões; o direito brasileiro, o direito romano, o direito italiano ou o direito francês. Por esses motivos, o respeitável jusfilósofo italiano Giorgio Del Vecchio definiu o direito como "o sistema de normas jurídicas que regula efetivamente a vida de um povo em um determinado momento histórico".

O Direito Positivo constitui-se principalmente da lei, mas a ela também se agrega o costume (consuetudo), a analogia, a jurisprudência, as obras de doutrina, as convenções ou tratados internacionais.

## 2.2. A codificação do direito positivo

A maneira de apresentação do Direito Positivo é mais sugestiva quando se faz pelos códigos. O código é uma lei, mas uma lei que regulamenta um sistema jurídico; é obra mais completa do que as leis comuns. Enfeixa, não uma questão, mas todo um campo do direito, todas as relações jurídicas de determinada natureza, com tendência a uma unidade. Não se confunde com uma consolidação das leis, como é a CLT; esta é um conjunto de leis da mesma natureza, mas sem a força unificadora e sistêmica de um código.

A tendência legislativa para a codificação é antiga e tradicional, o que nos leva a crer seja efetiva. Os monumentos jurídicos, por meio da história, revelam-nos a preocupação humana para a legislação sistêmica e unitária, tanto que, bem antes do direito romano, apresentava-se codificado. São conhecidos os seguintes códigos pré-romanos:

CÓDIGO DE HAMURÁBI — É o código da antiga Babilônia dos tempos bíblicos, elaborado por ordem do rei Hamurábi. Caracteriza-se pela severidade de suas disposições, adotando largamente a pena de morte.

CÓDIGO DE MANU — Elaborado na Índia antiga, tendo nítido conteúdo religioso.

LEGISLAÇÃO DE SÓLON — Era coordenada em código, elaborada por iniciativa do estadista ateniense Sólon e vigorou em Atenas. Tinha maior inclinação para o Direito Público.

LEGISLAÇÃO DE LICURGO — Foi elaborada pelo jurista espartano Licurgo, e vigorou em Esparta por diversos séculos. Era, ao mesmo tempo, um código e uma constituição.

A antiga Roma abre nova era ao direito, não se dizendo sequer que tenha dividido historicamente o direito em duas fases, portanto a grandeza do direito romano ofuscou de tal forma o direito anterior, que fez superar tudo o que havia antes de Roma. Por isso se afirma que o direito teve o seu berço em Roma. O primeiro código romano foi a "Lei das XII Tábuas", a LEX DUODECIM TABULARUM, assim conhecida por ter sido inscrita em doze lâminas de bronze, mais ou menos nos anos 300/400 antes de Cristo. Resultou de choques existentes, nos primórdios de Roma, entre as classes que compunham a sociedade romana: patrícios e plebeus. Estabeleceu normas muito variadas sobre os diversos ramos do direito, como o Direito das Coisas, Direito da Família, Direito das Obrigações, Direito Penal. Previu os princípios da propriedade privada, os fundamentos do usucapião, a condição servil da mulher, o problema de estrangeiros em Roma, a discriminação social e econômica como a escravidão. Vigorou a Lei das Doze Tábuas por diversos séculos e constituiu a pedra angular sobre que se elaborou o direito romano.

Muito do direito romano ter-se-ia perdido se não tivesse sido preservado por um código, que o mundo todo cultiva, conhecido como "Corpus Juris Civilis". Deu-se essa codificação após a queda do Império Romano do Ocidente em 427 d.C., devido à sobrevivência do Império Romano do Oriente, continuador das tradições romanas. É ainda chamado de código "justinianeu", por ter sido empreendido por iniciativa do imperador Justiniano, de Constantinopla. Justiniano nomeou comissão liderada por Triboniano e formada por outros juristas respeitáveis, como Teófilo, Crátino, Doroteu e Isidoro, que em apenas três anos, agrupou de forma ordenada a legislação romana salva da invasão dos bárbaros.

O "Corpus Juris Civilis" é então considerado o código do direito romano. Compõe-se de quatro partes autônomas, chamadas de Digesto (ou Pandectas), Código, Novelas e Institutas. A parte principal recebeu a designação de Digesto ou também de Pandectas, este último nome de origem grega. É o repositório ordenado de escritos e pareceres dos juristas da antiga Roma, principalmente dos cinco mais proeminentes: Ulpiano, Gaio, Papiniano, Paulo e Modestino. Embora mais pareça obra de doutrina, a opinião desses juristas tinha força de lei.

O Código, ou Codex, é a coletânea de leis romanas no período do Império; essas leis eram chamadas de "Constituições Imperiais". Apesar de ter sido menos importante do que o Digesto, deu a origem etimológica do nome das modernas codificações. Entrou em vigor em 529 d.C.

As "Institutas" são um tipo de código mais simples e elementar, de caráter didático, destinadas mais a estudantes de direito; é baseada na obra de Gaio, *Institutionum*, na qual deve ter originado o nome. Foi publicada logo em seguida ao Código, em 533. Era destinada essa obra principalmente aos estudantes de direito e, seguindo a obra de Gaio, era dividida em capítulos: *res, personae, actiones* (coisas, pessoas, ações). Para que se tenha uma idéia da enorme importância das "Institutas", basta dizer que constituíram o compêndio básico do estudo do direito por quase dez séculos.

As novelas (Novellae leges) são uma coletânea de leis de Justiniano, escritas em grego e promulgadas em Constantinopla. Todavia, essas leis, chamadas também de "Constituições Imperiais" eram rigidamente calcadas nas leis romanas, razão por que são consideradas integrantes do direito romano.

No estudo do Direito Positivo brasileiro, é de grande importância o conhecimento da codificação romana, ou, mais precisamente, do Corpus Juris Civilis, ante a profunda influência sobre nosso direito. Vejamos como chegou até nós essa influência, se o Corpus Juris Civilis veio à vigência quase 1.000 anos antes da descoberta do Brasil. A codificação justinianéia vigorou apenas no Império Romano do Oriente, com a capital em Constantinopla, mas exerceu influência na Europa e mesmo fora dela. Durante cinco séculos, o Corpus Juris Civilis inspirou estudos de juristas europeus, principalmente na Universidade de Bolonha; esses juristas foram chamados de "glosadores" (glosa é comentário ou anotações de um texto). Faziam-se glosas também na Universidade de Coimbra e graças a esses estudos foi elaborado o antigo código português, chamado de Ordenações, ou, no caso português, Ordenações do Reino. Houve três Ordenações do Reino, que receberam o nome dos reis sob cujo cetro foram elas elaboradas, ou seja, Ordenações afonsinas, manuelinas e filipinas.

As Ordenações do Reino continuaram a tradição jurídica romana, por serem calcadas no Corpus Juris Civilis. Elas vigoraram no Brasil durante 416 anos de nossa existência, inclusive quase um século de Brasil independente. Não foi essa, entretanto, a penetração do Corpus Juris Civilis no atual Direito Positivo brasileiro. No século passado, desenvolveram-se os estudos do Corpus Juris Civilis na Alemanha, envolvendo a maioria dos grandes juristas desse país, que foram chamados de pandectistas. Desses estudos, resultou o Código Civil alemão, o BGB (Burgerlich Gesetz Buch), promulgado em 1896 e entrado em vigor em 1900. E foi principalmente no BGB que se inspirou Clóvis Beviláqua para a elaboração de nosso Código Civil.

## 2.3. Unificação do Direito Privado

Ao dar pequena descrição sobre os ramos do direito, indicamos cinco divisões para o Direito Privado: Civil, Empresarial (ou Comercial), Trabalhista, Internacional Privado, do Consumidor. Incluímos o Direito do Consumidor de forma um tanto açodada e baseados nas tendências e desenvolvimento desse ramo recentíssimo. Há nele muitas disposições de Direito Público e outros, embora de Direito Privado, com características que nos autorizam a incluí-lo no campo do Direito Empresarial (anteriormente chamado de Comercial). Ainda que deixássemos de lado esse novo segmento, iríamos considerar os outros quatro. A antiga Roma criou o direito, dividindo-o em Público e Privado, este último *latu sensu* correspondente ao Direito Civil.

Mais ou menos no final da Idade Média e início dos tempos modernos, começa a florescer o Direito Empresarial, com o nome de Direito Mercantil, com sua doutrina elaborada por alguns mestres da tradicional Universidade de Bolonha, como Scaccia, Stracca, Casareggi e outros. Desgarra-se assim do Direito Civil e, com o passar do tempo, firmou-se como disciplina jurídica bem caracterizada e conquistou em breve sua autonomia.

Na década de 30, a Itália, sob o regime fascista, elabora a "Carta del Lavoro", um código de Direito do Trabalho e as análises desse código formaram sugestiva doutrina. Despontou então o Direito do Trabalho, introduzido no Brasil com a Consolidação das Leis do Trabalho, em 1942.

O Direito Internacional Privado foi brotando no século passado, mas só nos últimos anos revelou-se como novo ramo do direito.

Todavia, não obstante o fracionamento do Direito Privado em divisões autênticas, características e autônomas, permanece em tese a potencial unificação do Direito Privado, sob várias alegações. Sob muitos aspectos, julgamos inócua essa discussão, por ser impraticável. O fracionamento deu-se em vista do desenvolvimento da humanidade em suas múltiplas formas de vida. O direito desenvolveu-se também e foi-se tornando bem mais complexo e evoluído; decorreu pois a divisão por força do progresso e do aperfeiçoamento; decorreu de uma necessidade de adaptação do direito às mutações sociais. Unificar novamente o Direito Privado seria reverter a uma situação superada há séculos. Sob o aspecto dogmático, haveria uma indigesta mescla. O Direito do Trabalho desgarrou-se do Direito Civil, adotando legislação própria, e para a solução dos conflitos trabalhistas foi criada a Justiça do trabalho, com rito especial, bem distinto do civil. Não vemos como fundir o Direito do trabalho com o Direito Civil, no atual estágio de ambos. Em igual situação coloca-se o Direito Internacional Privado.

A esperada unificação, contudo, parece concentrar-se na fusão entre o Direito Empresarial com o Direito Civil, discutida há mais de um século. O projeto unificatório restringe-se ao campo legislativo, pois a dicotomia do Direito Privado alarga-se aos campos doutrinário e didático. O que pretendem alguns juristas é a eliminação do Código Comercial, que seria absorvido pelo Código Civil. Essa assimilação encontrou fraca acolhida no mundo inteiro, só vingando na Itália, Suíça e Canadá; a maioria dos países mais evoluídos ainda observa a dicotomia do Direito Privado, com os dois códigos distintos. Sob esse ponto de vista, somos favoráveis à unificação e até a defendemos, por ter sido solução já proposta ao direito brasileiro.

Rememoremos os acontecimentos. O "Esboço" de Teixeira de Freitas previa um código único, que não vingou, surgindo posteriormente o nosso Código Civil, em 1916. Em 1941, uma comissão nomeada pelo Governo Federal, formada por três eminentes juristas, Hahnemann Guimarães, Philadelfo Azevedo e Orozimbo Nonato, apresentou o projeto de reforma do Código Civil. Essa reforma seguia o exemplo da Suíça, com o Código Civil assimilando o Código Comercial. O Direito das Obrigações também ficava integrado num único código, mas em separado do Código Civil, formando o Código das Obrigações.

Louvável esse projeto. Não se compreende o que ocorre com a legislação brasileira no que tange ao direito obrigacional, com dois códigos regulando os contratos. O Código Civil regulamentava o contrato de compra e venda, o que também fazia o Código Comercial, mas com o nome de compra e venda mercantil. Acontece a mesma duplicidade com os outros contratos e outras disposições. Alguns artigos são iguais, *ipsis literis*, gerando redundância; outros são diferentes e conflitantes, gerando confusão. Pelo menos no que toca ao Direito das Obrigações, necessária se torna a unificação. O projeto porém não prosperou.

Nova tentativa deu-se dez anos depois com outra comissão, que não concluiu pela assimilação do Código Comercial, mas unificou o Direito das Obrigações. O projeto foi apresentado ao Congresso Nacional, mas depois retirado. Sucedeu-lhe outro projeto, elaborado por outra comissão. Esse projeto do Código Civil, de nº 634/75, fundiu no Código Civil o Código Comercial, deixando de lado o Livro II deste último referente ao Comércio Marítimo. O novo Código Civil colocou fim a quase um século de dicotomia, com o triunfo da unificação legislativa do Direito Privado.

## A defecção e a retratação de Vivante

Quando estava vivo o debate sobre dicotomia/unificação, os comercialistas, cuja maioria defendia a autonomia legislativa do Direito Comercial, sofreram séria decepção. O maior comercialista conhecido, Cesare Vivante, em 1892, ao pronunciar a aula inaugural do curso de direito da Universidade de Bolonha, sustentou a conveniência de se adotar um único código. Foi o grande trunfo da tese da unificação. Aparece depois a reforma suíça, com a assimilação do Código Comercial pelo Código Civil e Código das Obrigações. Alegava que tanto a ciência como o ensino devem tender para construções unitárias e a justiça não deve ser especializada, para manter o equilíbrio dos interesses e a unidade das regras.

Todavia, Vivante retratou-se posteriormente, convencendo-se de que a adoção de um código único teria trazido grave prejuízo ao progresso do Direito Comercial (hoje também chamado de Empresarial). Coloca ele as seguintes diferenças entre os dois ramos do Direito Privado:

## DIREITO CIVIL

1 — prevalecem as exigências de um profunda coesão e de uma disciplina sistemática dos conceitos gerais;

2 — prevalece o espírito de uma dedução lógica;

3 — tem uma superioridade científica, se esta é avaliada segundo o fim unitário que se deseja alcançar;

4 — a elaboração das normas civis devem-se quase exclusivamente a juristas;

5 — é mais estático, apresentando os esquemas tradicionais, embora com as modificações que a evolução social provoca;

6 — estabelece regras mais gerais, aplicáveis inclusive a todos os ramos do direito. Por exemplo, a prescrição aplica-se de forma genérica e ampla;

7 — tende a um nacionalismo, aplicando-se aos problemas regionais de um país. A criação do Direito Internacional Privado afastou do Direito Civil as implicações do direito de um país com o de outros.

## DIREITO EMPRESARIAL (ou Comercial)

1 — prevalece o estudo muitas vezes empírico dos fenômenos técnicos;

2 — o espírito de indução e de observação também prevalece;

3 — tem uma imediata aderência aos fenômenos da vida, com os esquemas típicos dos institutos que os grandes ramos do comércio e da indústria formaram distintamente e elevam, lentamente, ao nível de uma unidade superior;

4 — a elaboração das normas empresariais geralmente recolhe a contribuição de pessoas ligadas às empresas, bancos, contabilidade, economia;

5 — é muito dinâmico, apresentando novas relações de natureza jurídico-econômica, ou esquemas típicos de contratos;

6 — estabelece regras específicas, aplicáveis apenas ao Direito Empresarial e relações jurídicas mais restritas, como a um contrato. Por exemplo, a prescrição aplica-se apenas a cada tipo de relação jurídica dentro do campo de Direito Empresarial;

7 — tende ao internacionalismo, em vista da internacionalização constante das atividades empresariais. É o que ocorre com o Direito do Comércio exterior, novo ramo do Direito Empresarial. Resultado vivificante é a Convenção de Genebra sobre Letra de Câmbio e Nota Promissória, e a Convenção de Varsóvia sobre o Transporte Aéreo Internacional.

# 3. DIREITO SUBJETIVO

3.1. Conceito de Direito Subjetivo
3.2. Teorias do Direito Subjetivo

## 3.1. Conceito de Direito Subjetivo

O Direito Positivo, como se viu, é um direito objetivo, no seu sentido etimológico e literal: "positum" = "ob jectum" (colocado adiante). Contudo, ao apresentar uma regra, prevê uma relação jurídica e, em conseqüência, cria um novo direito. O direito foi criado para proporcionar aos homens mecanismos tutelares da boa vizinhança, confirmando a correlação dos três elementos: sociedade/homem/direito. Assim sendo, todo direito é constituído por causa dos homens (*hominum causa omnes jus constitutum sit*).

Vamos interpretar a questão com mais clareza: a regra jurídica regulamenta uma relação jurídica entre dois homens, que, nessa relação, chamam-se partes. Toda regra jurídica regula um direito e todo direito tem o seu titular, que se situa num dos pólos da relação jurídica. Existe porém o outro pólo, em que se situa outra parte, que será a do paciente da obrigação correspondente ao direito. Não há direito sem obrigação e vice-versa, como, no plano econômico da relação jurídica, não há credor sem devedor. A relação jurídica é uma via de mão dupla.

Ao prever um direito, a norma prevê também uma obrigação e cria para o titular do Direito Objetivo um outro direito, que é chamado de subjetivo. Não se pode dar ao Direito Subjetivo o mesmo conceito do Direito Positivo; daí a dificuldade, a que nos referimos no início, de se estabelecer uma definição unívoca para o Direito Subjetivo. Este é um direito do titular, em poder exigir do paciente da obrigação correspondente a esse direito, para que a cumpra; é portanto um poder ou uma faculdade: a de agir ou não agir, de acordo com sua vontade ou interesse. Sob esse aspecto, o direito é a faculdade de agir (*jus facultas agendi est*); é a faculdade reconhecida pela lei.

Exemplifiquemos: Ulpiano vende um carro a Papiniano; ambos celebraram um contrato de compra e venda. Consoante as normas que regulam esse contrato, Ulpiano entregou a coisa vendida. A norma jurídica assegura a Ulpiano o direito de receber o pagamento do carro que vendeu; criou portanto para Papiniano a obrigação de pagar. Nessa relação jurídica, Ulpiano é o credor e Papiniano, o devedor, segundo as normas do Direito Positivo. Este, entretanto, criou para Ulpiano um novo direito: o de exigir de

Papiniano que pague o preço, ou então, se essa for a opção, perdoar a dívida. O Direito Subjetivo é pois esse poder ou faculdade de Ulpiano: o de agir conforme lhe aprouver. A norma que impõe a Papiniano a obrigação de pagar a dívida, atribui a Ulpiano a faculdade de exigir o pagamento do preço do carro.

### 3.2. Teorias do Direito Subjetivo

Não obstante sejam definições tão diferentes para o direito, não há conflito entre elas. É apenas um ponto de vista, devido à bilateralidade da relação jurídica: olhando a relação jurídica por um dos pólos, tem-se um conceito, pelo outro pólo, outro conceito bem diferente. Aparentemente claro, o Direito Subjetivo provocou porém vivas discussões quanto ao próprio conceito dele. A esse respeito, surgiram quatro teorias, levantadas pelos notáveis jurisconsultos alemães WINDSCHEID, IHERING, JELLINEK e KELSEN. Conveniente será uma impressão, ainda que singela, dessas quatro teorias.

Para a teoria da vontade, elaborada por WINDSCHEID, a ausência e o fundamento do direito é a vontade individual do homem. Cada um age como quiser, mas dentro do ordenamento jurídico, reclamando o que é de seu direito. Apesar do renome de seu criador e do sucesso inicial, a teoria da vontade retraiu-se pois há titulares de direitos destituídos de vontade, como as pessoas jurídicas e os incapazes. Entretanto, eles têm o poder de ação assegurado pela ordem jurídica.

Rudolf Von Ihering contrapõe a essa doutrina a teoria do interesse, pois uma pessoa jurídica ou um incapaz tem interesses concretos e até mensuráveis, embora seja discutível a vontade destes últimos. Para a teoria de Ihering, o Direito Subjetivo é um interesse juridicamente tutelado. Há nesse conceito, dois elementos básicos, a saber, um elemento substancial, que é o interesse, e o formal, que é a tutela jurídica desse direito. A teoria do interesse teve maior sucesso do que a teoria da vontade. Sua aceitação, no entanto, não foi totalmente pacífica, provocando o surgimento das teorias mistas.

O jurisconsulto alemão JELLINEK, como WINDSCHEID e IHERING, também um conceituado cultor da ciência jurídica, elaborou uma doutrina mista, aceitando a teoria da vontade e absorvendo alguns elementos da teoria do interesse. Essa teoria teve a aceitação de juristas de nomeada, como Michoud e Saleilles, na França, e Ferrara na Itália, como também a dupla Ruggiero e Maroi, autores de obras de larga aceitação. Perante a teoria de Jellinek, o Direito Subjetivo repousa na vontade humana, que se realiza porém na satisfação de um interesse. A vontade tem portanto um sentido teleológico, uma finalidade a atingir, o que faz Ruggiero e Maroi, no seu clássico tratado "Instituições de Direito Privado", numa simbiose das duas teorias anteriores, considerar o Direito Subjetivo como um poder da vontade de satisfazer o interesse, de acordo com a norma jurídica.

Às três teorias anteriores, todavia, opõe-se uma quarta, considerada "negativista", por negar a existência do Direito Subjetivo. Seu criador foi Kelsen, também alemão, autor da "Teoria Pura do Direito", obra traduzida em quase todos os idiomas, inclusive para o português. É seguida também por Leon Duguit e pelos autores franceses PLANIOL, RIPERT e BOULANGER em sua obra "TRATADO ELEMENTAR DE DIREITO CIVIL". Para os adeptos da teoria negativista, ou mais propriamente normativista, o direito é a norma jurídica e não a vontade, pois esta não tem poder e nem pode ter força coercitiva. Assim sendo, o Direito Subjetivo reduz-se ao Direito Objetivo. Por exemplo: na venda do carro que Ulpiano transferiu a Papiniano, o Direito Subjetivo de Ulpiano, de exigir o pagamento do carro que entregou, não decorre de sua vontade, mas da lei que lhe dá esse direito.

# 4. A LEI DE INTRODUÇÃO AO CÓDIGO CIVIL

O atual Código Civil (Lei nº 10.406, de 10 de janeiro de 2002, não revogou o Decreto-lei nº 4.657, de 4 de setembro de 1942 (Lei de Introdução ao Código Civil)

Com a promulgação do Código Civil, pela Lei 3.071, de 1.1.1916, que passou a ter eficácia em 1.1.1917, foi também promulgada a Lei de Introdução ao Código Civil, integrando nosso código. Julgamos muito inadequado o nome dado a essa lei e sua integração no Código Civil. A lei em questão estabelece normas aplicáveis à lei brasileira, não só às civis, mas às pertencentes a toda legislação nacional, como, por exemplo, ao Direito Penal, como ainda ao direito público. Como essa lei já se encontrava superada, o Governo Federal encarregou o preclaro mestre Haroldo Valladão para revisá-la ou elaborar lei mais moderna. Esse insigne internacionalista elaborou então novo estatuto, a que deu o nome de "Lei Geral de Aplicação das Normas Jurídicas". Esta, sim, é uma designação clara, positiva e consentânea com o sentido da lei.

Lamentavelmente, o anteprojeto elaborado pelo mestre Valladão perdeu-se no esquecimento. Voltamos aqui a lamentar a indiferença, o pouco-caso, e a repulsa que encontra em nosso país toda tentativa de modernização, atualização e aperfeiçoamento de nossas instituições jurídicas. É mais fácil e cômodo permanecer montado nos vícios do passado, que garantiram as deficiências de nosso atual sistema jurídico. Todavia, se não podemos adotar um projeto que não se transformou em lei, somos obrigados a adotar algumas idéias que ele nos trouxe. Uma delas é a do objeto da lei em apreço e o nome que lhe foi dado: é uma lei geral de aplicação das normas jurídicas e não apenas do Direito Civil.

A primeira lei de introdução ao código civil surgiu com ele próprio, em 1.1.1916; desde então permaneceu anexa a ele. Entretanto, após um quarto de século, foi ela revogada e substituída por outra, adotada pelo Decreto-lei 4.657/42. A nova lei é praticamente uma lei de exceção, por ter surgido numa época de beligerância e com sentido imediatista. Visava, antes de mais nada, atingir o critério de nacionalidade para determinar a aplicação da lei. A substituição desse critério, da nacionalidade pelo do domicílio, e outras disposições, procurou afastar a aplicação, no Brasil, do direito de alguns países, como Itália, Alemanha, Japão, colocando ainda sob suspeita o direito de Portugal e Espanha. Em 1942, o Brasil declarou guerra contra os países do "Eixo", pacto formado por Alemanha, Itália e Japão. Embora permanecessem fora do conflito, Portugal e Espanha estavam ligados aos países do Eixo, por serem todos eles ditaduras de direita. A imigração estrangeira para o Brasil era oriunda principalmente desses países, contra os quais o Brasil estava em estado de beligerância. Não se compreenderia que, nessas condições, pessoas domiciliadas no Brasil pudessem ser regidas pelo direito de um país considerado inimigo. Foi o principal fundamento da nova Lei de Introdução ao Código Civil de 1942, cujas normas comentaremos em seguida. Terminada a guerra, impunha-se a revogação dessa lei de exceção, o que não foi feito até agora, apesar de várias tentativas; a mais importante foi o anteprojeto do Prof. Valladão.

Consta a lei em questão de 19 artigos, mas, pelo assunto de que tratam esses artigos, a lei se divide em várias partes, embora não traga capítulos. A primeira parte compreende os arts. 1º a 6º, estabelecendo normas para a aplicação da lei nacional. Renovamos a afirmação de que não se trata apenas das leis civis, mas da lei nacional, em sentido genérico. Os seis artigos referentes à aplicação da lei nacional envolvem diversos aspectos, como a eficácia e vigência da lei no tempo, o efeito ripristinatório da lei, as fontes do direito, os fins sociais da lei e seu efeito retroativo, critérios de interpretação.

A segunda parte, dos arts. 7º a 14, cuida da eficácia da lei no espaço, ou seja, estabelece normas de Direito Internacional Privado. Prevê as normas e condições para a aplicação do direito estrangeiro no Brasil, os elementos de conexão adotados para a aplicação do "jus extraneum" nos vários ramos do direito, não só no Direito Civil, como no Direito Processual Civil e em outros: estabelece sistema de integração de normas nacionais e estrangeiras.

A terceira parte, nos arts. 15 a 17, trata da execução, no Brasil, de sentenças de atos de justiça estrangeira, complementada posteriormente pelo Código de Processo Civil e pelo Regimento Interno do Supremo Tribunal Federal.

Em capítulos específicos, entraremos na análise dos temas levantados pela Lei de Introdução ao Código Civil, tais como um estudo mais aprofundado da lei, a eficácia da lei no tempo, a eficácia da lei no espaço, a interpretação da lei, e as fontes do direito. Dentro de nossas considerações doutrinárias, procuraremos levantar soluções para nosso superado sistema jurídico. E nesse estudo específico, iremos nos ater aos estudos do Prof. Haroldo

Valladão, expressos principalmente no seu monumental anteprojeto da Lei Geral de Aplicação das Normas Jurídicas. Será uma luta para que uma lei mais ampla, moderna, positiva e lógica substitua a atual, que é praticamente secular, refeita em 1942, atendendo a circunstâncias momentâneas, que o tempo superou. Acreditamos que tenha havido influência da lei alemã, como também se verificou no Código Civil. Os códigos das principais nações não adotam lei semelhante, como o Código Civil francês. O Código Civil italiano, em 1942, nos arts. 1º a 31, estabelece normas semelhantes, mas indicando o verdadeiro sentido das disposições.

Malgrado tenha o Código Civil de 2002 se baseado no Código Civil italiano, não traz essas disposições, por conservar ainda a Lei de Introdução ao Código Civil.

Pelo mesmo motivo também não as trouxe o revogado Código Civil de 1916, baseado no seu congênere alemão.

# 5. A LEI

5.1. Conceito de lei
5.2. Classificação das leis
5.3. O processo legislativo das leis ordinárias
5.4. Da sanção

## 5.1. Conceito de lei

Não será conveniente expor as dezenas de conceitos de lei divulgados até nossos dias, mas teremos que tomar um critério como ponto de partida, estabelecendo um conceito que nos dê base de raciocínio. O termo "lei" originou-se de "lex", que, por sua vez, parece estar ligado ao verbo "legere" (ler). Acredita-se que essa conexão "lex/legere" tenha-se justificado pelo fato de que, na antiga Roma, a lei deveria ser lida em praça pública e afixada para que o povo também lesse o seu texto. Com que sentido a autoridade romana lia a lei e afixava seu texto em praça pública? É porque era uma ordem formal e explícita, para ser obedecida; era um preceito, uma prescrição (sem alusão à perda de direito).

A lei era pois uma ordem de comando, uma regra obrigatória de comportamento, uma decisão do poder competente, imposta publicamente aos cidadãos. Era chamada de "lex publica", por ser manifestação direta do Estado. Distinguia-se da "lex privata", como um compromisso bilateral entre as partes; por essa razão se diz que o contrato faz lei entre as partes. Distinguia-se ainda da "lex rogata", votada pelo povo, nas reuniões em praça pública (comitia). No mundo moderno, não se modificou muito o conceito de lei, em relação à "lex publica". Continua sendo a lei, num sentido geral, a principal fonte do direito.

Tomaremos então por base, nas esteiras do direito romano, o seguinte conceito:

> "A lei é uma regra de comportamento, geral, permanente e obrigatória, emanada do poder competente do Estado, imposta coativamente à observância dos cidadãos por ser provida de sanção".

Contudo, a definição só define, delimita, restringe o sentido de alguma coisa, mas não explica e pouco esclarece. Procuraremos pois esclarecer gramaticalmente esse conceito. A lei é uma regra, uma norma, um preceito, uma prescrição; visa a orientar o comportamento humano, levando o homem a agir na sociedade segundo os preceitos legais. A lei é pois um preceito criador de direitos e obrigações para o cidadão; introduz algo de novo na sociedade, inova no direito.

Representa uma ordem, retratando o poder de comando do Estado; por isso, ela é obrigatória e não facultativa. Não se impõe à compreensão dos cidadãos, mas à vontade deles; não exorta mas ordena (*jubeat non suadeat*); se quiser um tipo de comportamento dos cidadãos, ordena; se não quiser, proíbe. Esse é o poder imperativo do Estado.

Deve ser emanada de autoridade competente, ou seja, do órgão público a quem a Constituição outorga competência para legislar. Em princípio, o órgão competente para legislar é o Poder Legislativo, conforme o próprio nome faz supor. Consta do art. 49 da Constituição Federal: "O Poder Legislativo é exercido pelo Congresso Nacional, que se compõe da Câmara dos Deputados e do Senado Federal". Nem sempre porém; certas normas de menor importância, como regulamentos específicos, podem ser estabelecidos por outros poderes, graças a medidas provisórias, decretos, portarias, resoluções, circulares e outros atos legislativos. Tanto o Poder Executivo como o Poder Judiciário estabelecem normas na sua esfera de atuação.

Como a lei se impõe à observância dos cidadãos depende principalmente da sanção de que é dotada. A sanção é o meio coercitivo de que a lei se serve para torná-la obrigatória e fazer-se obedecer. É a conseqüência do cumprimento da lei. Não é um castigo mas um efeito, uma vez que a sanção representa também uma vantagem que a lei confere a quem a obedece. Lei sem sanção seria uma faca sem gume, uma água sem oxigênio. Um dos efeitos da sanção é o de colocar a lei na teoria das nulidades. Assim fez o direito romano, considerando três tipos de lei:

1 — *leges perfectae* (leis perfeitas) — fulminam com a nulidade os atos praticados sem a observância de suas disposições. Por exemplo, um casamento realizado apesar dos impedimentos previstos pela lei, como ser um dos cônjuges já casado.

2 — *leges minus quam perfectae* (leis menos que perfeitas) — estabelecem uma punição a quem pratique um ato ilegal, mas não declaram a nulidade dele.

3 — *leges imperfectae* (leis imperfeitas) — são as que não cominam punição alguma, nem a nulidade do ato viciado. Entretanto, há sanções indiretas contra o ato praticado em desacordo

com elas. No direito romano surgiam depois efeitos desfavoráveis ao infrator: num conflito judicial, o réu podia alegar em sua defesa a irregularidade do ato e o juiz (pretor) podia indeferir um pedido fulcrado em ato irregular.

## 5.2. Classificação das leis

Podem as leis ser classificadas de diversas formas, segundo o prisma pelo qual são analisadas. Para melhor organização e roteiro, vamos examinar a classificação, de acordo com o esquema abaixo:

1 — Quanto à hierarquia: constitucionais — complementares — ordinárias.

2 — Quanto à natureza: — substantivas — adjetivas.

3 — Quanto à extensão territorial: federais — estaduais — municipais.

4 — Quanto ao público atingido: gerais — especiais.

5 — Quanto à força obrigatória: imperativas — proibitivas — permissivas — punitivas.

6 — Quanto ao tipo de sanção: — perfeitas — menos que perfeitas — imperfeitas.

7 — Quanto à independência: auto-aplicável — regulamentável.

8 — Quanto à liberalidade: rígidas — elásticas.

### 1 - Quanto à hierarquia:

As leis possuem variada força de imposição e abrangência, tendo como que uma hierarquia e subordinação de umas às outras. Num sentido geral, sob esse aspecto, classificam-se elas em constitucionais, complementares e ordinárias. É a mais importante e sugestiva das classificações.

As leis constitucionais são formadas pela constituição e outras diretamente ligadas a ela como as emendas à constituição. As disposições da Constituição são mais gerais, por se aplicarem à generalidade dos casos, a todo ramo do direito e a todos os cidadãos. Cuida a Constituição: dos princípios fundamentais aplicados às diretrizes do país, dos direitos e garantias individuais, da organização do Estado e dos poderes constituídos do Estado, da justiça, da soberania nacional, da ordem econômica, financeira e social e dos demais assuntos mais elevados do direito nacional. Colocam-se as leis constitucionais acima de todas as outras e estas têm que se adaptarem às primeiras, sob pena de poderem perder a eficácia por inconstitucionalidade.

Há como que uma pirâmide decrescente, em que a Constituição coloca-se no alto do cone e as outras leis a seguem. O art. 59 da Constituição Federal nos dá a sucessão das leis, a saber: emendas à Constituição, leis complementares, leis ordinárias, leis delegadas, medidas provisórias, decretos legislativos e resoluções. Mais ou menos, a pirâmide hierárquica segue a ordem adiante:

A lei complementar destina-se a tornar executável a Constituição, ou seja cria normas para o exercício das disposições constitucionais. Assim, por exemplo, a Constituição diz que o casamento não é mais indissolúvel; houve porém necessidade da Lei do Divórcio a fim de que a dissolução do casamento se processe dentro de normas definidas. Outro caso: diz o art. 153 que compete à União instituir imposto sobre importação de produtos estrangeiros. Há porém necessidade de uma lei complementar para que a União exerça esse poder.

## 2 - Quanto à natureza

Podem as leis ser substantivas e adjetivas. Chamadas também de substanciais, ou materiais, as leis substantivas fazem parte do direito substantivo, por estabelecerem disposições abstratas de direito objetivo; é o caso do Código Civil e do Código Penal. São leis de fundo; definem direitos e estabelecem sanções.

As leis adjetivas são as leis processuais, como do Código de Processo Civil e o Código de Processo Penal. Regulamentam o exercício do direito, a forma de aplicação do direito substantivo. Formam elas o direito adjetivo, designação antipática aos processualistas, porquanto essa palavra origina-se de "ad jectum" (colocado abaixo). Todavia, o direito adjetivo está colocado abaixo do direito substantivo, não pela importância ou eficácia, mas porque constitui a base estrutural sobre a qual se assenta o direito substantivo. O direito não é uma ciência para ser conhecida e contemplada, mas para ser vivida. O direito não só existe, mas se exerce. Para ser exercido existem as ações judiciais, regulamentadas pelo direito adjetivo. Direito sem ação é luz que não ilumina, é fogo que não aquece, situação em que ficará o direito substantivo sem o adjetivo.

## 3 - Quanto à extensão territorial

Em nosso país, dividem-se em federais, estaduais e municipais. Distinguem-se também pelos órgãos de que promanam, pois há três legisladores, cada um com sua competência.

As leis federais são votadas pelo Congresso Nacional e sancionadas pelo Poder Executivo, que também se encarrega de sua publicação no Diário Oficial. O âmbito de aplicação da lei federal estende-se a todo o território brasileiro e atinge a todos os cidadãos a quem ela se dirige. O art. 22 da Constituição de 1988 diz que compete privativamente à União legislar sobre Direito Civil, Comercial, Penal, Processual, Eleitoral, Agrário, Marítimo, Aeronáutico, Espacial e do Trabalho. Afora esses, dependem das leis federais outros 28 incisos, como questões militares, águas e energia, informática, serviço postal, sistema monetário e creditício, comércio exterior e vários outros.

As leis estaduais têm aplicação no âmbito interno de cada Estado e são votadas pela Assembléia Legislativa. O Processo Legislativo segue os mesmos passos do observado nas leis federais, só que a sanção é dada pelo Governo Estadual. Como a competência legislativa é, quase toda, reservada à União, as leis estaduais são mais restritas. Há contudo leis de menor categoria, como regulamentos, decretos, portarias, instruções e normas emitidas por órgãos variados, a serem aplicados nas repartições públicas estaduais.

As leis municipais são votadas pelo legislativo municipal, mais precisamente, pela Câmara dos Vereadores e sancionadas pelo Prefeito. Regulamentam problemas circunscritos ao município, como transporte urbano, sistema de arrecadação dos impostos municipais e normas de funcionamento das repartições públicas pertencentes ao município. Os campos da atividade em que os municípios poderão legislar estão expressos em nove incisos do art. 30 da Constituição Federal de 1988. No nosso sistema federativo, há também nessa hierarquia outra hierarquia entre as três: as leis federais têm mais força sobre as estaduais e estas sobre as municipais.

### 4. Quanto ao público atingido

Normalmente a lei é geral e abstrata. Dirige-se a todos os cidadãos e de forma genérica, aplicando-se a todos indistintamente. É o caso da maioria das leis, entre elas o Código Civil. Outras leis, entretanto, são especiais, por não se aplicarem ao público em geral. Por exemplo, a lei que regulamentou a profissão de representante Comercial Autônomo; ela não se aplica a qualquer cidadão, mas só àqueles que exercem essa profissão. As leis trabalhistas também não são gerais, mas especiais. Aplicam-se não aos cidadãos em geral, mas àqueles que estejam colocados na posição jurídica de empregador ou empregado, e, mesmo assim, às relações decorrentes de contrato de trabalho.

### 5. Quanto à força obrigatória

Baseada nos efeitos que a lei produza, esta classificação divide as leis em imperativas, proibitivas, permissivas e punitivas. Corresponde a um princípio do direito romano, expresso no Digesto: *"Legis virtus est: imperare, vetare, permittere, punire"* = A virtude da lei é: imperar, proibir, permitir, punir, formulado por Modestino.

As leis imperativas são as chamadas "leis de ordem pública". Não quer dizer que pertençam apenas ao direito público, mas são comumente de Direito Privado. Estabelecem normas de interesse público, de interesse social, de tal maneira que sua desobediência causará prejuízos à ordem pública. Característica importante desse tipo de leis é a tutela de direitos inderrogáveis e indisponíveis. São comuns no Direito de Família, mormente se estiverem em jogo interesses de menores. Por exemplo, o art. 1.526 do Código Civil diz que a habilitação para o casamento faz-se perante o oficial de registro civil. Trata-se de uma norma necessária à ordem social, à segurança dos deveres familiares e, por isso, não pode ser transgredida, nem derrogada nem disponível. Ainda que os nubentes queiram, não podem eles abrir mão desse direito, pois uma convenção entre partes não pode derrogar lei de ordem pública. Nula será a cláusula de um contrato de trabalho que dispense o empregador de pagar Aviso Prévio ao empregado despedido sem justa causa. Mesmo que o empregado tenha assinado esse contrato, não poderia ele abrir mão de um direito garantido por uma lei imperativa.

As leis dispositivas não possuem o *jus cogens* (direito cogente) das anteriores. Permitem que o titular do direito por elas tutelado possa abrir mão dele, uma vez que as disposições dessa modalidade de lei não afetam a segurança e a harmonia da sociedade. São também chamadas de facultativas, supletivas, permissivas e preceituais. São facultativas porque concedem a faculdade ao titular do direito em usar ou não esse direito. Por exemplo: uma mulher, ao se casar, pode adicionar ou não ao seu nome o sobrenome do marido. O mesmo ocorre com o Fundo de Garantia.

Leis proibitivas são as que vedam a prática de certos atos; negam direitos. Por exemplo: o art. 1.521 do Código Civil diz que não podem casar os ascendentes com os descendentes, seja o parentesco legítimo ou ilegítimo, natural ou civil. A lei, ao falar do contrato de sociedade, diz que é nula a cláusula que atribua todos os lucros a um dos sócios. Proíbe pois uma condição leonina num contrato de sociedade.

As leis punitivas são as que estabelecem sanções à contravenção de outras leis ou mesmo delas próprias. Exemplo delas pode ser encontrada no art. 940 do Código Civil: se alguém vai à justiça cobrando dívida indevida, deverá pagar ao pretenso devedor o mesmo valor da dívida cobrada indevidamente. Importante norma dessa categoria é a prevista no art. 186:

> "Aquele que, por ação ou omissão voluntária, negligência, ou imprudência, violar direito e causar dano a outrem, ainda que exclusivamente moral, comete ato ilícito".

### 6 - Quanto ao tipo de sanção

Neste aspecto, segue o mesmo critério da antiga Roma, explicado anteriormente, dividindo-se a lei em perfeitas, menos que perfeitas e imperfeitas.

### 7 - Quanto à independência

Pode ser a lei auto-aplicável e regulamentável. Regulamentável é a lei que estabelece princípios gerais, mas, para ser aplicada, depende de um decreto ou uma portaria que a regulamente. Muitas vezes, a própria lei estabelece sua categoria, dizendo que determinadas disposições suas serão aplicadas de acordo com a regulamentação por nova lei ou um decreto. É o caso de muitas normas de nossa Constituição de 1988, que dependem até agora de leis complementares que as regulamentem e, por isso, constituem letra morta em nossa Magna Carta, gerando críticas.

Pode a lei ser ainda auto-aplicável (*self executing*). Entra imediatamente em aplicação e não depende de outras normas que a complementem. É o caso do Código Civil e do Código Penal: quando foram promulgados, aplicaram-se, por si mesmos, sem precisarem de regulamento.

### 8 - Quanto à lateralidade

São rígidas ou elásticas. As rígidas são peremptórias, inflexíveis. Não oferecem ao juiz aplicação segundo o arbítrio deste, não lhe permitindo lançar mão do art. 5º da Lei de Introdução ao Código Civil.

"Na aplicação da lei, o juiz atenderá aos fins sociais a que ela se dirige e às exigências do bem comum".

Assim sendo, às leis rígidas aplica-se o princípio "Dura lex sed lex" e às elásticas o "Summum jus summa injuria". Neste último aspecto, é o caso do Código de Processo Civil ao estabelecer os prazos; vencido o prazo sem manifestação da parte, nem o juiz poderá prorrogá-lo.

Elástica é a lei mais liberal, mais flexível. Poderá o juiz amenizar seus rigores, aplicando o art. 5º da LICC. Submete-se essa lei ao que é chamado "o prudente arbítrio do juiz". Não são preceitos rígidos, firmes. Por exemplo, numa ação de divórcio em que a mãe for considerada culpada, perde ela a guarda dos filhos. Se entretanto houver um filho em amamentação ou um filho menor que necessite de atenção materna, a norma poderá ser amoldada à necessidade familiar.

### 5.3. O processo legislativo das leis ordinárias

Lei ordinária é considerada a lei comum, o modelo das leis. Pela expressão "lei", num sentido lato, designa-se toda norma emanada do Poder Público, como os decretos; "strictu sensu", lei é a lei ordinária, a que tem o seu "iter" bem conhecido pela tramitação no Congresso Nacional, isto é, fruto do Poder Legislativo. A propósito da questão, será conveniente relatar o Processo Legislativo, previsto nos arts. 59 e seguintes da Constituição Federal de 1988.

Deve ser apresentado um projeto de lei à Câmara dos Deputados por um dos membros do Congresso Nacional, deputado ou senador. O projeto de lei é uma proposta do texto de uma lei, apresentada ao Poder Legislativo, para que este o discuta e aprove. A iniciativa das leis complementares e ordinárias cabe ainda ao Presidente da República, ao Supremo Tribunal Federal, aos Tribunais Superiores e ao Procurador Geral da República. A Câmara dos Deputados, aprovando o projeto de lei, remete-o ao Senado, que também o examina e o aprova. Caso o Senado discorde de alguma disposição, poderá mandar o projeto de volta à Câmara, para alterações. Corresponde, mais ou menos à "lex publica" da antiga Roma, ou seja, a lei emanada do órgão competente do Estado, o legítimo legislador.

É possível também que o projeto de lei seja apresentado por iniciativa popular. Elabora-se um projeto subscrito por, no mínimo 1% do eleitorado brasileiro, distribuído pelo menos por 5 Estados, com não menos de três décimos por cento dos eleitores de cada um deles. É um reflexo da *lex rogata*, a lei decidida pelo povo romano, que se reunia em praça pública, por proposta dos magistrados (*magistratu rogante*). Essas reuniões eram chamadas de "comitia", da qual originou-se "comício", embora hoje com sentido diferente. A lei votada pelo povo dependia entretanto da ratificação do senado, pois este órgão era muito respeitado e desfrutava da *auctoritas patruum*. Eis por que, no nosso sistema, mesmo tendo sido o projeto de lei aprovado pela Câmara dos Deputados, deve passar pelo crivo do Senado.

Às vezes, a lei é originada por uma Medida Provisória. Em caso de relevância ou urgência, o Presidente da República poderá adotar medidas provisórias, com força de lei, devendo submetê-las de imediato ao Congresso Nacional, e se estiver em recesso, será convocado extraordinariamente para se reunir no prazo de cinco dias. Sendo aprovada pelo Senado, a medida provisória transformar-se-á numa lei com efeitos de lei ordinária. As medidas provisórias perderão eficácia, desde a edição, se não forem convertidas em lei no prazo de 30 dias, a partir de sua publicação, devendo o Congresso Nacional disciplinar as relações jurídicas dela decorrentes.

Não sendo medida provisória, o projeto, ao ser aprovado pelo Senado, sobe à sanção presidencial; passa portanto à esfera do Poder Executivo. A sanção representa a aprovação, a concordância do Poder Executivo ao projeto, confirmando-o; é concretizada pela assinatura do Presidente da República no projeto. Todavia, o Presidente da República não está obrigado a dar seu assentimento ao projeto e poderá vetá-lo, total ou parcialmente. O veto é a oposição expressa pelo Presidente da República ao projeto; é a sua recusa à aprovação do que foi decidido pelo Congresso Nacional. A manifestação contrária do chefe do Poder Executivo poderá atingir um ou mais artigos do projeto ou ele todo.

### 5.4. Da sanção

A sanção é um dos efeitos da lei, comumente do não cumprimento da lei. É a conseqüência jurídica que o não cumprimento de uma obrigação legal produz em relação ao obrigado. Apresenta-se como uma fórmula coercitiva estabelecida pela própria lei, para que ela possa impor o seu comando e sua aceitação. As leis são elaboradas pelo poder competente do Estado, para serem impostas coercitivamente aos cidadãos. Nem sempre porém essa imposição se revela fácil. Por mais perfeita que seja a lei, sempre se procura nela uma brecha para se esquivar de seus defeitos. Confirma então um velho brocardo jurídico italiano: *Fatta la legge, trovato lo sbaglio* (Feita a lei, encontra-se a brecha).

Imperioso pois que haja para a lei a maior garantia de sua obediência. Essa garantia se perfaz de duas maneiras: com a sanção repressiva, como as penas aplicadas aos crimes, ou com a motivação para a observância da lei. Quando o princípio jurídico *Observantia legum summa libertas* (A observância da lei é a suma liberdade) proclama a liberdade como sanção do correto comportamento dentro das leis, estabelece uma sanção motivadora. Não é a sanção, portanto, um castigo, mas, às vezes, uma recompensa. No Direito Penal, entretanto, a sanção representa uma pena; normalmente, cada artigo do Código Penal já traz indicada a sanção proveniente de sua infração.

Falamos aqui da sanção jurídica, conseqüente da transgressão ou obediência de um preceito jurídico. Não se confunde com a sanção de ordem moral. Assim, se um cidadão mata outro, poderá ficar em estado de crise psicológica, quer pelo remorso, quer pelo temor das conseqüências que lhe acarretará seu ato. A fonte dessas sanções estará contudo em sua consciência; a sanção moral, o remorso, é a exprobação que o culpado recebe da própria consciência, o tormento interno que o não deixa estar tranqüilo. A fonte dessa sanção estará contudo em sua consciência. Na sanção legal, sua fonte deverá estar na própria lei. Ao mesmo tempo em que a lei estabelece um preceito legal, estabelece também a sanção prevista quanto à forma de sua observância. Destarte, toda norma legal traz ínsita nela a própria sanção, visto que há sempre uma vantagem, ou uma pena correspondente ao seu cumprimento ou descumprimento. A sanção jurídica é a sanção organizada, visto que é ela exercida pelo aparelhamento organizado do Estado.

No direito norte-americano, as obrigações contam com característica aplicada principalmente às cláusulas contratuais; é expressa pela expressão *binding*. Não se conseguiu achar um termo que traduzisse exatamente essa expressão, mas se encontrou para ela um conceito: "o direito que tem a força de fazer com que seja cumprido". Outros, porém, julgaram por bem traduzi-la por "coativa" ou "coercitiva". Caímos então no tipo de poder da sanção: a coação ou coerção. Não chegamos ainda a uma opinião pacífica quanto à sinonímia das duas palavras ou de possível diferença entre elas:

coação — de "coactio", do verbo "cogere" (constranger, obrigar) — é ação de constranger, compelir outrem a fazer ou não fazer outra coisa.

coerção — de "coertio", do verbo "coergere" (reprimir) — é ação, direito, poder de coagir, tendo mais o sentido da ação de reprimir, de refrear.

Concluímos então que ambos os termos são sinônimos, por motivo de ter a sanção o poder de reprimir as transgressões à lei, como também de constranger os cidadãos a observarem devidamente as normas. Por isso, são variados os modelos de sanção, como de nulidade ou anulabilidade, acautelatórias, de garantia e várias outras.

Quando a lei diz que não vale o ato que deixar de se revestir da forma especial, determinada em lei, prevê a sanção de nulidade do ato praticado em transgressão à norma. A mesma sanção aplica-se quando o art. 166 do CC diz ser nulo o ato praticado por pessoa absolutamente incapaz. Por outro lado, é sanção de anulabilidade a prevista no art. 171, aplicada ao ato praticado por pessoa relativamente incapaz, ou viciado por erro, dolo, coação, simulação ou fraude.

São de duas categorias as medidas às quais o sistema normativo recorre geralmente, para obter a máxima observância de suas normas, ou a mínima inobservância delas: preventivas e sucessivas. As preventivas colocam-se antes da violação, só tendo efeito se a violação verificar-se. Os meios de que se vale são de vigilância, ou impedimentos materiais, ou então de encorajamento, ou impedimentos psicológicos. O encorajamento aplica-se quando o controle não é possível ou seria de difícil aplicação. As medidas de vigilância são de caráter mais punitivo, como as penas; estas são infligidas quando uma reparação não for possível ou seria inadequada ao mal causado.

As sanções sucessivas são assim chamadas por se sucederem à violação e visam mais a reparar os danos causados pela inobservância da lei.

# 6. EFICÁCIA DA LEI NO TEMPO

6.1. Início da vigência das leis
6.2. Princípio da obrigatoriedade das leis
6.3. Princípio da continuidade das leis
6.4. Cessação da eficácia das leis
6.5. Lei repristinatória

## 6.1. Início da vigência das leis

A lei é como se fosse um organismo vivo em evolução. Ela tem sua vida: nasce e morre; nesse período evolui e se modifica. Da mesma forma como acontece com quase tudo neste mundo, a lei submete-se ao tempo, como também as pessoas e os fatos cogitados pela lei. Consta na Bíblia que até Deus submeteu-se ao tempo, ao criar o mundo, em sete espaços de tempo, que foram chamados de dias. Da mesma forma, portanto, que uma pessoa, a leis nasce. O nascimento da lei dá-se no dia em que ela entra em vigor, que deve ser obedecida pelos cidadãos a quem se dirige.

O dia em que a lei começa a vigorar, está previsto no *caput* do art. 1º da Lei de Introdução ao Código Civil, dizendo que, salvo disposição contrária, a lei começa a vigorar em todo o país, 45 dias depois de oficialmente publicada. Essa é a regra geral, embora não seja a mais costumeira, porquanto uma lei pode estabelecer o dia em que ela deverá entrar em vigor, o que normalmente acontece. Pelo que diz o *caput* do art. 1º, há um período de 45, contado do dia em que for ela publicada no Diário Oficial e o dia em que passa realmente a vigorar. Esse período é chamado *vacatio legis* (vacância da lei). A lei tem o seu *íter*, o caminho que deve seguir até ser publicada. Com a publicação, a lei existe, concretizou-se. Os efeitos que ela produz, porém, é que são postergados até um determinado dia. Podemos pois dizer que a *vacatio legis* é o período em que a lei nasce até que produza seus efeitos, até que comece a sua capacidade impositiva.

A lei, entretanto, não precisa obedecer ao disposto no art. 1º; tem ela a faculdade de estabelecer ou não a sua vacância e qual será o período. Pode ela dizer que entrará em vigor na data de sua publicação; nesse caso, dispensou ela a *vacatio legis*. Pode ela estabelecer ainda um determinado dia, para sua entrada em vigor. Assim fez o nosso Código Civil, que foi promulgado em 10.1.2002, mas estabeleceu a *vacatio legis* de um ano, só entrando em vigor em 11.1.2003. O Código Civil alemão, o BGB, teve uma *vacatio legis* de quatro anos. É o tempo que o legislador concede aos cidadãos, para se inteirarem da lei e adaptarem-se a ela sem comoções. Por exemplo, o Brasil viveu sob a égide das Ordenações Filipinas, o Código Português, desde 1603 até 1917; após mais de três séculos convivendo com um código, seria chocante para o país adotar, de um dia para outro, um novo código, por demais diferente.

O art. 1° traz ainda quatro parágrafos, aplicados a alguns casos especiais. Assim sendo, o § 1° diz que, nos Estados estrangeiros, a obrigatoriedade da lei brasileira, quando admitida, se inicia três meses depois de oficialmente publicada. É questão complexa, por motivo de aplicarem-se neste caso normas de Direito Internacional Privado. A cidadãos brasileiros localizados em quase todos os países; o brasileiro é considerado o povo que mais emigra. Ao sair do Brasil, o cidadão brasileiro leva consigo a lei nacional; deve-lhe obediência, ainda que não se encontre no território abrangido por ela. Ante a dificuldade de tomar conhecimento da lei, fica concedido o prazo de três meses para submeter-se a ela. Essa disposição deixa de atingir as embaixadas e consulados brasileiros no exterior e as autoridades lá localizadas, uma vez que eles estão submetidos a regime especial. Embaixada ou consulado brasileiros localizados em qualquer país são considerados território nacional.

O § 2° do art. 1° cuida das leis estaduais. A vigência das leis, que os governos estaduais elaborarem por autorização do Governo Federal, depende da aprovação deste e começará no prazo que a legislação estadual fixar. Julgamos pouco esclarecedor esse parágrafo, mas uma cuidadosa interpretação poderá nos levar a conclusões concretas. Essa norma estabelece um tipo de lei bem restrito: a lei estadual elaborada por autorização do governo federal. Logo se conclui que essas disposições não se aplicam a leis que não exijam autorização federal. A Constituição do Estado de São Paulo, de 1989, na seção IV, denominada "Do Processo Legislativo", normatiza a elaboração de leis estaduais, mas não prevê o início de vigência delas, nem aponta as leis dependentes da autorização federal. Por seu turno a Constituição Federal, de 1988, na seção VIII, chamada "Do Processo Legislativo", não cogita de leis estaduais que exijam concordância federal. Está pois superado o § 2° do art. 1° pelas constituições. É conveniente frisar que a Lei de Introdução ao Código Civil é de 1945, bem anterior aos nossos diplomas constitucionais.

Se, antes de entrar a lei em vigor, ocorrer nova publicação do seu texto, destinada a correção, os prazos do art. 1°, tanto do *caput* como os parágrafos 1° e 2°, começarão a correr da nova publicação. As correções a texto de lei já em vigor consideram-se lei nova. Lógica é essa medida; se uma lei for modificada, seu texto é novo e será esse texto que irá vigorar e, portanto, a publicação dele deverá determinar o início da vigência da lei. Por conseguinte, se alguma modificação for introduzida numa lei que ainda se encontre em *vacatio legis*, esse período se interrompe e só começa a partir da modificação publicada.

O § 2º, porém, prevê a possibilidade de haver correção em uma lei antiga, já existente e em vigor. Nesse caso, não é possível interromper os efeitos da lei e por isso não terá ela novo *vacatio legis*. As correções introduzidas, contudo, são consideradas lei nova, submetendo-se portanto a prazo para que possam ter vigência. É conveniente observar, porém, que estamos falando em CORREÇÃO do texto da lei, como, por exemplo, um erro datilográfico. Se houver modificação no texto da lei antiga, isto é, no seu conteúdo, neste caso será uma derrogação e só deverá ser feita por nova lei, amoldando-se assim às disposições sobre os prazos estabelecidos pelo caput e § 1º do art. 1º.

### 6.2. Princípio da obrigatoriedade das leis

Ao estudar os princípios gerais de direito, em outra fase deste compêndio, fizemos referência a dois deles, que atingem o mesmo objetivo, com o mesmo significado:

*Nemine excusat ignorantia legis* (a ignorância da lei não desculpa que quer que seja).

*Nemo jus ignorate censetur* (a ninguém se admite ignorar a lei).

Por esses princípios gerais de direito, a lei é obrigatória para os cidadãos; impõe-se coativamente à obediência deles. Ninguém pode se furtar à sua observância, a não ser que haja fundamento legal para tanto. Não se admite como fundamento legal, entretanto, a ignorância da lei, vale dizer, deixar de cumprir a lei, em razão de não saber da existência dela. É o que vamos encontrar no art. 3º da Lei de Introdução do Código Civil:

"Ninguém se excusa de cumprir a lei, alegando que não a conhece".

É o motivo pelo qual, em nosso país, a lei só começa a vigorar a partir do dia em que for publicada no Diário Oficial; ou do dia em que essa publicação apontar. Há presunção de que, ao ser publicada, a lei deve chegar ao conhecimento de todos os brasileiros, em todos os quadrantes do território nacional. Na verdade, é uma ficção: impossível se torna, mesmo a um advogado, saber das leis, cujo número é calculado em mais de cem mil. Além do mais, o Diário Oficial, ao ser publicado num dia, faz vigorar a lei a partir da zero hora daquele dia, antes que chegue às mãos dos interessados. Necessário porém se torna a segurança do sistema jurídico e o respeito à lei, para que esta possa atingir seu objetivo de assegurar a paz e a convivência social.

### 6.3. Princípio da continuidade das leis

Segundo o *caput* do art. 2º da Lei de Introdução ao Código Civil, não se destinando à vigência temporária, a lei terá vigor até que outra a modifique ou revogue. A lei tem uma vida: nasce, vive e morre; tem uma existência continuada. Os momentos dessa vida estão sendo objeto de nosso estudo. O artigo ao qual estamos nos referindo reconhece um tipo de lei bastante raro: a lei temporária, a lei que traz em si a data em que perderá sua vigência. O único exemplo que nos vem à mente, já que é raríssimo, é a Lei do Inquilinato de 1950: a Lei 1300/50 foi promulgada em 28.12.50, prevendo em 31.12.52 o fim de sua vigência. Foi uma lei para perdurar durante dois anos.

Não se tratando dessa lei excepcional, as leis normais, consoante o que dispõe o *caput* do art. 2º, vigem de forma continuada e por tempo indeterminado. Seu final, entretanto, depende de outra lei, ou seja, só será revogada por outra lei. É possível uma ineficácia de fato; uma lei torna-se de tal forma obsoleta que não tem mais condição de ser invocada. No século XVIII, o governo francês promulgou uma lei adotando medidas necessárias a inundações que ocorriam numa determinada região. Três séculos depois, há poucos anos atrás, um cidadão invocou essa lei num processo, constatando-se que não fora ela revogada, apesar de as inundações só terem ocorrido na época da lei. A lei tinha ineficácia de fato e não de direito; houve necessidade de uma lei que revogasse aquela lei secular.

## 6.4. Cessação da eficácia das leis

A lei vai ter ainda seu fim. Tudo que é terreno é efêmero e se a lei se destina a regulamentar o funcionamento da sociedade, se esta se modifica com o devir, a lei precisa de ser adaptada às novas situações ou substituída por outra que seja consentânea com a nova situação social. Assim sendo, a lei nasce, vive e morre. Seu final, vale dizer, a perda da sua eficácia ocorre de três maneiras, previstas no § 1º do art. 2º da Lei de Introdução do Código Civil: a lei posterior revoga a anterior quando expressamente o declare, quando seja com ela incompatível ou quando regule inteiramente a matéria de que tratava a lei anterior. Vemos então que o fim da lei dá-se pela sua revogação.

Há porém vários tipos de revogação, considerados diversos aspectos. A revogação pode ser total ou parcial. Na revogação total a lei perde por completo a sua eficácia; ela é apagada do sistema jurídico; a revogação total é também chamada de ABROGAÇÃO (*abrogatio*). A revogação parcial, também conhecida como DERROGAÇÃO, revoga apenas parte da lei, um ou mais artigos ou um ou mais capítulos. A lei derrogada permanece em vigor, mas não íntegra; é como se sofresse uma amputação. Esse critério já fora conhecido no direito romano, previsto por Modestino como *Derrogatur legi cum pars detrahitur* (A derrogação da lei extrai parte dela).

Outras maneiras de revogação: a expressa e a tácita, como se dessume do § 1º do art. 2º. Diz ele que a lei posterior revoga a anterior quando EXPRESSAMENTE o declare. Destarte, uma lei é revogada por outra, a lei revogadora; esta tem por finalidade declarar que determinada lei foi revogada. O início da vigência da lei revogadora representa o fim da revogação. A revogação expressa, isto é, por declaração da lei revogada, pode dar-se tanto na abrogação como na derrogação. Às vezes, a lei não suprime o artigo ou artigos, mas o substitui; ao mesmo tempo em que revoga uma disposição legal, cria uma nova que toma o lugar da anterior. A revogação expressa é mais clara, segura e eficiente. Ao declarar que tal lei está revogada, não deixa margem a interpretações. Entretanto, não é a forma mais comum de revogação.

A revogação tática, a mais comum, é também prevista no art. 2º, § 1º, em dois casos: *lex posterior derogat priori*, quando seja com ela incompatível ou quando regule inteiramente a matéria de que tratava a lei anterior. É uma revogação indireta. Vejamos um exemplo de incompatibilidade legal: diz o Código Civil que o locador de um imóvel deverá pedir por escrito, ao locatário, a entrega do imóvel, caso deseje retomá-lo. Contudo, a Lei do Inquilinato diz que regula as locações e não faz essa exigência. Presume-se pois que essa exigência do Código Civil tenha sido revogada. Aliás, grande parte das leis trazem como último artigo a clássica disposição: "revogam-se as disposições em contrário". Não é necessário, porém, esse artigo, uma vez que, por princípio, a lei não pode estabelecer disposições conflitantes, num *simul esse et non esse* (ser e não ser ao mesmo tempo). Havendo assim uma lei que estabeleça norma incompatível com a constante em lei antiga, necessário se torna que a antiga perca sua eficácia.

Outra forma de revogação tácita aparece quando uma lei regulamenta questão que era tratada por lei anterior. Como exemplo, temos a própria Lei de Introdução ao Código Civil; a de 1942 indiretamente aboliu a que surgiu com o Código Civil. A atual lei de introdução ab-rogou a que lhe tinha antecedido. Essa modalidade de revogação apresenta-se como mais insegura e passível de discussão do que a revogação expressa. Exemplo marcante é a Lei Cambiária nacional, que regulamenta a Letra de Câmbio e a Nota Promissória. Foi instituída pelo Decreto 2.044, de 31.12.1908. Todavia, o Dec. 57.663, de 24.1.1966, regulamentou a mesma questão, ao promulgar a Convenção de Genebra. Ao dispor do § 1º do art. 4 º, o Dec. 2.044/08, conhecido como Lei Saraiva, está revogado. Apesar de nossa opinião, muitos consideram em vigor a Lei Saraiva, tanto que os códigos editados a trazem e muitos juízes a invocam em suas decisões. O Supremo Tribunal Federal, ao examinar a questão, preferiu sair pela tangente, declarando apenas que está em vigor a Convenção de Genebra.

Vamos nos referir a outros aspectos. Nosso Código Comercial antigo era de 1850 e trazia inúmeras disposições do século passado, que leis posteriores derrogaram. Entre elas, inúmeras restrições à participação da mulher, principalmente a mulher casada, na vida econômica. Contudo, inúmeras leis mais recentes, como o Estatuto da Mulher Casada, de 1962, procuraram assegurar à mulher certos direitos, até o ponto de quase equipará-la ao homem. A Constituição Federal, de 1988, proíbe quaisquer discriminações em decorrência de sexo, raça, religião e outros fatores. Para maior segurança e estabilidade, seria preferível a revogação expressa, ou seja, por meio de uma lei, abolindo todas essas disposições anacrônicas, por se chocarem contra o sistema legal vigente.

A lei nova, que estabeleça disposições gerais ou especiais a par das já existentes, não revoga nem modifica a lei anterior. É o que acontece com muitas leis que hoje integram o nosso Código Civil. A Lei 5.478/68, por exemplo, dispõe sobre a ação de alimentos, adicionando novas disposições às que focalizou o Código Civil e outras leis sobre o mesmo assunto. Várias leis sobre o bem de família completaram sua regulamentação pelo Código Civil, mantendo-a porém integralmente.

### 6.5. Lei repristinatória

O que seja o efeito repristinatório da lei? A repristinação é a restauração de uma lei antiga, revogada expressamente por outra e essa lei revogadora também foi revogada. "Verbi gratia", a Lei 400/88 criou o imposto sobre cheques; no ano seguinte, a Lei 800/89 revogou a Lei 400/88, que deixou de existir; entretanto, no ano seguinte, a Lei 900/90 revogou a Lei 800/89, que foi a lei revogadora.

Assim sendo, se a lei revogadora foi revogada, restaura-se então a antiga lei, a 400/88? Perante o nosso direito, não, visto que a lei não tem efeito repristinatório. É o que consta do § 3º do art. 3º.

"Salvo disposição em contrário, a lei revogada não se restaura por ter a lei revogadora perdido a vigência".

É possível, contudo, que a lei que tiver revogado a lei revogadora, a segunda lei, estabeleça que a antiga lei se restaure, voltando a vigir. Não se trata, porém, de efeito ripristinatório, mas de disposição legal. Ao invés de formular um nova lei, igual à que fora revogada, prefere o legislador dar nova vida a outra que já existiu.

Não modificou essas disposições o advento do novo Código Civil, pois procurou ele conservar tudo o que havia de louvável no Código de 1916. Permanecem os mesmos critérios da repristinação e também o princípio da "vacatio legis", tanto que a Lei 10.406, que instituiu o novo código foi promulgada em 10.1.2002 e só adquiriu eficácia em 11.1.2003, com a vacância portanto de um ano.

# 7. EFICÁCIA DA LEI NO ESPAÇO

7.1. Exterritorialidade da lei
7.2. Direito Internacional Privado
7.3. Teoria dos atos jurídicos
7.4. Elementos de conexão

## 7.1. Exterritorialidade da lei

Quando aqui falamos em lei, falamos em jurisdição, no exercício do Poder Judiciário do Estado. A lei é a norma do comportamento humano, imposta coativamente à obediência dos cidadãos, graças à aplicação das sanções, emanada do poder competente do Estado. A lei e a jurisdição constituem expressões da soberania do Estado sobre seus cidadãos e seu território. Portanto, a lei disciplina as ações humanas dentro de um limite territorial, expresso nas suas fronteiras. Por força do princípio da nacionalidade, a lei muitas vezes acompanha seus cidadãos fora de seu território, mas não atinge cidadãos de outro estado, fora dos limites em que ela vige.

Contudo, as relações humanas alastram-se no mundo moderno, no qual tudo se internacionaliza. O crédito, a economia, o comércio, a cultura, não são mais instituições internas de um país, mas interespaciais. Os meios de comunicação e de transporte colocam facilmente o cidadão de um país em contato com as mais distantes regiões do globo. Esses contatos trazem para um país a lei de muitos outros países e é preciso reconhecê-la e aplicá-la, sob pena de isolamento de cada país no âmbito de seu território.

O Brasil, país de imigração e de vários compromissos com todos os países do mundo, não conseguiria impedir a entrada do direito alienígena. A lei estrangeira penetra fatalmente no Brasil com os estrangeiros que transpõem nossas fronteiras, com os empréstimos do exterior para o Brasil, com o movimento de exportação/importação e outras inúmeras maneiras.

A jurisdição brasileira impõe sua autoridade aos seus cidadãos, com a imposição também da lei estrangeira. A exterritorialidade da lei é o próprio poder do Brasil, como país soberano, em aceitar ou não o direito de outros países. Tanto é verdade que existe farta legislação nacional, disciplinando o modo como entrará no Brasil a legislação internacional. Embora se fale no Direito Internacional privado em "conflito de leis", a palavra conflito significa apenas diferença ou divergência, pois uma lei não contende com a outra, mas ambas são aplicadas numa relação jurídica vinculada a elas.

## 7.2. Direito Internacional Privado

O Direito Internacional Privado é o conjunto de regras que procura resolver os problemas causados por atos jurídicos que, por qualquer razão, ficam submetidos à lei de dois ou mais países. Estando vinculados a várias legislações, esses atos teriam julgamento seguro, pela justiça de um país, se essas legislações fossem iguais. Esta uniformidade legislativa entre dois ou mais países está longe de ser obtida, pois o sistema jurídico de um país é peculiar a ele, distinguindo-se dos demais.

Ao analisar ou julgar uma questão jurídica em que se vê obrigado o analista ou o julgador a aplicar a lei de seu país, encontra-se face a uma questão anormal ou internacional; é também chamada de interespacial. Não pode esta questão ser resolvida arbitrariamente, mas deve obedecer a um conjunto de regras e o estabelecimento dessas regras constitui o escopo do Direito Internacional Privado.

Assenta-se o Direito Internacional Privado em duas bases fundamentais, que não conflitam entre si, mas se completam, duas teorias modernas e vibrantes, cultivadas e desenvolvidas a cada dia. São a teoria da exterritorialidade das leis e a teoria dos atos jurídicos internacionais. Cada uma dessas teorias leva a um conceito do Direito Internacional Privado. A primeira nos diz que a função do Direito Internacional Privado é de disciplinar a aplicação da lei de um país em outro país e a segunda nos leva a concluir que a função do Direito Internacional Privado é julgar e resolver problemas de questões jurídicas vinculadas à lei de dois ou mais países.

## 7.3. Teoria dos atos jurídicos

O segundo fundamento do Direito Internacional Privado é a "Teoria dos Fatos ou dos Atos Jurídicos", já bem vulgarizada e aplicada em todos os ramos do direito. Por essa razão, evitaremos dissertar sobre ela, mas apenas no aspecto dela que se liga mais diretamente ao nosso assunto. É a apreciação da diferença entre o ato jurídico nacional e o internacional.

O ato jurídico nacional é o regido pela lei de um só país; não há nele um elemento que o ligue à lei de um só país diferente. Se esse ato for praticado no Brasil e provocar conflito entre as partes, será ele resolvido pela justiça brasileira, aplicando-se a ele apenas a lei brasileira. Por outro lado, o ato jurídico internacional poderá provocar um conflito a ser julgado pela justiça brasileira; esta, forçosamente, aplicará a lei nacional. Todavia, o ato jurídico internacional traz ínsito nele um fato que faz a justiça brasileira apelar para a lei estrangeira. Seguem abaixo alguns exemplos.

Falece em São Paulo um cidadão brasileiro, domiciliado em São Paulo, deixando bens localizados em São Paulo e vários filhos, todos brasileiros. O inventário será aberto no Forum Central de São Paulo, jurisdição do domicílio do *de cujus*. Trata-se de um fato jurídico nacional; é regido por um só sistema jurídico e não há qualquer fator que faça o juiz paulista apelar para o direito estrangeiro. Suponha-se também que este cidadão fosse casado com uma cidadã francesa, herdeira de bens situados na França, imóveis na Inglaterra e ações de uma S/A italiana. Todos esses bens entrariam no inventário, trazendo consigo a lei de outros países e o juiz paulista precisaria examinar o regime jurídico desses bens.

Citemos como exemplo um fato realmente ocorrido. Um cidadão paulista, em férias no Uruguai, entrou numa rua em contra-mão, abalroando outro carro, eventualmente também dirigido por outro paulista. Foi aberto inquérito pela Polícia uruguaia. A vítima moveu processo, na justiça de São Paulo, para a reparação dos danos causados, baseado no art. 186 do nosso Código Civil. Entretanto, o réu estava sendo processado porquanto transgredira a lei de trânsito uruguaia, causara prejuízos à vítima no Uruguai e o processo estava instruído com documentos da polícia de outro país.

Outro exemplo foi muito divulgado pelos órgãos da imprensa e serve de modelo. Um conhecido operador nas bolsas de valores mobiliários, residente em São Paulo, foi processado nos EUA por ter dado um rombo no mercado de capitais; a justiça americana condenou o famoso operador de mercado de capitais ao pagamento de vultosa indenização a várias vítimas, inclusive algumas domiciliadas no Brasil. O réu, contudo, é domiciliado no Brasil e possui muitos bens em nosso país. A sentença da justiça americana está sendo executada no Brasil.

Um pedreiro casou em Belo Horizonte com uma brasileira. Esse casamento é um ato jurídico nacional, porque é regido só por uma lei. Esse casal, anos depois, seguiu para o Iraque, onde o marido foi trabalhar numa empresa brasileira de construção civil, que está construindo uma estrada naquele país. O marido engraçou-se com uma cidadã iraquiana e com ela se casou segundo as normas do Iraque, que permitem a um homem casar-se com duas mulheres. A esposa repudiada moveu um processo na justiça iraquiana, pela anulação daquele casamento e na justiça penal, declarando seu marido adúltero e bígamo. A justiça iraquiana deveria então julgar a questão de acordo com as leis do Iraque, mas obrigada a julgar um ato praticado por um brasileiro, estando em jogo um casamento realizado no Brasil, de acordo com as leis brasileiras. Alegou a esposa brasileira que o réu era casado, graças a um ato jurídico plenamente válido e em vigor, faltando ao réu capacidade jurídica para contrair novo casamento. Invocou o art. 7º da Lei de Introdução ao Código Civil, dizendo que o casal era domiciliado no Brasil, pois se encontrava no Iraque só para o cumprimento de um contrato de trabalho assinado no Brasil. Defendeu-se o marido, alegando que seu casamento se realizara perante a autoridade iraquiana, que o julgou juridicamente capaz perante as leis do Iraque, local em que o ato foi praticado. Foi um caso contrário aos dos demais aqui referidos, pois foi a justiça de um outro país aplicando a lei brasileira.

### 7.4. Elementos de conexão

O ato jurídico internacional é aquele ao qual se aplicam duas ou mais legislações; a ele se aplica a lei de um país, mas tem ele ligação com outro país. Por que um ato jurídico praticado no Brasil e em julgamento no Brasil deveria ter alguma ligação com a lei estrangeira? Por que um juiz brasileiro, julgando uma questão no Brasil, deva consultar e aplicar, em nosso país, a lei de outro país? É porque existe um elemento constitutivo desse ato, cujos efeitos têm reflexos em outro país. Devido a esse elemento, o ato fica vinculado a dois ou mais sistemas jurídicos.

Examinemos um ato jurídico, a abertura de um inventário, em duas versões. Numa, um cidadão brasileiro, domiciliado aqui, ao morrer deixou bens no Brasil; um seu herdeiro requer a abertura do inventário, nos termos de nosso Código Civil. Todos os elementos de conexão desse ato ligam-no à lei brasileira: a nacionalidade do *de cujus*, seu domicílio, a localização dos bens. É um ato jurídico nacional, vinculado apenas à lei brasileira. Numa segunda versão, digamos que esse cidadão tenha deixado imóveis na Inglaterra e ações de uma companhia belga. A abertura do inventário é um ato jurídico de acordo com a lei brasileira, mas esse ato envolve o destino de um imóvel situado na Inglaterra e direitos societários na Bélgica. Há nesse ato elementos que o ligam ao direito inglês e ao belga.

Esses elementos são chamados de "elementos de conexão". Assim são chamados por constituírem um pormenor, um fato ínsito no ato, que, embora se localize no Brasil, estabelece uma conexão com outro país. Examinemos, por exemplo, um contrato de compra e venda internacional; o contrato é estabelecido no Brasil, mas a mercadoria atravessa os mares e é entregue em outro país. O seguro é feito no Brasil mas garante a mercadoria fora de nossas águas territoriais. O contrato é celebrado no Brasil mas executado em outro país, e o seguro cobre prejuízos de acidente ocorrido em outro país, cujo inquérito se processará perante outro sistema jurídico. Há, portanto, vários pontos de conexão: lugar da celebração do contrato, lugar da execução do contrato, lugar da celebração do contrato de seguro e lugares em que poderão ocorrer acidentes com a mercadoria.

Para melhor compreensão, devemos examinar quais são os elementos de conexão, que são muitos. Citam-se como principais cinco elementos, nos quais se integram outros seis, somando onze elementos dos mais citados, conforme o quadro abaixo:

1 — Local do ato (*locus regit actum*)
    1.1. Local do delito (*lex delicti comissi*)
    1.2. Local da pessoa (*locus personae*)
    1.3. Lei do pavilhão (*lex pavilionis*)
2 — Lei do domicílio (*lex domicilii*)
    2.1. Lei da nacionalidade (*lex patriae*)
3 — Lugar da execução do contrato (*lex loci executionis*)
    3.1. Lugar da celebração do contrato (*lex loci celebrationis*)

4 — Lei do foro (*lex fori*)

    4.1. Lei da vontade das partes (*lex voluntatis*)

5 — Lugar da coisa (*lex rei sitae*).

Examinemos as características de cada um desses elementos:

1 — Local do ato (*locus regit actum*) — o local em que o ato jurídico ou ilícito seja praticado constitui a sede da relação jurídica estabelecida. Por isso, é lá que devem ser resolvidos os conflitos decorrentes daquele ato e é a lei daquele local que deve regê-lo.

    1.1. Local do delito (*lex delicti comissi*) — Adotando os mesmos critérios que o *locus regit actum*, aplica-se entretanto só a questões penais. Sua importância vem-se realçando ultimamente com a proliferação de crimes internacionais e atos terroristas. É o que mais se adapta ao gênero, pois a apuração fica a cargo das autoridades policiais do local dos crimes.

    1.2. Local da pessoa (*locus personae*) — É aplicada para os bens móveis, baseada no princípio de que *mobilia sequuntur personam*. Os móveis aderem à pessoa de seu proprietário ou de seu possuidor, como a própria roupa do corpo, submetendo-se à lei que o regulamenta.

    1.3. Lei do pavilhão (*lex pavilionis*) — Esse elemento de conexão é o local de registro, aplicado a navio ou aeronave. Um navio e um avião, segundo convenções internacionais, devem ser registrados no registro competente de um país e depois no órgão internacional. O interior de um navio ou de um avião é considerado território do país em que eles estiverem registrados. No plano internacional, entretanto, são eles considerados território do país em que estiverem circulando, inclusive nas águas territoriais desse país. A lei do pavilhão integra-se com outros elementos como o *locus regit actum* e a *lex decti comissi*. Assim, se um crime for cometido no interior de um avião da VARIG, sobrevoando o território brasileiro ou nossas águas territoriais, será regido pela lei brasileira, por ter sido ocorrência em território brasileiro.

2 — Lei do domicílio (*lex domicilii*) — Aplica-se a lei do local em que as partes estejam domiciliadas. Se cada parte estiver domiciliada em local diferente do da outra, deve prevalecer o domicílio do réu, como acontece geralmente no direito interno. A lei do domicílio predomina no direito brasileiro após o advento da atual LICC.

2.1. Lei da nacionalidade (*lex patriae*) — Mormente no que tange aos direitos da personalidade, um cidadão está muito ligado à sua nacionalidade. Esse elemento de conexão predominava no Brasil, mas, em 1942, devido à guerra, a LICC fez com que predominasse a lei do domicílio, para que não haja conexão entre o estrangeiro domiciliado no Brasil e a lei do país deste.

3 — Local da execução do contrato (*lex loci executionis*) — É a mais importante no que toca às obrigações, como no direito contratual. Um contrato pode ser assinado e estabelecido em um lugar, em operação rápida. A maior parte dos contratos entre as partes e a assunção de obrigações ocorre num lugar, enquanto que as obrigações assumidas são cumpridas em outro lugar. O insigne jurista alemão Savigny chama de sede da relação jurídica.

3.1. Lugar da celebração do contrato (*lex loci celebrationis*) — Se um contrato for celebrado num país, presume-se que as partes tenham se dirigido para aquele país por ter vínculos com ele. Em conseqüência, o contrato vincula-se ao sistema jurídico em que ele é assinado e estabelecido. Há muitas exceções, pois muitos contratos celebrados no Brasil devem ser cumpridos em outro país e vice-versa.

4 — Lei do foro (*lex fori*) — Este elemento de conexão é visto pelo aspecto processual, pela atividade das funções judiciárias dos Estados. Uma questão judicial é sempre submetida ao julgamento de um juiz; a lei do local em que o juiz esteja situado é que deve ser invocada em primeiro lugar. Não é possível que um juiz de São Paulo julgue uma questão que lhe seja submetida, sem aplicar em primeiro plano a lei brasileira. A lei de outros países pode ser invocada, mas nunca excluindo a lei nacional, ou seja, a lei do foro.

4.1. Lei da vontade das partes (*lex voluntatis*) — As partes envolvidas numa relação jurídica bilateral podem escolher qual será a lei que regerá o contrato. Baseia-se esse elemento no critério da "autonomia da vontade". Assim, se for assinado um contrato entre uma empresa brasileira e outra uruguaia, as partes podem decidir uma cláusula contratual, graças à qual o contrato será regido pela lei brasileira ou pela uruguaia, como ainda o foro competente. Não há porém total liberdade na escolha do foro competente que irá julgar as questões entre as partes. Aquelas duas empresas, brasileira e uruguaia, não podem escolher a justiça da Turquia para dirimir conflitos entre elas. Deve haver um elemento de conexão natural suficientemente poderoso para justificar a escolha.

5 — Lugar da coisa (*lex rei sitae*) — Quando se discutem problemas de posse ou propriedade de bens imóveis, há uma preponderância, no mundo inteiro, da lei que vigora no local em que o bem esteja situado. A legislação de um país, normalmente, estabelece as normas sobre imóveis e, para tomar posse dele, há necessidade de o proprietário deslocar-se para o país em que o imóvel se encontre.

A esses onze elementos de conexão adicionam-se outros mais, utilizados em menor escala, mas levados em consideração em alguns países ou em algumas ocasiões, como é o caso da religião e do idioma. A religião é elemento de conexão importante perante o direito muçulmano, como acontece no Líbano e tem reflexos no Código Civil da Áustria.

DIREITO DE FAMÍLIA — No direito de família, como nos direitos de personalidade, o elemento de conexão é indicado no art. 7º da LICC, o mais longo e complexo dessa lei. Diz o *caput* do art. 7º que a lei do país em que for domiciliada a pessoa determina as regras sobre o começo e fim da personalidade, o nome, a capacidade e os direitos de família. Predomina pois no direito brasileiro o domicílio como elemento de conexão, no que tange aos direitos de personalidade e direitos de família, suplantando todos os demais elementos.

Segundo o § 1º do art. 7º, realizando-se o casamento no Brasil, será aplicada a lei brasileira quanto aos impedimentos dirimentes e às formalidades da celebração. Vigora neste caso o *locus regit actum* (lei local) como aliás acontece no mundo todo. A forma de um ato jurídico deve obedecer à lei do lugar em que esse ato for praticado. No caso específico do casamento, realizado no Brasil, as formalidades devem seguir a lei brasileira, não importando a nacionalidade ou o domicílio dos noivos. Nem poderia o juiz de casamentos realizar uma cerimônia seguindo o rito de outro país. No tocante à capacidade das partes, também se aplica a lei brasileira, como, por exemplo, a idade mínima dos nubentes, o regime de bens, etc.

Os parágrafos 2º e 3º contemplam a situação de noivos estrangeiros. Se não quiserem eles casar-se perante o juiz de casamentos, de acordo com o direito brasileiro, poderão casar-se no consulado de seu país. Se forem eles de nacionalidades diferentes, podem casar-se no consulado de um ou de outro. Neste caso, predomina a nacionalidade como principal elemento de conexão, conjugado com o do domicílio. É possível entretanto que um dos noivos não tenha domicílio no Brasil, nem pretendam eles fixar residência no país; nesse caso, a possível invalidade do casamento será regida pela lei do país em que eles fixarem o primeiro domicílio conjugal.

Critério semelhante é adotado quanto ao regime de bens, que leva em consideração o domicílio dos nubentes. O regime de bens, legal ou convencional, obedece à lei do país em que tiverem os nubentes domicílios, e, se este for diverso, à do primeiro domicílio conjugal. Interessante é notar a adoção do domicílio que o casal estabelece após o casamento. Se os nubentes deixaram seu país, instalando-se neste último, lógico será que esse casamento e o regime de bens seja regido pela lei de sua nova pátria, do lugar em que passarão a viver.

O § 5º examina a situação do estrangeiro casado que tenha emigrado para o Brasil. Não há inteira compatibilidade quanto à legislação de cada país, no que tange ao regime de bens. O estrangeiro se casa no exterior e depois emigra para o Brasil, já traz a certidão de casamento com o regime de bens, que nem sempre coincide com o do Brasil.

O estrangeiro casado, que se naturalizar brasileiro, pode, mediante expressa anuência de seu cônjuge, requerer ao juiz, no ato da entrega do decreto de naturalização, se apostile ao mesmo a adoção do regime de comunhão parcial de bens, respeitados os direitos de terceiros e dada esta adoção ao competente registro. Assim sendo, o estrangeiro naturalizado poderá amoldar seu casamento no exterior ao sistema nacional, adotando o regime de comunhão parcial de bens, que é o regime natural estabelecido pela lei brasileira.

O § 6º foi reformulado mais recentemente, com a Lei do Divórcio, em 1977. O divórcio realizado no estrangeiro, se um ou ambos os cônjuges forem brasileiros, só será reconhecido no Brasil depois de três anos da data da sentença, salvo se houver sido antecedida de separação judicial por igual prazo, caso em que a homologação produzirá efeito imediato, obedecidas as condições estabelecidas para a eficácia das sentenças estrangeiras no país. Com a adoção do divórcio, surgiram problemas nesse sentido, pois o povo brasileiro é atualmente o que mais emigra. Destarte, quem for casado no Brasil e divorciar-se fora, a sentença do divórcio deverá sofrer as exigências da lei nacional, para não beneficiar-se de possível vantagem que possa trazer a lei estrangeira. Predomina aqui o locus regit actum, uma vez que se refere à questão de formalidades dos atos jurídicos.

Os parágrafos 7º e 8º estabelecem certas considerações sobre o domicílio, já que é ele o principal elemento de conexão adotado pela LICC. Essas considerações são desnecessárias, uma vez que repetem o que dispusera a regulamentação do domicílio, pelos arts. 70 a 78 do Código Civil. Salvo o caso de abandono, o domicílio do chefe da família estende-se ao outro cônjuge e aos filhos não emancipados, e do tutor ou curador aos incapazes sob sua guarda. É um dos poucos aspectos em que nosso direito aceita a predominância da vontade do marido sobre a da mulher. Quando a pessoa não tiver domicílio, considerar-se-á domiciliada no lugar de sua residência ou naquele em que se encontre.

DIREITO DAS COISAS — O direito romano criou o direito das coisas como o conjunto de princípios e normas que regem as coisas, assim considerados os bens materiais (ou corpóreos) suscetíveis de apropriação pelo homem. Tem como institutos fundamentais a Posse e a Propriedade. É um ramo do direito, que através dos séculos, pouco evoluiu e permaneceu com segura semelhança entre os diversos países do mundo ocidental e ainda muito calcado no direito da antiga Roma.

Com a ascensão dos países socialistas no concerto internacional e com a propagação das idéias marxistas, o conceito e interpretação da Posse e da Propriedade vêm sendo reformulados profundamente. Por essa razão, diversos países estão adotando prismas especiais na análise das relações jurídicas referentes às coisas, quebrando a uniformidade conceitual em que vinha se mantendo.

Com referência às coisas, estabelece o art. 8º da LICC que, para qualificar os bens e regular as relações a eles concernentes, aplicar-se-á a lei do país em que estiverem situados. Muito vaga é a expressão "bens" no *caput* deste artigo. Deveria ser a de "coisas imóveis" ou "bens corpóreos imóveis". De maneira geral, o Direito das Coisas divide-se em móveis e imóveis e o *caput* do art. 8º refere-se especificamente a imóveis, adotando a *lex rei sitae*.

A evidência desse critério é patente. Um imóvel faz parte de um território e dele não pode ser descartado. Natural pois que se aplique às relações jurídicas concernentes aos imóveis a lei do país que mantenha a soberania sobre o território em que o imóvel esteja situado, porquanto dele não pode ser removido.

O parágrafo primeiro deste artigo adota elemento de conexão diferente para os bens móveis, como a *lex domicilii* do proprietário das coisas. Esse princípio é muito invocado por pessoas que estejam de passagem em outro país; os bens que leva consigo, inclusive a roupa do corpo, aderem à sua pessoa e a acompanham. Não caberá à justiça brasileira decidir se é legítima a forma de aquisição de uma máquina fotográfica adquirida no exterior, por um estrangeiro que passe férias no Brasil.

O parágrafo 2º do art. 8º estabelece outro elemento de conexão para um tipo especial de contrato: o de penhor. O penhor é o contrato pelo qual um devedor entrega ao credor uma *coisa móvel*, como garantia da dívida, para assegurar o pagamento dessa dívida. O credor não é o dono da coisa móvel apenhada, mas tem a posse dela, como se sua fosse; é um dos casos do *jus in re aliena*. A coisa apenhada situa-se no mesmo caso previsto no parágrafo anterior; adere à pessoa de seu portador e acompanha-o física e juridicamente.

DIREITO DAS OBRIGAÇÕES — Quase todas as relações internacionais entre pessoas privadas, mormente de caráter econômico, situam-se no campo do direito obrigacional, também referido como direito contratual. No âmbito do Direito Internacional Público, quase todo o relacionamento entre pessoas jurídicas de direito público decorrem de obrigações oriundas de atos unilaterais, atos emanados de organizações internacionais ou de tratados internacionais. Lembre-se ainda que existem obrigações oriundas da prática de atos ilícitos.

No âmbito do Direito Internacional Privado, observa-se a mesma incidência. Se existe causa constante do relacionamento entre pessoas físicas e jurídicas de natureza privada, é para reclamar direitos ou cumprir obrigações, geralmente oriundas de um contrato. O que movimenta os mares e os ares do mundo é o contrato de importação/exportação de mercadorias; para ele aplicam-se outros contratos, como o de financiamento, crédito-documentário, de garantias e vários outros.

No plano do direito nacional, essa abrangência não é tão marcante, mas não perde a semelhança. Se analisarmos nossa vida cotidiana, concluiremos que a maior parte de nossas relações jurídicas liga-se ao cumprimento de obrigações. Se examinarmos nosso Código Civil, notaremos que o direito obrigacional ocupa 40% de nosso Código e, no mundo moderno, são os artigos mais invocados perante a justiça.

Ante a abrangência e a complexidade da aplicação dos contratos no plano internacional, não é ponto pacífico encontrar o elemento de conexão mais adequado a ligar um fato ao direito que se lhe aplica. O art. 9º da LICC deixa claro e de forma simplista que, para reger as obrigações, aplica-se a lei do lugar em que se constituírem: *locus regit actum* e *locus loci executionis*. Contudo, não é nada fácil determinar o lugar em que as obrigações vão surgindo, na constância de um único contrato.

Muitos locais podem se vincular a um contrato. Imaginemos que um vendedor de soja coloque sua produção à venda na Bolsa de Cereais ou na Bolsa de Mercadorias de São Paulo ou na Bolsa Mercantil & Futuros. Através de um telex da Bolsa de São Paulo, a mercadoria é colocada à venda na Bolsa de Londres, que faz oferta a qualquer comprador da CEE. Uma empresa alemã aceita a oferta e adquire a mercadoria. Devido ao financiamento de um banco suíço, o contrato é formalizado em Zurique. A mercadoria está coberta, desde o embarque até o desembarque, por um contrato de seguro de uma seguradora francesa.

A mercadoria é embarcada em Santos, fazendo o navio escala em Portugal e na França, sendo desembarcada no porto de Roterdã, na Holanda, de onde seguirá para o interior da Alemanha por ferrovia. Ainda na Holanda, a mercadoria sofre um acidente e os prejuízos devem ser reclamados pelas partes junto à empresa seguradora, sediada em Paris. Há muitos locais, portanto, em que diversos fatos possam ocorrer e gerar direitos e obrigações, todos porém inseridos num único contrato.

Há pois vários locais juridicamente relevantes para se constituírem como elementos de conexão: lugar em que o contrato é proposto, lugar em que é feita a aceitação. O art. 9º da LICC estabelece' porém que o elemento de conexão preponderante é o lugar em que as obrigações se constituírem. No exemplo acima, prevaleceria a lei da Suíça, local em que o contrato foi formalizado. Não consideramos pacífica essa solução, porquanto é muito discutível o momento em que as obrigações foram assumidas.

O art. 9º prevê outrossim alguns casos especiais; o parágrafo 1º diz que a obrigação, se tiver de ser executada no Brasil, as formalidades extrínsecas do ato respeitarão a lei do lugar em que se constituiu o contrato. Dá a entender que se o contrato for executado no Brasil, sujeita-se à jurisdição e à lei do Brasil: *lex loci celebrationis*. Julgamos confusa essa disposição, porém há jurisprudência esclarecendo que: "se a obrigação é de ser cumprida no Brasil, a competência da justiça brasileira é inafastável" (RT. 580/70).

O parágrafo 2º do art. 9º é bem mais claro e se refere especificamente à obrigação contratual, dizendo que: "a obrigação resultante de contrato reputa-se constituída no lugar em que reside o proponente". Se nas obrigações em geral, vigora a *lex loci celebrationis*, nas obrigações contratuais vigora a *lex domicilii*, da parte que propõe a celebração do contrato, do policitante. Em sentido geral, um contrato consta de dois atos: a proposta e a aceitação. É preciso que uma das partes ofereça a quem possa interessar, a realização de um negócio; à outra cabe recusar ou aceitar, mas se aceitar, chegaram as partes ao elemento essencial: o *consensus*.

O Direito Romano, muito formalista, expressava esses momentos na pergunta e resposta: *Spondes?* (aceitas?), ao que a outra parte respondia: *Spondio!* (aceito!). O proponente é chamado de policitante e o proposto de oblato. Essas disposições vigoram no direito de muitos países, conforme também são regulamentadas pelos arts. 427 a 434 de nosso Código Civil. Mesmo entre os países de sistema jurídico não romano, a proposta e a aceitação constituem dois elementos essenciais do contrato, porém, ante a complexidade dos modernos contratos, surgem várias dúvidas.

No exemplo examinado nestes comentários, quem seria o proponente? Ao que tudo indica, o dono da mercadoria, domiciliado no Brasil, que fez oferta por meio da Bolsa de São Paulo. A proposta e a aceitação foram regulamentadas internacionalmente pela Convenção das Nações Unidas sobre os contratos de Compra e Venda Internacional de Mercadorias, aprovada em Viena, em 1980, nos arts. 14 a 24.

DIREITO DAS SUCESSÕES — A *lex domicilii* é também aplicada na sucessão de quem falece ou que venha a ser declarado ausente. Esse princípio é quase universal, porquanto o inventário dos bens costuma ser processado na jurisdição do domicílio do *de cujus*. É o que estabelece o art. 1785 de nosso Código Civil, ao dizer que a sucessão se abre no lugar do último domicílio do falecido. O art. 96 de nosso Código de Processo Civil é mais explícito, dispondo que o foro do domicílio do autor da herança, no Brasil, e o competente para o inventário, a partilha, a arrecadação, o cumprimento das disposições de última vontade e todas as ações em que o espólio for réu, ainda que o óbito tenha ocorrido no estrangeiro.

Portanto, a sucessão por morte ou por ausência obedece à lei do país em que era domiciliado o defunto ou o desaparecido, qualquer que seja a natureza e a situação dos bens.

A vocação para suceder em bens de estrangeiro situados no Brasil será regulada pela lei brasileira em benefício do cônjuge brasileiro e dos filhos do casal, sempre que não lhes seja mais favorável a lei do domicílio. O parágrafo 1º do artigo 10, que dispõe sobre o direito das sucessões, abre uma exceção, estabelecendo a nacionalidade para a determinação do direito aplicável a uma questão sucessória. Se falecer um estrangeiro domiciliado no exterior, abre-se a sucessão no país em que esse estrangeiro tiver como herdeiros mulher e filhos brasileiros e bens no Brasil, estes poderão invocar a lei brasileira para a sucessão do *de cujus*. Poderão assim requerer a abertura da sucessão na justiça brasileira, se julgarem mais conveniente do que na justiça estrangeira.

DIREITO SOCIETÁRIO — As organizações destinadas a fins de interesse coletivo, como as sociedades e as fundações, obedecem à lei do Estado em que se constituírem. Não poderão, entretanto, ter no Brasil filiais, agências ou estabelecimentos antes de serem os atos constitutivos aprovados pelo governo brasileiro, ficando sujeitas à lei brasileira (art. 11). O art. 11 cuida da lei aplicável aos atos constitutivos das pessoas de direito privado. Na área de direito privado, uma pessoa jurídica é regida pela lei do país em que for constituída, ou seja, o local em que foram elaborados e registrados seus atos constitutivos.

Contudo, esse tipo de empresa não poderá atuar no Brasil, pois só pessoas jurídicas constituídas nos termos da lei brasileira e devidamente registrados nos órgãos públicos brasileiros poderão exercer atividades no Brasil. Nestes termos, não pode uma pessoa jurídica exercer qualquer atividade no Brasil, a não ser que se registre no órgão competente. Assim, uma empresa mercantil estrangeira, cujos atos constitutivos estejam localizados no exterior, não poderá exercer atividades no Brasil. Todavia, essa empresa poderá constituir uma sociedade no Brasil, nos termos do Direito Societário, registrando seus atos constitutivos no órgão competente, neste caso, a Junta Comercial. É o caso da Ford do Brasil, Mercedes Benz do Brasil e outras.

DIREITO PROCESSUAL — É competente a autoridade brasileira, quando for o réu domiciliado no Brasil ou aqui tiver de ser cumprida a obrigação. Só à autoridade brasileira compete conhecer das ações relativas a imóveis situados no Brasil. O juízo competente está condicionado ao domicílio do réu. É o princípio também adotado pelo direito interno brasileiro e da maioria dos países, embora haja algumas exceções no direito interno. Também é competente a justiça brasileira quando o caso *sub judice* implicar numa obrigação a ser cumprida no Brasil. Assim estabelece o art. 12 da LICC.

Essa disposição é também prevista no art. 88 do Código de Processo Civil. Por este artigo, é competente a justiça brasileira quando o réu, qualquer que seja a sua nacionalidade, estiver domiciliado no Brasil (*lex domicilii*). É também competente a autoridade judiciária brasileira se no Brasil tiver de ser cumprida a obrigação (*lex loci executionis*).

O art. 89 do Código de Processo Civil confirma outros elementos de conexão da LICC, estabelecendo que compete à autoridade judiciária brasileira, com exclusão de qualquer outra, conhecer de ações relativas a imóveis situados no Brasil (*lex rei sitae*) e proceder a inventário e partilha de bens, situados no Brasil, ainda que o autor da herança seja estrangeiro e tenha residido fora do território nacional (*lex rei sitae*).

A prova dos fatos ocorridos em país estrangeiro rege-se pela lei que nele vigorar, quanto ao ônus e aos meios de produzir-se, não admitindo os tribunais brasileiros provas que a lei brasileira desconheça (art. 13). Provas de fatos debatidos em processo judicial constituem questão típica de direito processual e, portanto, com a adoção da *lex fori*. Se um fato ocorre num país ou um ato é nele praticado, prová-los constitui uma formalidade judicial, observando-se o *locus regit actum*, combinando com a *lex fori*. Todavia, a justiça brasileira só admitirá provas que a lei brasileira conhecer conforme é de direito e de soberania nacional. A justiça brasileira não pode aceitar provas ou institutos adotados no estrangeiro mas desconhecidos ou proibidos pela lei brasileira.

Não conhecendo a lei estrangeira, poderá o juiz exigir de quem a invoca prova e texto da lei, nos termos do art. 14. Essa norma consta ainda do Código de Processo Civil, seguindo o princípio geral do direito: *onus probandi incumbit ei qui allegans* (o ônus da prova incumbe a quem alega).

# 8. APLICAÇÃO DO DIREITO ESTRANGEIRO NO BRASIL

8.1. Harmonização dos sistemas jurídicos
8.2. Dispositivos legais
8.3. Restrições à aplicação da lei estrangeira

## 8.1. Harmonização dos sistemas jurídicos

O Direito Internacional Privado é considerado como o conjunto de normas que procuram solucionar o conflito de leis toda vez que a lei de um país deve ser aplicada em outro. Implica porém em que a lei de um país conflite com a lei de outro; se as leis dos vários países fossem iguais, não haveria conflito a ser solucionado e, portanto, não seria invocado o Direito Internacional Privado. A pretensa uniformidade das leis entre os mais variados países é uma utopia e por isso dificilmente deixará de haver a invocação das normas do Direito Internacional Privado.

Um país, que permitir a aplicação da lei estrangeira em seu território, transforma o direito estrangeiro em direito nacional, no seu direito. A aplicação do direito estrangeiro no Brasil poderá, contudo, provocar novo conflito; não só com a lei nacional mas com a própria soberania do país; não se sabe até que ponto a lei estrangeira, ao ser aplicada no Brasil, possa significar a submissão da justiça brasileira a um *jus extraneum*.

Característica primordial de um Estado é a sua soberania; essa soberania exerce-se principalmente na imposição de sua lei e de sua jurisdição ao povo e a território ocupado pelo Estado. Por isso, o ilustre mestre de direito paulista, Prof. Gabriel Rezende Filho, definiu a jurisdição desta forma: "jurisdição é uma função da soberania do Estado; é o poder de declarar o direito aplicável aos fatos".

A soberania de um Estado tem, todavia, o limite pessoal e territorial; aplica-se apenas aos seus cidadãos que se encontrem em seu território e fora dele. Por outro lado, a soberania de um Estado só se exerce em seu território e sobre as pessoas que nele se encontrem. Assim, a jurisdição, a lei, as decisões judiciais só produzirão os peculiares efeitos de direito, nos lindes das fronteiras em que o Estado exercer a soberania. Além dessas fronteiras em que o Estado exercer a soberania, vigora a soberania de outro Estado, em que impera outro direito.

Todo Estado soberano exige respeito às suas instituições jurídicas e por isso não pode aceitar indiscriminadamente a aplicação do direito estrangeiro em seu território. A justiça brasileira, por exemplo, reconhece o *jus extraneum* e o aplica em

91

nosso território; adota porém, determinadas restrições, algumas exceções e submete os atos jurídicos estrangeiros ao crivo de sua análise e aprovação.

Embora se fale tradicionalmente em conflito de leis, o que existe é uma conciliação entre o *jus extraneum* e o *jus indigenum*. A justiça soberana do Brasil, no uso de sua competência jurisdicional, decide aplicar no Brasil o direito estrangeiro, dentro das condições que o direito brasileiro permite. A exterritorialidade da lei é portanto o reconhecimento, por um Estado, da necessidade de aplicar a lei promulgada fora de seus limites territoriais e jurisdicionais.

## 8.2. Dispositivos legais

A aplicação do direito estrangeiro no Brasil não é arbitrária, mas é obrigada a observar certos requisitos, principalmente o reconhecimento das sentenças estrangeiras. Está portanto sujeita a determinadas normas estabelecidas no Brasil por vários estatutos, que serão inicialmente nomeados.

Nossa Constituição Federal é o primeiro diploma jurídico a reconhecer a exterritorialidade da lei e as restrições que lhe são impostas. Ao descrever a competência do Supremo Tribunal Federal, no art. 101, alínea "h", atribui-lhe a competência exclusiva para a homologação das sentenças estrangeiras e a concessão do *exequatur* às cartas rogatórias, que podem ser conferidas por seu regimento interno a seu Presidente. Na alínea "g", diz nossa Magna Carta que também compete à nossa suprema corte conceder a extradição solicitada por Estado estrangeiro.

Dentro da hierarquia das leis nacionais, o art. 15 da Lei de Introdução ao Código Civil, esmiúça melhor o dispositivo constitucional, apontando certos requisitos que a sentença estrangeira a ser executada no Brasil deva apresentar. Diz o art. 15 que será executada no Brasil a sentença proferida no estrangeiro, que reúna cinco requisitos, quais sejam, haver sido proferida por juiz competente, terem sido as partes citadas ou haver-se legalmente verificado a revelia, ter passado em julgado e estar revestida das formalidades necessárias para a execução no lugar em que foi proferida, estar traduzida por intérprete autorizado e, finalmente, ter sido homologada em STF.

Nosso Código de Processo Civil traz um capítulo denominado "Da homologação de sentença estrangeira", capítulo este constante dos arts. 483 e 484, alongando as disposições anteriormente referidas. Nosso Código de Processo Civil estabelece as condições para a execução no Brasil, dizendo o art. 483 que a sentença proferida por tribunal estrangeiro não terá eficácia no Brasil senão depois de homologada pelo STF. O parágrafo único desse artigo remete ao Regimento Interno do STF para os requisitos do processo de homologação.

Com a homologação da sentença estrangeira pelo STF, esta passa a ter a mesma eficácia que a sentença nacional, podendo ser executada através do judiciário brasileiro. Segundo o art. 484 do CPC, a execução far-se-á por carta de sentença extraída dos autos da homologação e obedecerá às regras estabelecidas para a execução da sentença nacional da mesma natureza.

O art. 585 do CPC elenca, entre os títulos executivos judiciais, no inciso IV, a sentença estrangeira homologada pelo STF.

Quanto ao processo de homologação da sentença estrangeira, os trâmites são estabelecidos nos arts. 110 a 224 do Regimento Interno do STF, aliás, conforme previsto no parágrafo único do art. 483. O Regimento Interno do STF traz no título VIII, denominado "Dos Processos Oriundos de Estados Estrangeiros", três capítulos: um regulamentando os processos de extradição, o segundo, a homologação de sentença estrangeira e o terceiro, os de cumprimento de cartas rogatórias.

Genericamente, homologação quer dizer confirmação, conformidade, anuência, concordância, reconhecimento. Processualmente, a homologação é um sistema judicial, pelo qual a justiça aprova uma convenção particular, transformando-a numa decisão judicial. Tomemos, por exemplo, uma convenção entre marido e mulher estabelecendo o divórcio, nos termos escolhidos por eles. Submetem porém essa convenção particular à apreciação da justiça, requerendo sua homologação. Desde que o juiz homologue aquele acordo, passará a ter a eficácia de uma sentença judicial.

Pela homologação, uma decisão particular é transformada em decisão judicial. É o caso de uma sentença que homologa uma partilha, um acerto entre credor-devedor. É o mesmo que acontece com a decisão da justiça estrangeira; submetida à análise da justiça brasileira, desde que esta a homologue, passa a ter a mesma eficácia que teria uma decisão da justiça brasileira.

A homologação não é adotada em vários países e em outros tem efeitos diferentes. Formaram-se dois tipos de reconhecimento de atos judiciais estrangeiros: da revisão e da delibação. O sistema de revisão submete as decisões judiciais estrangeiras a ampla revisão, examinando-as tanto nos aspectos formais como substanciais. É o sistema francês, de aplicação em poucos países, como a França e a Bélgica.

O Brasil adota porém o sistema italiano da delibação, nos moldes divulgados pelo insigne processualista italiano Enrico Tullio Liebman, que tanta influência exerceu no direito brasileiro, mormente no nosso atual CPC. Pelo sistema de delibação, os atos judiciais estrangeiros submetem-se à homologação pela justiça nacional. O processo de homologação examina alguns aspectos da decisão estrangeira, mas não se aprofunda a ponto de se considerar uma revisão. O sistema de delibação examina os aspectos formais da decisão alienígena, tal como o previsto no art. 15 da Lei de Introdução ao Código Civil. Não entra no mérito da questão, antes de reconhecê-la, como faria no Brasil tribunal de segunda instância.

A homologação de decisões judiciais alienígenas só se faz mediante sentença proferida pelo STF, no julgamento do processo empreendido pelo interessado, perante a mais alta Corte de Justiça do país. Cabe o contraditório neste processo, devendo o réu ser citado para contestar a ação, cabendo a réplica à contestação. A manifestação do executado é restrita, pois no sistema de delibação apenas se examinam os aspectos formais do ato decisório alienígena. Não pode o réu entrar no mérito do ato.

Entre os aspectos formais, um dos mais importantes é o exame dos documentos. Os documentos estrangeiros deverão instruir o processo, acompanhados de tradução feita por Tradutor Público Juramentado, tal como exige também o art. 157 do CPC. É preciso ainda que os documentos sejam autenticados pelo consulado brasileiro no país em que a decisão foi prolatada. Se assim não estiverem, os documentos necessitarão de ser registrados em cartório de registro de títulos e documentos, com as respectivas traduções. Essa exigência é feita pelo art. 148 da Lei dos Registros Públicos.

Outro aspecto que poderá ensejar a contestação do réu é o de que deverá constar nos documentos certidão do trânsito em julgado. Não se poderia realmente homologar uma sentença cuja eficácia ainda depende de confirmação no país de origem. A esse respeito, já houve pronunciamento do STF, pela Súmula 420.

O tipo de provas apresentadas e que possam ser conhecidas pela justiça brasileira conforma-se com o que dispõe o art. 13 do LICC. Diz o art. 13 que a prova dos fatos ocorridos em país estrangeiro rege-se pela lei que nele vigorar, quanto ao ônus e aos meios de produzir-se, não admitindo os tribunais brasileiros provas que a lei brasileira desconheça.

Está aí um aspecto delicado e sutil, pois remete à lei estrangeira a regulamentação da prova. Quanto às provas em direito permitidas, estão descritas em nosso CPC e em outros diplomas legislativos. O art. 332 do CPC abre bastante o leque dos meios probatórios, estabelecendo que todos os meios legais, bem como os moralmente legítimos, ainda que não especificados no CPC, são hábeis para provar a verdade dos fatos, em que se funda a ação ou defesa.

Assim sendo, poucos são os meios de prova que a lei brasileira desconheça, mas, mesmo assim, encontram-se casos raros. É o que acontece com gravações de conversas telefônicas, aceitas em alguns países, mas que nossa justiça considera como prova muito precária, pois não é seguramente identificável a voz. Além disso, a gravação telefônica, usada como prova judicial é, em grande parte dos casos, considerada como ilegal e imoral.

Desde que a lei estrangeira seja invocada para ser aplicada no Brasil, caberá ao interessado trazer seu texto aos autos. Dispõe o art. 14 do LICC que o juiz, não conhecendo a lei estrangeira, poderá exigir de quem a invoca prova do texto e da vigência. Idêntica disposição consta do art. 338 do CPC.

## 8.3. Restrições à aplicação da lei estrangeira

Já se falou em um dos fundamentos do Direito Internacional Privado, que é o princípio da exterritorialidade da lei, pelo qual a lei de um país não se restringe aos seus limites territoriais. A lei acompanha os cidadãos de um país, onde que que eles se encontrem, ou então coisas que estejam em discussão judicial. O Direito Internacional Privado tem como precípuo objetivo dar aplicabilidade à lei de um país em outro.

A legislação de um país surge para regulamentar o comportamento do povo desse país, sendo portanto a projeção da interpretação de tradições, de filosofia de vida, de costumes variados, e de outras formas de vida. Sendo fruto da cultura de um povo, o direito desse povo não pode se incorporar ao direito de outro povo, de cultura bem diferente. O direito estrangeiro vai encontrar barreiras, restrições e exceções, sempre que for aplicado em outro país.

O STF, ao homologar uma sentença judicial, tem base legal para descartar a homologação, negando a ela condições de exeqüibilidade no Brasil. A primeira base legal a ser invocada poderá ser a disposição do art. 17 da LICC, de que as leis, atos e sentenças de outro país, bem como quaisquer declarações de vontade, não terão eficácia no Brasil, quando ofenderem a soberania nacional, a ordem pública e os bons costumes. Aponta assim três exceções à aplicação do direito estrangeiro no Brasil. Às três, entretanto, podemos adicionar mais três: fraude à lei, instituição desconhecida e interesse nacional lesado.

Levando em conta o princípio de que proibir o abuso é consagrar o uso, o art. 17 assegura a aplicação do direito estrangeiro no Brasil. Implicitamente, reconhece a exterritorialidade da lei, desde que sejam respeitadas as três exceções apontadas. Examinemos brevemente as exceções do art. 17 e outras que se revelaram.

*Soberania nacional* — Essa expressão tem significado muito abrangente do Direito Público, mas no sentido que aqui examinamos, liga-se principalmente aos problemas de segurança nacional. Por exemplo, alguma sentença estrangeira que dê direitos a qualquer Estado sobre imóvel no Brasil, a não ser que nele esteja instalada sua embaixada, afrontará a soberania nacional. Da mesma forma, os direitos de uma empresa estrangeira sobre imóveis junto às fronteiras ou junto a instalações militares.

*Ordem pública* — Há marcante diferença entre a ordem pública nacional e internacional, mesmo porque esta última sofre um conceito controvertido. A ordem pública internacional compõe-se de princípios gerais que, não sendo observados, afetam a paz social, o ordenamento jurídico e a consciência nacional. É a aplicação dos verdadeiros princípios da ética e de uma sadia estruturação do Estado, e inarredáveis para a sobrevivência desse Estado.

Esses princípios básicos devem ser de tal forma necessários, que impedem a aplicação do direito estrangeiro, ainda que haja regras de Direito Internacional Privado para a solução de um conflito de leis. A inobservância dos princípios de ordem pública fere as tradições, os sentimentos e a consciência de um povo.

*Bons costumes* — O direito brasileiro não define nem esclarece o que seja soberania nacional, ordem pública e bons costumes. Para muitos, não há diferença entre eles. São móveis e momentâneos, mas o critério dos bons costumes parece mais vago, quer no tempo, quer no espaço. Os bons costumes são o comportamento costumeiro de um povo, dentro de elevados padrões éticos e de sadia convivência social.

*Fraude à lei* — É a prática de atos legítimos em sua forma, mas a intenção do agente é obter um resultado condenável. É preciso pois examinar as conseqüências dos atos jurídicos, se elas provocarem prejuízos a inocentes e lucros a espertalhões.

Vamos citar um exemplo. A lei proíbe que um pai faça doação de um imóvel a um filho, preterindo outros. Entretanto, o pai vende o imóvel a uma interposta pessoa; tempos depois, a interposta pessoa vende esse imóvel ao filho do primeiro vendedor. Os atos podem ser válidos, com a venda realizada por instrumento público e recibos em ordem. Porém, como efeitos desses atos, diversas pessoas foram lesadas e uma foi beneficiada indevidamente.

Antes da promulgação da lei do divórcio, eram comuns casamentos na Bolívia, Uruguai e outros países e tentando validar seus atos no Brasil. A lei estrangeira serve então de capa para que alguém mal intencionado obtenha fins que a lei nacional condene.

Fato muito comum ocorre com empresas multinacionais, que são compradas e vendidas, transferindo-se os débitos a grupos insolventes. Já foram observadas diversas publicações nos jornais a este respeito.

*Instituição desconhecida* — É a aplicação, no Brasil, de uma instituição não prevista no nosso direito, o que viria a instituir uma prática estranha. É o caso de um cidadão oriundo de país árabe requerendo a homologação de dois casamentos que tenha feito em seu país. Se o Brasil reconhecer ambos os atos, estará aplicando o instituto da poligamia, que nosso direito não reconhece.

Outro caso é o noivado, que em certos países pode produzir efeitos jurídicos, mas no Brasil é apenas instituição social.

*Interesse nacional lesado* — É um princípio de aplicação muito precária, pois adota discriminação contra estrangeiros, ferindo outro princípio tradicional, de que todos são iguais perante a lei. Esta exceção à aplicação do direito estrangeiro vem em proteção ao interesse nacional, quando se conflitar com o interesse alienígena. É o que se vê no art. 10, § 1º da LICC, segundo o qual a vocação para suceder em bens de estrangeiro situados no Brasil será regulada pela lei brasileira em benefício do cônjuge brasileiro e dos filhos do casal, sempre que não lhes seja mais favorável a lei do domicílio. O elemento de conexão aplicado no Direito das Sucessões é o domicílio; excetua-se contudo se os herdeiros forem brasileiros e houver para eles melhor vantagem se adotassem a nacionalidade como elemento de conexão.

# 9. CONFLITOS DA LEI NO TEMPO

9.1. Direito intertemporal

9.2. Teoria da irretroatividade da lei

9.3 Direito adquirido

9.4. Ato jurídico perfeito

9.5. Coisa julgada

## 9.1. Direito intertemporal

Falamos no início dos efeitos da lei e no fim de seus efeitos. Falaremos agora dos efeitos no período em que ela permanece em vigor. No momento em que ela entra em vigor, aplica-se de forma geral, isto é, a todos os casos abrangidos por ela. A lei não pode ser casuísta, promulgada para aplicação a um caso específico, mas, por ser abstrata, vão-se enquadrando nela os casos que surgirem. Surgem, entretanto, certos aspectos excepcionais. Existem atos continuados ou de longa duração; começam no momento em que vige uma lei e se completam quando outra lei sucedeu. Ocorre uma situação delicada.

Caso apareça essa situação, procurou a Lei de Introdução ao Código Civil, no art. 6°, precaver-se para evitar conseqüências danosas à paz social. Diz esse artigo:

"A lei em vigor terá efeito imediato e geral, respeitados o ato jurídico perfeito, o direito adquirido e a coisa julgada.

§ 1° — Reputa-se ato jurídico perfeito o já consumado segundo a lei vigente ao tempo em que se efetuou.

§ 2° — Consideram-se adquiridos assim os direitos que o seu titular, ou alguém por ele, possa exercer, como aqueles cujo começo do exercício tenha termo pré-fixo, ou condição preestabelecida inalterável, a arbítrio de outrem.

§ 3° — Chama-se coisa julgada ou caso julgado a decisão judicial de que já não caiba recurso.

Assunto tão sutil provocou o aparecimento de uma nova categoria de direito: o Direito Intertemporal. Procura esse novo ramo do direito fixar o alcance do império de suas leis que se sucedem reciprocamente. Regula a aplicação da lei no tempo, estabelecendo os limites do domínio de cada uma, sobre o mesmo tema. O Direito Intertemporal resolve os conflitos de lei no tempo, como o Direito Internacional Privado no espaço. Estudamos neste compêndio dois aspectos da eficácia da lei: no espaço e no tempo. Para dirimir os conflitos de leis no tempo, criou-se o Direito Intertemporal. Bem mais raros são os conflitos de leis no tempo, razão por que o Direito Intertemporal não se alçou à mesma importância do Direito Internacional Privado. O Direito Intertemporal só é chamado quando se discute qual lei deva ser aplicada: a antiga ou a que lhe tenha sucedido.

Esse direito tem como seus vultos máximos C.F. GABBA, professor da Universidade de Siena, autor de importante obra, a TEORIA DELLA RETROATTIVITÀ DELLE LEGGI, publicada em 1884, dando as bases do sistema, e, mais moderno, PAUL ROUBIER completou os fundamentos desse direito e a "Teoria da Retroatividade das Leis", em várias obras, realçando-se o DROIT TRANSITOIRE e o LE CONFLIT DES LOIS DANS LE TEMPS. Deu ele o nome de Direito Transitório a esse direito, mas não teve grande aceitação essa denominação.

## 9.2. Teoria da irretroatividade da lei

A retroatividade da lei é a faculdade de que é dotada uma lei em retroagir, após ser promulgada, a casos anteriores a ela; faz com que seus efeitos se voltem a fatos passados. Essa faculdade, em princípio, afronta os princípios jurídicos e afetam a estabilidade social, pelos motivos já expostos. Apesar disso, o art. 6º não a proíbe, vedando apenas que ela possa atingir o ato jurídico perfeito, o direito adquirido e a coisa julgada. Consoante o critério de que proibir o abuso é consagrar o uso, concluímos que nossa lei permite a retroatividade.

Todavia, a irretroatividade é a regra e a retroatividade a exceção, aplicada em raríssimos casos e quando prevista na própria lei. Necessário se torna que a própria lei retroativa estabeleça essa faculdade de ampliar seus efeitos a fatos pretéritos, sempre porém respeitando os três casos referidos. Tais problemas constituem um tipo de direito, que recebeu o nome de Direito Intertemporal. Embora nosso Direito Intertemporal não vede a retroatividade, deixa clara a adoção do princípio da irretroatividade. O direito de outros países é normalmente peremptório a este respeito. É o que revela o art. 11 do Código Civil italiano e o art. 2º do Código Civil francês:

| Efficacia della legge nel tempo | Eficácia da lei no tempo |
|---|---|
| La legge non dispone che per l' avenire; essa non ha effetto retroativo. | A lei não dispõe a não ser para o futuro; ela não tem efeito retroativo. |
| La loi ne dispose que pour l'avenir; elle n'a point d'effet retroactif. | A lei não dispõe senão para o futuro; ela não tem qualquer efeito retroativo. |

Igual critério adota o art. 3° do Código Civil espanhol. A Constituição da Itália, de outra forma, confirma o que diz o art. 11 do Código Civil do país:

| Nessuno può essere punito se non in forza di una legge che sia entrata in vigore prima del fatto commesso. | Ninguém pode ser punido a não ser por força de uma lei que tenha entrado em vigor antes do ato cometido. |
|---|---|

Entretanto, o Código Civil de Portugal, de 1966, é mais claro e explícito, adotando o mesmo princípio, mas precavendo-se quanto a casos em que os efeitos da lei retroagem:

"A lei só dispõe para o futuro; ainda que lhe seja atribuída eficácia retroativa, presume-se que ficam ressalvados os efeitos produzidos pelos fatos que a lei se destina a regular".

Concluímos pois que a opinião de GABBA e ROUBIER afasta-se do Código de seus países e fica amoldada ao código português, como aliás se amoldam a este a maioria absoluta dos juristas. Em suma: predomina a irretroatividade como norma, mas são possíveis as exceções, apesar de raras. Por outro lado, essa maioria absoluta aceita a retroatividade se a lei expressamente declarar seu caráter retroativo, ou ficar bem claro que essa foi a vontade do legislador. Em todos os casos, ainda sem ofender o direito adquirido, o ato jurídico perfeito e a coisa julgada.

Todavia, como deixa antever o direito brasileiro e o português, a retroatividade é rara e excepcional, mas não impossível. É possível na área penal, com as leis favoráveis ou benfazejas, que beneficiam o réu. Por exemplo: um réu foi condenado a cinco anos de prisão, pena prevista para seu crime; surge porém uma lei estabelecendo a pena de quatro anos para aquele crime. Poderá o réu invocar a nova lei, para que lhe seja aplicada essa pena reduzida. As leis processuais estão, muitas vezes, sujeitas à retroatividade, como por exemplo, num prazo processual.

## 9.3.  Direito adquirido

Considera-se adquirido o direito cujo titular, ou alguém que por ele possa exercer, já incorporou ao seu patrimônio pessoal, por ser decorrente de um fato protegido pela lei. O titular do direito já poderia tê-lo exercido pois a lei lhe garantia. Por exemplo: um cidadão completou 65 anos e, por esse fato, adquiriu direito à aposentadoria por velhice. Poderá requerê-la pois já tem direito a ela. Entretanto, antes que se aposente, vem uma lei elevando o teto para 70 anos. Apesar de estar a aposentadoria regida pela nova lei, esse cidadão já tinha adquirido direito a ela, e a nova lei não pode ter efeito retroativo.

Nenhum conceito foi mais explícito do que o fornecido por GABBA, na sua TEORIA SULLA RETROATTIVITÀ DELLE LEGGI, na pág. 191, que, por ser aceito universalmente, há mais de um século, preferimos também adotá-lo:

---

È acquisto ogni diritto, che: a) è conseguenza di um fatto idoneo a produrlo in virtu della legge del tempo in cui il fatto vienne compiuto, benchè l'occasione di farlo valere non sia si presentata prima dell'attuazione di una legge nuova al medesimo, e che: b) a termine della legge, sotto l'impero della qualle accade il fatto da cui trae origine, entrò immediatamente a far parte del patrimonio di qui lo ha acquistato.

---

É adquirido todo direito, que: a) seja conseqüência de um fato idôneo para produzi-lo em virtude da lei do tempo em que o fato se viu realizado, malgrado a ocasião de fazê-lo valer não se tenha apresentado antes da atuação de uma lei nova sobre o mesmo assunto, e que: b) nos termos da lei sob o império da qual tenha ocorrido o fato de que se originou, passou imediatamente a fazer parte do patrimônio de quem o tenha adquirido.

---

Vemos assim que, no conceito de GABBA, o direito adquirido apresenta certas características. O primeiro requisito é o de que tenha se originado de um fato aquisitivo e que esse fato seja suficientemente idôneo e hábil para produzir o direito. Em segundo lugar, que esse fato tenha se verificado na vigência da lei sob a qual tenha esse fato produzido o direito. A terceira, e bem importante, é a de que o direito já se tenha integrado no patrimônio do sujeito. Adicione-se que esse fato tenha-se processado de acordo com as exigências da lei, como as expressas no art. 104 de nosso Código Civil. Não se deve ainda confundir "adquirido" com "consumado"; o direito não ter sido completamente consumado, ou seja, já realizado estando assim esgotado. Não poderá ainda o direito estar já prescrito.

Não se considera adquirido o direito submetido a condição suspensiva. Quanto à condição resolutiva, é possível sua aplicação ao direito adquirido; o § 2º do art. 6º da LICC considera como direitos adquiridos "aqueles cujo começo do exercício tenha termo pré-fixo, ou condição preestabelecida inalterável, a arbítrio de outrem".

### 9.4. Ato jurídico perfeito

O melhor conceito de ato jurídico perfeito no-lo dá o próprio § 2º do art. 6º da LICC, "reputa-se ato jurídico perfeito o já consumado segundo a lei vigente ao tempo em que se efetuou". É o ato jurídico plenamente constituído sob a vigência da lei que o regulamenta, gerando assim direitos e obrigações. Esses direitos constituídos e obrigações assumidas não podem ser anulados por lei posterior; seria colocar todos os direitos em situação de insegurança e proporcionar leis casuístas.

### 9.5. Coisa julgada

A coisa julgada (*res judicata*), denominada ainda de "caso julgado", é uma decisão judicial que não pode mais ser revogada ou reformada, em vista de haver preclusão de prazos para recursos contra ela. É também chamada judiciariamente de "decisão com trânsito em julgado". A *res judicata* confere um direito ao vencedor da ação, que passa a ser considerado como direito adquirido, segundo o princípio geral de direito: *res judicata pro veritate habetur* (coisa julgada é tida como verdade). Se esse princípio não fosse respeitado, as decisões judiciais seriam igualmente inseguras; se a justiça toma uma decisão baseada numa lei, poderia haver pressão para que essa lei fosse revogada.

Trata-se de instituto próprio do Direito Processual, definida pelo art. 467 do Código de Processo Civil: "Denomina-se coisa julgada material a eficácia que torna imutável e indiscutível a sentença, não mais sujeita a recurso ordinário ou extraordinário". Corresponde, mais ou menos, ao que diz o § 3º do art. 6º da LICC.

# 10. INTERPRETAÇÃO DA LEI

10.1. Conceito de interpretação
10.2. Espécies de interpretação
10.3. A Escola de Exegese

## 10.1. Conceito de interpretação

Considera-se interpretação do direito, ou, de forma mais precisa, a interpretação da lei, o conjunto de processos intelectuais que servem para determinar e precisar a norma aplicável aos casos concretos. A interpretação procura elucidar o texto obscuro, retificar as imperfeições de um texto e adaptá-lo à aplicação, resolver as contradições, estender a aplicação de um texto para cobrir as lacunas da lei. Engloba as operações necessárias para tornar as regras do direito suscetíveis de aplicação ao caso concreto. Explica, elucida o conteúdo da norma.

Não tem a interpretação aspecto contemplativo, resumindo-se a fazer conhecer a lei, como se fosse a leitura de um jornal, de uma revista; é um instrumento de ação. Destina-se, como há pouco foi dito, a tornar a lei suscetível de aplicação. A forma jurídica, para ser aplicada ao caso concreto, deve ser interpretada. A interpretação é o momento essencial na aplicação da lei, e um pressuposto indispensável, porque, logicamente, não se pode conceber aplicação de norma jurídica que não tenha sido previamente interpretada. Entende-se a interpretação como deve ela ser entendida: o processo lógico pelo qual se releva e se põe em evidência o conteúdo da disposição legislativa. Tomemos por base o que dispõe o art. 5º da Lei de Introdução ao Código Civil:

"Na aplicação da lei, o juiz atenderá aos fins sociais a que ela se dirige e às exigências do bem comum".

Eis aqui a exigência de nossa lei para a interpretação da norma legal, antes de sua aplicação. Essa exigência coloca em cheque a tradicional parêmia: *In claris cessat interpretatio* (na clareza cessa a interpretação). Pode ser a lei muito clara, mas o caso a que ela se aplica pode não ser, ou então, os efeitos que a lei produz, na aplicação do caso concreto, podem não se harmonizar com a paz social. No direito substancial realça-se o fim teleológico da lei, como no direito processual, à luz dos ensinamentos de Chiovenda: deve a justiça procurar a justa composição da lide.

Não é preciso pois que a lei seja obscura para ser interpretada, mas sempre que necessitar de tornar-se a mais apta possível para ser aplicada. Em suma, a interpretação é uma operação inerente a toda aplicação da lei. Se o juiz, ao aplicar a lei, examinar os fins sociais a que ela se dirige, terá forçosamente interpretado essa lei. Para harmonizar a lei com as exigências do bem comum, imprescindível se tornou sua interpretação, um longo processo de análise e raciocínio.

## 10.2. Espécies de interpretação

Diversos são os tipos de interpretação. Em relação à sua origem, vale dizer, quanto ao órgão do qual emana, a interpretação pode ser autêntica, judicial ou doutrinária. Sob o ponto de vista de seus elementos, isto é, do processo lógico de que é fruto, pode ser gramatical, lógica ou sistemática. Estudaremos, em seguida, cada uma de *per si*.

INTERPRETAÇÃO JUDICIAL

É do tipo oficial, por ser feita pelos órgãos judicantes, ou seja, os órgãos encarregados de aplicar a lei. É chamada, no direito italiano, de interpretação jurisprudencial, por ligar-se à jurisprudência, sendo assim mais estável do que o conjunto das decisões dos juízes de primeira instância. A interpretação judicial é essencialmente casuística, uma vez que parte dos casos concretos. É, assim, em virtude da submissão do juiz à lei e da responsabilidade inerente às funções jurisdicionais, mais ponderada e prudente, aderindo-se mais intimamente à lei.

Os órgãos judiciários são livres e soberanos na interpretação da lei, não podendo sofrer injunções sobre sua hermenêutica, mormente do Poder Executivo. São órgãos constitucionalmente dotados de independência e poder.

INTERPRETAÇÃO AUTÊNTICA

Juntamente com a interpretação judicial, a autêntica é uma forma de interpretação oficial, não privada. Quem faz a interpretação é o Poder Público, ou seja, o intérprete é o próprio legislador. Para esse tipo de interpretação aplica-se livremente o brocardo: *In claris cessat interpretatio*, pois se uma lei não suscitar dúvidas, não for obscura, não haverá necessidade de o legislador esclarecer qual foi sua vontade. Haverá portanto, na interpretação autêntica, uma conexão entre a norma originária e a norma interpretativa, com a interpretação emanada do próprio órgão que tenha promulgado a lei interpretada. Não é possível uma lei estadual interpretar lei federal ou vice-versa. Por outro lado, a interpretação deve ser feita da mesma forma que a lei interpretada, vale dizer, que uma lei só se interpreta por outra lei. Essa conexão é aceita pelo nosso direito e de quase todos os países. A este respeito, dispõe o art. 48 da Constituição Francesa:

| | |
|---|---|
| L'interprétation des lois par voie d'autorité ne peut avoir lieu que par la loi. | A interpretação das leis por meio da autoridade só pode ser feita pela lei. |

A interpretação autêntica possui o mesmo efeito que o ato originário, tendo efeito geral e obrigatório; impondo-se às jurisdições. Ela tem a vantagem de afastar as dúvidas e esclarecer as obscuridades de uma lei, pondo fim a controvérsias. A lei interpretativa, porém, não modifica nem revoga a lei interpretada; dá-lhe apenas um novo ponto de vista. Também não pode a lei interpretativa ter efeito retroativo.

INTERPRETAÇÃO DOUTRINÁRIA

É a interpretação elaborada pelos estudiosos do direito: pelos juristas, advogados, mestres e escritores. Não tem força vinculante como a judicial, por ser interpretação privada, mas é notável sua validade teórica, embora dependa muito do conceito e idoneidade intelectual dos intérpretes. É logicamente refinada, fruto do sutil raciocínio, de aguda argumentação jurídica, de prudente analogia, de sagaz tino dialético, de diligentes investigações históricas, e desvinculada de preocupações contingentes e de elementos passionais.

É mais sistemática e generalizante. Desenvolve-se num clima de mais livre espírito crítico e pesquisa científica. Os livros didáticos, por exemplo, consistem essencialmente da interpretação doutrinária, bem como as teses de concursos, ou artigos em revistas especializadas.

Vejamos agora a classificação das interpretações consoante o processo lógico de que é fruto, isto é de seus elementos.

## INTERPRETAÇÃO GRAMATICAL

Procura precisar o significado dos termos e elucidar a estrutura das frases. Começa pela pesquisa filológica e lexicológica do texto legal. Se a lei é uma norma escrita, redigida no vernáculo, impõe-se a interpretação da lei pela linguagem em que ela se expressa. Parte-se, em seguida, para a análise sintática da redação. Examinemos, por exemplo, o que diz o art. 1° da Constituição Federal:

"A República Federativa do Brasil, formada pela união indissolúvel dos Estados e Municípios e do Distrito federal, constitui-se em Estado Democrático de Direito".

Parece clara essa disposição, mas os termos componentes dela comportam uma interpretação gramatical. O que é república? O que é federativa? O que é Estado? O que é democracia? Estado é sinônimo de nação? Estado é sinônimo de província?

A resposta a essas perguntas poderá ensejar um autêntico tratado. Além disso, os vocábulos sofrem evolução no seu sentido, através dos danos. As regras gramaticais modificam-se no tempo e no espaço. Muitos termos têm conceito jurídico bem diferente do sentido vulgar. "Coisa", por exemplo, é um vocábulo com inúmeros sentidos. Em quantos sentidos se pode utilizar a palavra "direito"?

O direito expressa-se pela palavra; a palavra contudo expressa idéias. A hermenêutica do direito pesquisa então idéias no exame das palavras que as exprimem; a confusão de palavras acarreta fatalmente confusão de idéias. Eis por que se revela imprescindível o exame e análise do contexto.

## INTERPRETAÇÃO LÓGICA

Este modo consiste em interpretar a lei e o direito em virtude de seu contexto, de sua função lógica no conjunto do sistema jurídico ou do texto de uma norma jurídica: a regra particular deve estar em harmonia com o contexto legal. Este processo, também chamado de "racional", não exclui o gramatical, mas considera este insuficiente. Recebe a designação de racional por tratar-se de interpretação consoante a *ratio legis* (razão da lei), isto é, a razão de ser da lei, de seu "porquê", o objetivo que ela deve realizar, sua finalidade imanente. É o também chamado "espírito da lei", expressão pela qual designa-se freqüentemente a finalidade da lei, como, às vezes, consta da exposição de motivos do legislador.

A *ratio legis*, de vez em quanto, é expressa de maneira bem explícita, como no preâmbulo ou no enunciado do próprio texto, nos "considerandos". Não é muito comum isto acontecer. Para a interpretação lógica de um texto legal, necessário se torna apreender nitidamente a *ratio legis*, reconhecendo quais sejam os interesses que a lei tenha por fim proteger, que abuso pretenda ela reprimir, ou que resultado social ou jurídico visa a realizar. Por exemplo: a lei recente sobre investigação de paternidade, visa a proteger o interesse dos menores e nascituros, evitando que eles fiquem sem pai e chamando à responsabilidade os que provocam o nascimento de filhos, sem pensar nas conseqüências. A Lei de Luvas, recentemente revogada pela nova Lei do Inquilinato, traz, em longos e minuciosos "considerandos", a *ratio legis* das normas referentes à locação de imóveis para fins empresariais, ou não residenciais.

Adiciona-se ainda à interpretação lógica a chamada interpretação histórica ou genética, consistindo de fazer a lei voltar ao momento de sua gênese. Aplica-se, neste caso, outro critério, o da *occasio legis* (ocasião da lei), o momento histórico do seu aparecimento. Considera essa interpretação que a lei é fruto de uma época, sendo promulgada num determinado momento, traduzindo os problemas sociais e políticos da sociedade a que visa regulamentar. Muitas leis surgem com objetivo de reforma, fruto de uma reação contra o *statu quo* vigente antes dela. É preciso considerar os acontecimentos antecedentes, para melhor compreender o "espírito da lei", a *ratio legis*.

Para exemplificar, levemos em consideração o Estatuto da Mulher Casada (Lei 4121/62). Esta lei surgiu no momento em que a mulher, mormente a mulher casada, sofria imensas restrições dos seus direitos, sendo colocada numa situação de inferioridade e dependência ante o marido. As reações e protestos agitavam a ocasião. Pelo exame dessas agitações, poder-se-á compreender a *ratio legis* do Estatuto da Mulher Casada, o objetivo que pretende atingir: colocar a mulher casada numa posição idêntica à do marido, considerando-a como pessoa e, como tal, dotada de direitos e obrigações. Outro caso semelhante é o da Lei 4131/62, que estabeleceu o regime jurídico do capital estrangeiro no Brasil. Nos anos que antecederam essa lei, houve agitação imensa por todo o Brasil, com passeatas de estudantes, seminários, debates e intenso noticiário nos órgãos de comunicação, envolvendo os temas tratados por essa lei. Um presidente da república foi deposto por um golpe militar, declarando depois que sua deposição se deu por querer ocupar-se desse problema. Em outra ocasião, esse mesmo presidente suicidou-se quando estava na presidência da república, deixando uma carta em que justifica seu ato extremo, por querer regulamentar essa situação. Outro presidente da república renuncia ao seu cargo, após sete meses de governo, declarando ter sido vítima do mesmo problema. O presidente em cujo governo foi essa lei promulgada declarou ter sido deposto de seu cargo por um golpe militar, causado por essa mesma lei.

Ante esses fatores históricos, como poderemos interpretar a Lei 4131/62, seu objetivo, o porquê de sua promulgação, enfim seu espírito? Destina-se ela a estabelecer registros de movimentação financeira. Assim se opera a interpretação histórica ou genética. Constituem elementos de seu exercício as manifestações dos membros do Poder Legislativo, ao discutir a aprovação do projeto de lei.

INTERPRETAÇÃO SISTEMÁTICA

Vai ainda mais longe do que a lógica. Procura conformar um direito específico com o sistema jurídico bem complexo, atingindo a própria filosofia do direito. Os acadêmicos de direito ouvirão muito falar de um grande mestre paulista, o Prof. Vicente Rao. Tornou-se ele muito famoso por dar pareceres sobre determinada questão de direito, utilizando-se, quase sempre, da interpretação sistemática, integrando sua opinião no sistema jurídico vigente. Ao examinar um caso concreto, como a aplicação de uma lei, ou a análise de um contrato, o consagrado jurista invocava os princípios gerais do direito; em seguida a constituição; depois os códigos e assim por diante, até chegar ao caso em questão e à lei que diretamente o atinge. Elaborava então uma teoria aplicável a um caso concreto, que subia aos altos princípios jurídicos.

## 10.3. A Escola da Exegese

Considera-se como Escola um agrupamento de pensadores que seguem determinados pontos de vista. Assim foram as escolas artísticas, científicas, literárias ou políticas. No direito acontece de forma semelhante: conhecemos como escola o grupo de juristas que adotam idéias comuns e semelhantes, tendências ou método de estudo. Neste compêndio, falamos na Escola Histórica do Direito. A Escola de Recife foi um agrupamento de juristas e outros pensadores, que elaboraram estudos tendo por base o direito alemão. Dessa escola participaram juristas de ativa participação no direito brasileiro, entre eles Clóvis Beviláqua, trazendo a influência do direito alemão, graças, principalmente, ao Código Civil de ambos os países.

A Escola da Exegese, ou Escola Exegética, foi um agrupamento de juristas franceses, que se formou logo após a promulgação do Código Civil, em 1806, o chamado código napoleônico. O que caracteriza essa escola é o método do direito utilizado por seus membros: o estudo da lei, comentando artigo por artigo. O método utilizado pelos civilistas franceses foi chamado de analítico ou exegético. Exegese é palavra de origem grega, que significa expor, interpretar. Em torno desse método e dessa escola, formou-se uma plêiade enorme de juristas, os exegetas.

O método dos exegetas, ou seja, a exegese consistia essencialmente na interpretação e explicação do Código Civil francês, o Código Napoleão, num sistema de comentários, seguindo a ordem do próprio código. Esse método contrapunha-se ao da Escola Dogmática, que adotava o método do tratado. Exerciam assim os exegetas a radical hermenêutica do direito. Segundo o dicionário Caldas Aulete, hermenêutica é uma palavra de origem grega, que significa a arte de interpretar o sentido das palavras alheias, arte de interpretar as leis jurídicas e a origem do direito; na teologia, é a arte de interpretar o verdadeiro sentido dos textos sagrados. Apegando-se ao texto escrito na lei, os exegetas fizeram a apologia dela, erigindo-a como fonte preponderante do direito, pulverizando as demais fontes. A exegese consistia em indagar a *mens legislatores* (a vontade do legislador), expressa na soberania legislativa.

De acordo com a Escola da Exegese, a lei é essencialmente um comando do legislador. Na suposição de que a expressão do texto legal seja incerto, é necessário remeter à verdadeira fonte da lei, que é a vontade do legislador. Essa pesquisa é de caráter essencialmente histórico: constatar qual foi, na época, a intenção real do legislador. É o que se chama método exegético. O termo exegese foi emprestado da teologia: da mesma forma pela qual o teólogo pesquisa nos textos a intenção divina, o jurista pesquisa a vontade do legislador. A lei, para os exegetas, é a expressão sumária e elíptica das vontades do legislador. Na dúvida sobre o significado da lei, é natural que se pesquise o propósito subjacente do legislador, que será colocado a descoberto, em primeira linha, na história do texto, isto é, nos trabalhos preparatórios e, em segunda linha, na história da época em que ocorreu a gênese da lei.

A aplicação do método exegético no pensamento jurídico é profunda, ao se notar que aparecem, com freqüência, nas discussões jurídicas as expressões "vontade da lei" e "vontade do legislador". Realmente, essa teoria traduz uma verdade fundamental, no sentido de que a lei é, fundamentalmente, um ato de vontade e cada disposição legal responde a intentos, mas ou menos nítidos e coerentes, conforme o caso. É pois natural procurar esse propósito na história.

# 11. FONTES DO DIREITO

11.1. As fontes, seus fundamentos e espécies

11.2. Os costumes

11.3. A analogia

11.4. A doutrina

11.5. A jurisprudência

11.6. O direito comparado

11.7. Os tratados internacionais

## 11.1. As fontes, seus fundamentos e espécies

Fonte é uma palavra com vários sentidos mas análogos, semelhantes. Segundo o dicionário Caldas Aulete, fonte é a nascente de água ou um chafariz; figuradamente, é o princípio, causa donde provêm efeitos tanto físicos como morais, a causa primária de algum fato, a sua verdadeira origem; tudo o que nos dá ou pode dar verdadeiro conhecimento de uma coisa. A fonte de um rio é o local de onde flui a água do rio, seu manancial.

A expressão "fonte do direito" tem sentido figurado, mas correlato, devendo-se distinguir as duas aplicações dessa expressão: fonte de cognição do direito e fonte de produção do direito. As fontes de cognição do direito são os textos e documentos de que nos servimos para pesquisar e conhecer o direito. Cognição é a aquisição do conhecimento. Um acadêmico de direito que necessite de estudar o direito civil, por exemplo, que fontes irá consultar para conhecer esse ramo do direito? Irá compulsar o Código Civil e legislação complementar, as obras doutrinárias dos cultores desse ramo do direito, e outras mais. São as fontes de cognição do direito. Um juiz, ao dar uma sentença, precisará justificar sua decisão e, para os fundamentos de sua sentença, consultará as fontes de que dispõe: a lei, as obras de doutrina, as decisões dos tribunais e assim por diante.

Não será nesse sentido, porém, que estamos cuidando da fonte do direito; estaremos agora tratando das fontes de produção do direito. Segundo o nome indica, as fontes de produção do direito são a origem do direito, as razões determinantes do aparecimento do direito; os fatos que formaram a força para que o direito fosse criado. São as mesmas as fontes: de produção e de cognição, mas se distinguem pela forma de aplicação. Quando o juiz consulta as fontes para conhecer o direito, utiliza ele as fontes de cognição; quando, porém, fundamenta seu pensamento para criar uma sentença, fundamenta-a com as fontes de produção. O juiz não cria a lei mas cria a sentença, uma forma sempre nova de aplicar o direito. Se a sentença é sempre nova, ela é criada, e, para sua criação, houve necessidade de fontes diversas, normalmente indicadas na própria sentença.

De que fontes deve ter-se servido o juiz para exarar sua sentença? Naturalmente deve ter sido a lei, a principal delas. Nem sempre, todavia, pode a lei ser invocada, visto que há falta de muitas leis. Além disso, ao ser criada, a lei deve ter tido suas fontes de produção. Não só pode inexistir a lei específica para determinada relação jurídica, como pode ser ela omissa na aplicação a um fato específico. Nesse caso, outras fontes virão preencher a lacuna. São elas indicadas no art. 4º da Lei de Introdução ao Código Civil:

"Quando a lei for omissa, o juiz decidirá o caso de acordo com a analogia, os costumes e os princípios gerais do direito".

Concluímos, por essa disposição legal, que seja a lei a fonte direta imediata e principal, sendo as outras indiretas, mediatas e acessórias. Todavia, a Lei de Introdução ao Código Civil é de 1942, portanto, de mais de meio século; não previu o desenvolvimento do direito no Brasil e sua complexidade crescente. Além disso, somos um país novo, com sociedade em formação, movediça e instável. Enquanto os Estados Unidos da América têm uma constituição de dois séculos e países europeus, ainda mais antigas; já tivemos em pouco tempo, mais de uma dezena de constituições, uma delas fruto de uma "assembléia constituinte" formada pelos três ministros militares. Nossa constituição atual, de 1988, é recentíssima, mas já existe a luta para ampla reforma constitucional. Tornou-se então o art. 4º muito acanhado para dispor idéias sobre as fontes do direito, por interpretar o direito brasileiro anterior a 1942. Em nossos dias, temos que alargar muito o rol das fontes, incluindo desde já algumas definitivamente implantadas: doutrina, jurisprudência, direito comparado e tratados internacionais. Algumas incluem ainda o direito romano, mas essa inclusão nos parece despicienda, porquanto o direito brasileiro é o direito romano, modificado e evoluído, no passar dos séculos e amoldado à nossa realidade. Além disso, o direito romano é levado em conta também no direito comparado, uma das modernas fontes. Nossos respeitos, contudo, aos romanistas e seus argumentos, alguns bem fundados.

A lei é portanto a fonte direta, imediata e primordial do direito perante o magistrado. Este, contudo, não elabora a lei e o direito, mas o aplica. A lei não é apenas fonte do direito mas parte integrante dele e, em certos termos, a parte principal. Se não cabe ao poder judiciário sua elaboração, esta cabe ao poder legislativo. Nesse aspecto, a lei não poderia ser fonte do direito pois este antecede a ela. Nem sempre cabe ao poder legislativo normal a elaboração das leis, razão pela qual será preferível usarmos a expressão "o legislador" ao referir-se ao Estado como poder de onde emanam as normas jurídicas. Para o legislador, a lei tem as suas fontes e estas são bem mais complexas, além da doutrina, costumes, analogia, jurisprudência, e princípios gerais do direito, direito comparado e tratados internacionais; incluem-se também outras leis, invocadas pela analogia.

Uma série bem complexa de fatores integram a gama de fontes das leis, fontes motivadoras das regras de comportamento impostas aos cidadãos. Há os usos práticos decorrentes de costumes gerais, como os novos contratos que estão surgindo nas atividades empresariais, os choques de interesses de grupos e de regiões, as transformações sociais, políticas e econômicas, o exercício do poder do Estado, os atos jurídicos. Concluímos assim que a vontade do legislador é a fonte primordial do surgimento das leis; esta vontade decorre de vários fatores, mormente dos atos jurídicos praticados pelas pessoas que formam a coletividade a ser regulamentada pela lei.

Tomemos por exemplo uma lei recente e importante: a que instituiu o Código Brasileiro de Defesa do Consumidor. Quais terão sido as fontes desta Lei? Naturalmente, a vontade do legislador na longa e trabalhosa elaboração de uma lei complexa, ampla e sugestiva. O que deve, entretanto, ter aguçado a vontade do legislador? Os numerosos atos praticados pelos fornecedores, os atos praticados pelos consumidores e outras pessoas, os contratos, que constituem sempre manifestações de vontade. O conjunto dessas manifestações de vontade interpretaram a vontade da nação, que exigia o estabelecimento de uma normatização capaz de dar à sociedade brasileira um roteiro seguro de procedimento.

Examinaremos, mesmo de forma sucinta, as seis fontes subsidiárias e acessórias do direito, uma vez que a fonte primordial, a lei, tem no programa um estudo especial. Devido à interpretação muito variada dos princípios gerais de direito e o posicionamento muito pessoal por nós adotado no exame dessa fonte, preferimos dedicar-lhe um capítulo especial.

## 11.2. Os costumes

Costume é a observância de um comportamento reiterado, constante, pelos membros de uma sociedade, convencidos de que esse comportamento corresponde a uma necessidade jurídica, ou seja, esse comportamento é aceito pelos membros da sociedade. Há muita diferença entre costume e hábito; este é um comportamento individual, enquanto o costume é coletivo. Vê-se, no conceito retro exposto, a presença de dois elementos substanciais: o objetivo e o subjetivo.

O elemento objetivo é a prática por longo tempo e inveterada de um comportamento coletivo (*longa consuetudine inveterata*). É um comportamento arraigado, entranhado na sociedade. Apresenta a característica da diuturnidade; não é comportamento efêmero, mas de longa duração. Outra característica é a continuidade, a constância na repetição dos atos costumeiros; não pode haver hiatos no tempo, como se fosse o costume praticado durante algum tempo, desaparecido e reaparecido tempos após. O comportamento costumeiro deve ainda apresentar uniformidade, isto é, os atos que constituem esse tipo de comportamento devem ser semelhantes, uniformes, com elementos idênticos. Atos variados, distintos e diferentes entre si não podem constituir costume.

O elemento subjetivo ou interno é a aceitação tácita do povo, dos membros da comunidade (*tacitus consensus populi*). É a opinião geral de que a observação dos atos costumeiros corresponde a uma necessidade jurídica (*opinio juris et necessitatis*). Representa pois o estado psicológico dos cidadãos, favorável à adoção do costume, voluntariamente, isto é, sem precisarem ser coagidos para esse tipo de comportamento.

Consideram-se várias modalidades de costumes, que os romanos chamavam de *mores* ou *consuetudo*; tanto que chamavam o direito, decorrente dos costumes, de Direito Consuetudinário. É o direito de larga aplicação nos países de direito anglo-saxônico, como os Estados Unidos da América e a Inglaterra. Essa classificação dos costumes em três categorias toma o critério da relação à lei: *praeter legem, secundum legem, contra legem.*

*Praeter legem* é o costume invocado em vista da omissão da lei, intervindo nas lacunas legais, vale dizer, se a lei nada dispõe sobre determinada questão, invoca-se o costume. Diga-se a propósito que é o tipo de costume previsto pelo art. 4º da Lei de Introdução ao Código Civil:

> "Quando a lei for omissa, o juiz decidirá o caso de acordo com a analogia, os costumes e os princípios gerais de direito".

Tem ele portanto um cunho supletivo e subsidiário, indireto. A fonte primária e direta é a lei, mas na sua falta, o costume virá suprir a deficiência legal. Destarte, quanto mais um sistema jurídico tornar-se legislado, mais se encolhe o costume.

*Secundum legem* é o costume aceito pela lei e por ela reconhecido com eficácia obrigatória. Numerosas leis apontam os usos e costumes observados pela população de determinado local, para reger certas questões. É o que acontece em nosso Código Civil, nos arts. 1297 § 1º, 569-II, 596, 597, 599 e 615. Façamos algumas considerações sobre esses exemplos. Nos contratos de locação, o locatário obriga-se a pagar os aluguéis no prazo ajustado; se não houver ajuste sobre o prazo, deverá pagar segundo o costume do lugar; é o que reza o art. 569, inciso II do Código Civil. Ainda sobre o contrato de locação de imóveis residenciais, o tempo da locação deve ser estipulado no contrato; na omissão do prazo, vigoram os costumes locais.

A terceira modalidade de costume, o *contra legem*, ocorre quando ela se choca com a lei. Não pode ela ser acolhida pelo judiciário, por não encontrar amparo legal. Aceitar um costume *contra legem* seria revogar uma lei. O costume serve para confirmar a lei ou suprir sua lacuna; nunca porém para anular seus efeitos dela.

Apesar disso, o costume precedeu à lei e a maioria das leis têm nele o seu fundamento. Examinemos um exemplo: uma lei estabeleceu disposições sobre o contrato de arrendamento mercantil, vulgarmente conhecido como *leasing*. Esse contrato, todavia, já era conhecido e praticado duas décadas antes, sendo pois costume antigo. Nenhuma norma jurídica seria necessária sobre esse contrato, se ele não fosse costumeiro. É assaz relevante para o direito, tanto que o direito romano o cultivou e Ulpiano o considerou, estabelecendo para ele o conceito: *mores tacitus consensus populi longa consuetudine inveteratus* (Os costumes são o longo comportamento inveterado do povo, com seu tácito consenso).

Nasceu o direito romano como direito essencialmente consuetudinário, mas a adoção de normas jurídicas, o *jus scriptum* (direito escrito) afastou-o paulatinamente.

No século passado, os costumes tiveram o cultivo rejuvenescido por um movimento ideológico do direito, denominado "Escola Histórica". Para esse movimento, ao qual se ligaram principalmente os juristas alemães, como Savigny, Gustavo Hugo, Puchta e outros, o costume constituía fonte primordial e a expressão máxima do direito; é uma fonte direta e imediata. Denominou-se Escola Histórica por haver realçado o caráter social dos fenômenos jurídicos e a continuidade e transformação da sociedade por esses fenômenos. Há um paralelismo com a teoria da continuidade e transformação das espécies de Darwin e com o materialismo histórico de Carlos Marx. Para essa escola, prepondera o princípio de que o costume tem a força da lei (*consuetudo parem vim habet cum lege*).

Há exagero na Escola Histórica quanto à valoração do costume como fonte de direito, mas também muitas razões, mormente na análise da evolução do direito. O costume é a primeira forma de expressão do direito no decorrer da história. Nas sociedades primitivas, antes que o direito fosse criado, havia normas de comportamento a reger o funcionamento da sociedade, as quais formaram o direito consuetudinário que precedeu ao direito legislado. É difícil separar, nas sociedades primitivas, os costumes, algumas normas estabelecidas, a moral, a religião, as conveniências sociais. Na evolução social, os costumes começaram a ser redigidos por escrito, formando o substrato do direito.

O direito legislado e escrito, como disciplina autônoma, só poderia ter sido fruto de uma civilização já elaborada e razoavelmente desenvolvida. Essa civilização nunca conseguiria atingir o estágio que a capacitasse a elaborar um sistema jurídico, se já não tivesse uma regulamentação jurídica que a estruturasse. Conforme a evolução dos costumes, observa-se a evolução do direito. É o que se pode constatar do exame do surgimento e evolução da civilização romana. Assim foi também na antiga Grécia; o direito grego, em Esparta, iniciou-se com a legislação de Licurgo, ao descrever os costumes espartanos; como também fez Sólon em Atenas, instituindo práticas que já eram costumeiras.

Modalidade especial de costumes é prevista pela Lei do Registro das Empresas. São os chamados "usos e práticas mercantis". Aliás, no Direito Empresarial, os costumes parecem ter mais incidência, principalmente no comércio internacional, em que os costumes constituem a lei chamada de "Lex Mercatoria". Consoante regulamentam os arts. 50 e 51, os usos e práticas mercantis são operações na vida empresarial que se tornaram costumeiras numa determinada praça.

Esses costumes podem ser transformados em lei, ou serem registrados pela Junta Comercial, constituindo normas assentadas naquele órgão. É um exemplo vivo e devidamente regulamentado de como os costumes podem constituir fonte apreciável do direito. O assentamento dos usos e práticas mercantis não encontrou até agora muita repercussão. Entretanto, a Junta Comercial, a mais ativa nesse sentido, já fez o assentamento de várias práticas costumeiras nas atividades empresariais, como a do cheque visado e das normas para o protesto de títulos.

## 11.3. A analogia

A analogia consiste na aplicação de uma lei a um determinado caso, não regido por ela, mas que apresenta semelhança em casos a que ela se aplica. É a extensão da lei a casos que ela não prevê, graças à semelhança existente entre certos fatos jurídicos. Esses fatos são diferentes mas apresentam pontos e circunstâncias idênticos. É, ao mesmo tempo, processo de estudo, de argumentação e de raciocínio. Por exemplo: a locação e o comodato são dois contratos diferentes, mas há vários pontos de analogia entre ambos, como a tradição da coisa.

Analisemos uma situação que a lei não prevê. Nas grandes cidades brasileiras, proliferam postos de estacionamento de veículos e garagens coletivas. Se um motorista deixar estacionado seu veículo num desses postos e ele incendiar-se ou desaparecer, que medidas poderá tomar? Terá direito a uma indenização? A lei brasileira desconhece esse tipo de relação jurídica e não estabelece direitos e obrigações para as duas partes. Todavia, se o motorista for à justiça e reclamar indenização pelos danos causados, o juiz não poderá eximir-se, alegando não haver lei regulamentando esta questão. Poderá, entretanto, trazer para este caso determinadas disposições legais com analogia de fatos. O contrato de depósito, por exemplo, tal como é regulado pelo Código Civil e pelo Código Comercial, apresenta muitos pontos de analogia com o de guarda de veículo. Da mesma forma, o contrato de prestação de serviços.

Juntamente com os costumes e os princípios gerais de direito, a analogia está prevista como fonte, no art. 4º. Baseia-se num princípio geral de direito bem antigo: *Ubi eadem ratio, ibi eadem legis dispositio* (onde houver a mesma razão, haverá a mesma disposição legal). Analogia é termo de origem grega e não latina, o que nos leva a supor que já era contemplada pelo direito grego, antes do surgimento da antiga Roma.

### 11.4. A doutrina

Doutrina é o pensamento dos doutores, exposto sob diversas formas. Os romanos chamavam-na de *doctorum communis opinio* (opinião comum dos doutores). É a interpretação das leis, feita pelos exegetas, os pareceres dos juristas, as preleções dos mestres, os livros publicados sobre os dogmas do direito, as conclusões dos seminários. O imperador romano Teodósio II estabeleceu que na consideração de casos controvertidos e não dispostos pela lei devesse aplicar a opinião de Gaio, Ulpiano, Modestino, Papiniano e Paulo, os mais conceituados juristas da antiga Roma. Era o chamado "Tribunal dos Mortos".

O termo é de origem latina: *doctrina*, de *docere* (ensinar, mostrar, esclarecer, instruir); é palavra cognata de doutor (*doctor*), docente, documento e outras. Etimologicamente, podemos então entender como a opinião, teorias e pareceres dos doutores, dos docentes. São as teorias expostas nos livros de direito e nas aulas dos mestres. Interessante é notar que a doutrina recebia, na antiga

Roma, o nome de "jurisprudência": "juris + prudentia" (sabedoria do jurista). Os "prudentes" não eram os magistrados, mas os jurisconsultos, os que exerciam atividade voltada para a interpretação do direito (*interpretatio juris*). Da mesma forma que os costumes, a *jurisprudentia* foi perdendo terreno conforme o direito passava a ser mais legislado. Logo, o termo *juris prudentia* designava a "Ciência do Direito". É a apresentação oral ou escrita da ciência do direito, de um estudo sistemático e crítico da legislação e do direito.

A autoridade das opiniões doutrinárias é muito variável e dispersiva, uma vez que representam a formação intelectual de seus autores; apresentam forte colorido afetivo e opiniões diversas e até conflitantes. O valor das idéias expressas nos ensinamentos dos mestres de direito, das teses e dissertações dos pós-graduandos, dos comentários e repertórios, monografias, compêndios e outras obras dos juristas e estudiosos, é, entretanto, inestimável. Nosso Código Civil foi antecedido pelos estudos doutrinários de Clóvis Beviláqua e Teixeira de Freitas: o Código Civil francês, pelos estudos de Pothier; o Código Civil alemão de Windscheid, Savigny e outros, chamados de pandectistas, o Código Civil suíço, pelos de Huber. Bastaria examinar também as sentenças judiciais e os acórdãos, para se tomar conhecimento das considerações doutrinárias que inspiraram essas decisões. Muitos projetos de leis importantes são apresentados ao Poder Legislativo, precedidos de extensas considerações doutrinárias, que justificam e fundamentam esses projetos, normalmente denominadas "Exposições de Motivos". Como exemplo sugestivo e mais recente, podemos indicar o atual Código de Processo Civil brasileiro. Foi o projeto apresentado, pelo governo federal, ao Congresso, acompanhado de "Exposição de Motivos", indicando como fonte a doutrina de vários juristas estrangeiros como sua fonte. Foi fruto da doutrina de Enrico Tullio Liebman, Chiovenda, Carnelutti, Calamandrei e Niceto Alcalà-Zamora, mas também de consagrados juristas nacionais, como Francisco Morato, Carvalho Santos, José Frederico Marques e vários outros.

### 11.5. A jurisprudência

É o conjunto de decisões tomadas pela justiça superior, formando opinião mais ou menos uniforme sobre determinada questão. É diferente da doutrina, pois esta é a opinião dos que interpretam o direito, dos estudiosos, enquanto a jurisprudência é a opinião dos altos magistrados, dos que aplicam a lei. Por essa razão, muitos negam à jurisprudência a condição de fonte de direito, porquanto o magistrado não o cria, mas o aplica. Todavia, o juiz, ao prolatar um sentença, faz doutrina. Interpreta os fatos, atribuindo-lhes um valor e encontra a norma que a eles se aplica; justifica o porquê de sua decisão. Elabora a dogmática jurídica.

Interpretemos adequadamente o art. 5º da Lei de Introdução ao Código Civil:

"Na aplicação da lei, o juiz atenderá aos fins sociais a que ela se dirige e às exigências do bem comum".

Ao dar uma sentença, o juiz não faz a fria aplicação da lei, como se fosse um computador. Realiza comparações e análises, para encontrar a forma mais adequada de ajustar a lei aos interesses da coletividade. Há pois um processo criativo de novo direito.

A eficácia da jurisprudência depende de certas características que ela deva apresentar. Deve ser um conjunto sugestivo de pronunciamentos do Judiciário num determinado sentido, de preferência, de tribunais variados e localizados em várias regiões. Assim sendo, o conjunto de decisões sobre determinada questão jurídica deverá prevalecer sobre algum pronunciamento isolado e conflitante. Além desse aspecto, o pronunciamento do Judiciário deve ser uniforme, tornando pacífico seu ponto de vista. Deve ser ainda reiterado e constante, uma vez que os usos e costumes podem sofrer evolução, influindo, com o tempo, na opinião dos altos magistrados. Por essas características, não podem constituir jurisprudência as decisões de juízes singulares, ou seja, de primeira instância; são elas muito variadas, provocando brechas na uniformidade.

O direito produzido pela jurisprudência decorre da autoridade dos julgamentos judiciários. Essa autoridade baseia-se em dois princípios que regem a jurisdição: o caráter estritamente individual das decisões e a relatividade dos efeitos delas. Nasce daí uma dúvida: como se explica a aplicação da jurisprudência a casos futuros, sem afrontar o princípio geral do direito, de que a coisa julgada não beneficia nem prejudica terceiros (*res inter alios judicata aliis necque nocet necque prodest*)? É questão sutil mas facilmente compreensível.

Da mesma forma que a analogia e os costumes, a jurisprudência não pode ser *contra legem*. Ela indica a forma de aplicação e interpretação da lei, que poderá ser aplicada a casos futuros. A lei a ser aplicada a casos futuros será a mesma, com a segurança da interpretação revelada pela jurisprudência. Ao enfrentar dúvidas na aplicação da lei nos casos em julgamento, um juiz poderá informar-se das decisões de seus colegas, no julgamento de casos semelhantes. Os advogados também se estribam na jurisprudência para dar maior clareza às suas teses, às suas hipóteses. Logo, a jurisprudência não cria uma nova lei, mas cria um novo direito, que reforça e esclarece a lei, dando a ela maior abrangência.

Outro aspecto que valoriza a jurisprudência é a necessidade de segurança, unidade e coesão dos julgamentos judiciários. A solução de cada caso concreto não pode ficar ao total arbítrio e diretriz pessoal do juiz. Procura a jurisdição adotar diretrizes básicas comuns, uma linha de decisão uniforme e princípios comuns de direito, de tal forma que as próprias partes possam prever a potencial decisão judiciária. A coesão e unidade das decisões judiciais dão segurança à própria lei.

A autoridade da jurisprudência decorre ainda da autoridade dos órgãos emissores dos acórdãos. Os componentes da justiça superior são normalmente juízes mais antigos e conceituados, com experiência adquirida no decorrer dos anos. Há uma hierarquia jurisdicional, em benefício dos escalões menos experientes da magistratura. Os julgamentos da justiça superior são mais serenos, por estarem afastados do calor das lides. Consegue assim a jurisprudência atingir o ideal de justiça, aplicando a lei a numerosos casos, dentro de uma diretriz constante e uniforme, sem a excessiva influência da posição ideológica ou do próprio estado emocional de cada juiz.

### 11.6. O direito comparado

Consiste no estudo do direito de um país, mas em comparação com o direito de outros países; é a combinação de vários sistemas jurídicos. Os problemas humanos, sociais, econômicos e políticos apresentam variações de um país para outro, mas são da mesma essência. A solução que um país der a esses problemas podem constituir valioso subsídio para o direito de outro país, na solução de problemas semelhantes. Por outro lado, o mundo inteiro encontra-se em permanente processo de internacionalização, motivo pelo qual também o direito adquiriu esse caráter. É comum, em nosso pretório, ver-se a invocação do direito estrangeiro para confirmar nossos fundamentos legais ou para supri-los. De outro lado, as reformas de nosso sistema jurídico vêm encontrando bases de apoio no direito estrangeiro, com a elaboração de normas resultantes do direito comparado.

Vamos nos referir a alguns exemplos. A Lei das S/A calcou-se em inovações várias, inseridas no direito societário de vários países, mormente no norte-americano. O mesmo aconteceu com o Código de Defesa do Consumidor, que trouxe ao direito brasileiro muitas contribuições do direito estrangeiro, que lhe serviu de fonte. O novo Código Civil tomou como fonte o Código Civil italiano. Retornando ao passado, é fato público e notório que o nosso antigo Código Civil teve como fontes principais o Código Civil alemão, as Ordenações do Reino e outros diplomas legais. Nosso Código Comercial também foi elaborado graças ao estudo comparado dos códigos francês, português e espanhol. Fontes mais remotas de todos foram o direito romano, pelo *Corpus Juris Civilis*, o direito germânico e até o direito canônico. São as chamadas "fontes históricas".

Outro exemplo da participação das fontes históricas e fruto do direito comparado é encontrado nas tentativas de reformulação do direito falimentar brasileiro. Após várias tentativas, o Ministério da Justiça nomeou uma comissão de juristas para elaborar moderno e atualizado estatuto falencial, pedindo a colaboração dos que pudessem apresentar subsídios. O autor deste compêndio proporcionou à comissão dois anteprojetos; um baseado na legislação francesa e outro na atual legislação italiana. No final de 1991, a comissão elaborou estupendo anteprojeto, fruto do direito comparado de vários países, principalmente França e Itália, e contribuições valiosas do direito falimentar norte-americano e português. Apresentado esse anteprojeto na Câmara dos Deputados, sofreu tão grande bombardeio, que o Governo federal retirou-o. Em 1993, o Ministro da Justiça encomendou outro anteprojeto, que foi elaborado por nova comissão, com base no direito comparado dos mesmos países.

O direito comparado surge como fonte altamente científica de produção do direito. Não é comparação meramente gramatical, fundada no texto da lei; seria nesse caso uma comparação de redações. Alarga-se essa fonte no estudo das causas dos problemas que o direito tenha solucionado; compara essas causas com as do país que pretenda a solução de problemas análogos. Este é o principal fundamento científico do direito comparado: *vere scire per causas scire* (conhecer verdadeiramente é conhecer pelas causas). Não é sem motivo que, na Europa, operam muitas entidades de estudo do direito comparado, de vital importância no surgimento do "Direito Europeu", o direito da Comunidade Européia.

Vamos ilustrar melhor este ponto de vista. Por qual razão elaboramos um anteprojeto de nova Lei Falimentar tomando como fonte a legislação francesa? Que motivos inspiraram a França a reformular radicalmente seu direito falimentar? Partiu essa reformulação de um estudo levantado pelo Ministério da Fazenda sobre os procedimentos falimentares na justiça francesa, dando conta de que não solucionaram os problemas do país, por ser a legislação falimentar muito anacrônica e inadaptada à economia do pós-guerra. Para corrigir a caótica situação, produziu-se um novo direito falimentar. Se examinarmos o relatório do Ministério da Fazenda da França, poderemos notar claramente que os problemas existentes naquele país são idênticos aos nossos atuais. As soluções por eles encontradas a problemas semelhantes aos nossos podem portanto servir de fonte informadora no encontro da solução dos nossos problemas.

### 11.7. Os tratados internacionais

Também chamados de convenções internacionais, os tratados são acordos celebrados entre dois ou mais países, estabelecendo normas a serem seguidas por eles, sobre determinado assunto. Os objetivos dos tratados internacionais podem amoldar-se aos variados ramos do direito; são muito comuns na área do Direito

Comercial, como o Tratado de Viena sobre os contratos de compra e venda de mercadorias, a Convenção de Genebra sobre Letra de Câmbio e Nota Promissória, a Convenção de Paris e a de Estocolmo sobre Propriedade Industrial. Vários tratados internacionais foram celebrados entre países na área do Direito Penal, como sobre o tráfico de drogas, de escravas brancas e sobre outras questões semelhantes.

Os tratados internacionais obrigam os países a observarem determinado comportamento perante o concerto das nações, não os obrigando porém a observar o mesmo comportamento no âmbito interno. Não deixa entretanto de constituir valiosa fonte de direito. Assumindo compromisso de adotar certas normas a serem observadas internacionalmente, lógico será que o país celebrante do tratado deva instituir essas normas também no seu direito interno; será uma questão de coerência.

Numerosos tratados celebrados pelo Brasil transformaram-se em leis nacionais; neste caso, passam a ser leis. Essas leis, contudo, tiveram como fonte tratados internacionais. Para que um tratado internacional possa constituir uma lei nacional, necessário se torna que seja aprovado pelo Congresso Nacional, graças a um decreto legislativo, e, em seguida, seja promulgado por decreto executivo. Examinaremos alguns modelos de importantes leis em vigor no direito brasileiro, que tiveram tratados internacionais como origem. Em 1929, o Brasil assinou a Convenção de Varsóvia sobre transporte aéreo internacional. O Congresso Nacional aprovou esse ato por um decreto legislativo. Pelo Decreto 20.704, de 24.11.31, o Poder Executivo promulgou a Convenção de Varsóvia sobre transportes aéreos internacionais e ela transformou-se em lei nacional. Outro caso semelhante: em 1942, o Brasil aderiu à Convenção de Genebra sobre a Letra de Câmbio e a Nota Promissória, que fora realizada na cidade suíça de Genebra, em 1930. Comprometeu-se assim a adotar uma lei uniforme sobre esses títulos de crédito no plano internacional. Todavia, essa convenção foi aprovada pelo Congresso Nacional, pelo Decreto Legislativo 54/64. Pelo Decreto 57.663/66, o Poder Executivo adotou essa lei internacional, transformando-a na lei que rege internamente esses títulos de crédito. De modo idêntico aconteceu com a regulamentação do cheque: a Convenção de Genebra de 1931, sobre cheques, constitui-se na nacional, pelo Decreto 57.595/66, passando a regulamentar esse documento.

# 12. OS PRINCÍPIOS GERAIS DO DIREITO

12.1. Conceito
12.2. Os princípios mais comuns
12.3. Princípios modernizados

## 12.1. Conceito

Não se chega a um denominador comum na consideração do que seja a expressão "Princípios Gerais de Direito". Afirmam uns que seja o primitivo direito romano expresso nas máximas dos grandes jurisconsultos da antiga Roma, outros, que seja filosofia do direito, outros, o Direito Natural, outros, que sejam as causas do direito. O art. 4º da Lei de Introdução ao Código Civil adota-os, mas não estabelece parâmetros para ele, deixando a cargo da doutrina cogitar do verdadeiro sentido dos princípios. Diz o art. 4º apenas que:

> "quando a lei for omissa, o juiz decidirá o caso de acordo com a analogia, os costumes e os princípios gerais do direito".

Assim sendo, estando a cargo de quem estuda criteriosamente o direito examinar o conceito dos princípios gerais do direito, preferimos optar pela primeira das considerações acima expostas. Consideraremos como princípios gerais do direito os fundamentos mais elevados do direito, estabelecidos na antiga Roma e expressos nos brocardos, máximas, aforismos que nos legou o direito romano. Alguns estão no Digesto, como normas estabelecidas; outros foram bases de raciocínio elaboradas por jurisconsultos famosos, como Ulpiano, Modestino, Papiniano, Paulo e outros. Para fazermos melhor idéia, procuraremos aqui expor alguns deles, com breve interpretação.

## 12.2. Os princípios mais comuns

ACCESSORIUM SEQUITUR PRINCIPALE (o acessório segue o principal)
ACESSORIUM SEQUUNTUR SUUM PRINCIPALEM

É muito utilizado no Direito Contratual e no Direito das Coisas, como em outros ramos do direito. Está expresso em nosso Código Civil: "salvo disposição especial em contrário, a coisa acessória segue a principal". Este princípio fundamenta ainda os arts. 1209, 59, 364 e 287 do Código Civil de 2002.

**ALLEGARE NIHIL ET ALLEGATUM NON PROBARE PARIA SUNT** (falar e não provar é o mesmo que não falar) **ACTORE NON PROBANTE, REUS ABSOLVITUR** (o autor não provou, o réu está absolvido)

É muito invocado no Direito Processual. O juiz julga a questão de acordo com as provas que constam dos autos. O que falam as partes deve ser corroborado pelas provas.

**ALLEGATIO PARTIS NON FACIT JUS** (alegação das partes não faz o direito)

É paralelo ao anterior. As partes de um processo defendem o que julgam ser seu direito, mas só terá o poder de lei a decisão judicial.

**ADULTERIUM ACCESSIO AD ULTERIUM ALLIENUM EST** (o adultério é o acesso ao interior alheio)

Esse princípio fundamenta o conceito de adultério, que exige penetração no organismo de mulher alheia. Não se constitui de contatos superficiais.

**ALIUD PRO ALIO INVITO CREDITO DARI NON POTEST** (se alguém deve coisa certa, não deve dar uma coisa por outra)

Se alguém deve dinheiro a um credor, deve pagar sua dívida em dinheiro, ou seja, a obrigação deve ser cumprida conforme foi assumida. A dação em pagamento pode ser aceita pelo credor, que entretanto não está obrigado a aceitá-la. Está projetado nos arts. 356 e 313 do Código Civil.

**ALIUD EST DARE, ALIUD PROMITTERE** (uma coisa é dar, outra prometer)

Dar gera transferência de propriedade, prometer gera obrigação.

**BENEFICIUM JURIS NEMINI EST DENEGANDI** (não se pode denegar a quem quer que seja o benefício da lei)

136

Todos têm o direito de invocar a lei a seu favor. Sente-se esse princípio no inciso XXXVI de nossa Constituição: "a lei não excluirá da apreciação do Poder Judiciário lesão ou ameaça a direito".

**CEDANT ARMAE TOGAE** (cedam as armas à toga)

No estado de direito a força não deve prevalecer sobre a lei; na solução dos conflitos humanos as armas e a força devem ser substituídas pelo direito.

**CONFESSIO EST PROBATIO OMNIBUS MELIOR** (a confissão é a melhor de todas as provas)
**CONFESSIO PRO JUDICATO HABETUR** (a confissão é tida como coisa julgada)

Realça o valor da confissão como prova, razão por que é ela chamada de "rainha das provas".

**CAUSA PRAECEDERE EFFECTUM DEBET** (a causa deve preceder ao efeito)
**CAUSA COGNOSCITUR AD EFFECTUM** (conhece-se a causa pelo efeito)

As conseqüências de um ato jurídico adicionam um juízo de valor a esse ato. No Direito Penal, quando não for conhecido o autor de um crime, deve-se inquirir a quem beneficiaram os efeitos desse crime.

**CAUSA SUFFICIENS MATRIMONII CONSENSUS EST** (o mútuo consenso é a causa suficiente do matrimônio)
**CONSENSUS NON CONCUBITUS FECIT NUPTIAS** (o consenso e não a vida marital fazem o casamento)

Enfatiza o amor como a causa primordial do matrimônio.

**DA MIHI FACTUM, DABO TIBI JUS** (dá-me o fato, dar-te-ei o direito)

O direito surge dos fatos e aplica-se aos fatos. De acordo com os fatos jurídicos, escolhe-se o direito a eles aplicado.

**DE MINIMIS NON CURAT PRAETOR** (o pretor não cuida de coisa irrelevante)

Os objetivos mais elevados do direito não devem ser absorvidos pelos pormenores. Num processo, será desvio da questão (*ignoratio elenchi*) discutir um pormenor que não tenha relevância com seu objetivo.

**DIES INTERPELLAT PRO HOMINE** (o dia interpela pelo homem)

O dia do cumprimento de uma obrigação deve ser mantido na lembrança do devedor. Um empregador, por exemplo, está na obrigação de saber quando deve pagar o salário de seus empregados, não havendo necessidade de ser interpelado.

**DORMENTIBUS NON SUCCURRIT JUS** (o direito não socorre aos que dormem)

É o fundamento da prescrição. O direito é um instrumento de ação e deve ser defendido com ela; quem não o exerce e não luta por ele, perde sua capacidade defensiva.

**DURA LEX SED LEX** (a lei é dura mas é lei)

Radicaliza a aplicação da lei, baseando-se nos seus rigores. Não leva em consideração a eqüidade ou benefícios sociais que a aplicação da lei deva atingir. Choca-se esse princípio com o que dispõe o art. 5º da LICC: "na aplicação da lei, o juiz atenderá aos fins sociais a que ela se dirige e às exigências do bem comum".

**ES MODUS IN REBUS** (haja moderação nas coisas)

De certa maneira, contrapõe-se ao anterior. Preconiza a moderação e a eqüidade, esta última também conhecida como princípio *ex aequo et bono*. Procura refrear os extremismos.

**EXCEPTIONIS SUNT STRICTISSIMAE INTERPRETATIONIS** (as exceções são de interpretação restrita)

Fatos isolados ou excepcionais não são suficientes para fundamentar uma lei. Da mesma forma, toda solução excepcional não deve ultrapassar ao caso que solucionou.

FACTUM NEGANTIS, NULLA PROBATIO EST (não é preciso provar o que se nega)

Quem afirma deve provar o que diz, mas não quem nega. Não há necessidade, por exemplo, de provar que saci-pererê não existe.

IN CLARIS CESSAT INTERPRETATIO (na clareza não há interpretação)

O que estiver claro, dispensa discussões. É muito inseguro esse princípio. Por mais clara que seja a lei, deve ser interpretada cuidadosamente para a sua aplicação.

IN DUBIO PRO REO (na dúvida pró-réu)

Alguém só deve ser condenado se não houver dúvidas quanto à sua responsabilidade. Se houver dúvidas, a decisão deve ser favorável a ele, pois é preferível absolver um culpado do que condenar um inocente (*absolvere nocentem satius est quam condemnare innocentem*).

JURIS PRAECEPTA SUNT HAEC: HONESTE VIVERE, NEMINEM LAEDERE, SUUM CUIQUE TRIBUERE (os preceitos jurídicos são estes: viver honestamente, a ninguém prejudicar, atribuir a cada um o que lhe é devido)

Interpretado por muitos juristas como o mais importante dos princípios gerais do direito, foi formulado por Ulpiano e consta das "Institutas". Consideram alguns como o verdadeiro conceito do direito. Viver honestamente é a observância das leis e dos costumes. A ninguém prejudicar é fazer uso da liberdade, observando-se os limites que ela sofre, ou seja, onde começa a liberdade de nossos semelhantes. Atribuir a cada um o que lhe é devido representa o cumprimento das obrigações para com aqueles que sejam credores dessas obrigações.

JUS ET OBLIGATIO CORRELATA SUNT (direito e obrigação são correlatos)

A toda obrigação corresponde um direito e vice-versa. Não há credor sem devedor, como não há crédito sem débito. Se alguém está constrangido ao cumprimento de uma obrigação, é porque alguém tem o direito de exigir o cumprimento dessa obrigação.

JUS VOLENTES DUCIT ET NOLENTES TRAHIT (o direito conduz quem o obedece e constrange os que o desobedecem)

O direito dá segurança e tranqüilidade a quem deseja amoldar-se a ele e permanecer no caminho reto. Aos que não o querem, o direito coage a andar no caminho reto.

JUS PUBLICUM PRIVATORUM PACTIS DEROGARE NON POTEST (uma convenção entre as partes não pode derrogar lei de ordem pública)

Consagra a predominância do Direito Público sobre o Direito Privado, ou o interesse público sobre o interesse dos particulares. Os interesses da coletividade devem predominar sobre os das pessoas privadas e, por isso, uma lei de ordem pública não pode ter seus efeitos anulados por acordo entre pessoas privadas. Por exemplo: empregado e empregador celebram contrato de trabalho, dispensando a concessão de férias; esse acordo não pode ter validade, por afrontar o interesse público.

LEX POSTERIOR DEROGAT PRIORI (a lei posterior revoga a anterior)

Uma lei nova, que estabeleça determinadas disposições, revoga disposições anteriores que lhe sejam conflitantes. Este princípio está presente em nosso sistema jurídico, previsto no art. 2º da LICC.

NEMO AUDITUR PROPRIAM TURPITIDINEM ALLEGANS (ninguém pode alegar a própria torpeza em sua defesa)

Ninguém pode invocar perante a justiça um ato imoral que tiver praticado para fazer dele um princípio de ação; fazer de sua indignidade uma justificativa para reclamar direitos.

140

**NEMO LOCUPLETARI SINE CAUSA POTEST** (ninguém pode enriquecer sem causa)

Condena o enriquecimento por fatores estranhos à vontade e ação do agente. Baseada nesse princípio, foi criada a "contribuição de melhoria", tipo de tributo sobre o enriquecimento sem causa. Não se trata de enriquecimento ilícito, mas sem que tenha havido trabalho que o justifique.

**NEMO AD IMPOSSIBILIA TENETUR** (ninguém está obrigado ao impossível)

Uma relação jurídica deve ter um objeto lícito e possível. Será nula uma convenção que exija de uma das partes uma obrigação superior às suas forças. Será a chamada cláusula leonina.

**NEMO POLUS JURIS AD ALTERUM TRANSFERRE POTEST QUAM IPSE HABET** (ninguém pode transferir a outrem mais direitos do que possui)

De certa forma, esse princípio baseia-se no anterior. Será impossível a alguém ceder mais direitos do que possui. Um credor, por exemplo, só poderá perdoar o valor da dívida.

**NEMO ESSE DEBITOR SUI IPSIUS POTEST** (ninguém pode ser devedor de si mesmo)

Numa relação jurídica, deve haver duas partes distintas: o devedor e o credor, ou seja, quem deve cumprir uma obrigação e quem pode exigir o cumprimento dessa obrigação. É nulo um débito para consigo mesmo, isto é, em que o credor e o devedor sejam a mesma pessoa.

**NEMO INAUDITUS DAMNARI POTEST** (ninguém pode ser condenado sem saber)

É princípio de natureza processual, pelo qual uma pessoa não pode ser julgada e condenada sem ser comunicada do julgamento e lhe seja oferecida oportunidade de defesa.

**NEMO ESSE JUDEX IN CAUSA PROPRIA POTEST** (ninguém pode ser juiz em causa própria)

O juiz deve ficar entre as partes e acima delas, não podendo ainda ter qualquer interesse no julgamento. Se o julgamento de uma questão trouxer vantagem ou prejuízo ao juiz, estará ele julgando em causa própria. Caso uma das partes sinta essa situação poderá opor EXCEÇÃO contra o exercício das funções jurisdicionais. Ou então, poderá anular o julgamento.

NEMINEM LAEDIT QUI SUO JURE UTITUR (quem exerce seu direito a ninguém prejudica)

Não pode assumir responsabilidade por prejuízos quem exerce um direito seu, legitimamente protegido, a menos que haja abuso do direito. Protestar um título vencido e não pago não constitui um ato ilícito, mesmo que venha a causar prejuízo ao devedor inadimplente.

NON OMNE QUOD LICIT HONESTUM EST (nem tudo que é lícito é honesto)

Não há perfeita coincidência entre o direito e a moral. Uma ação desonesta pode não ser prevista ou vetada pela lei. É possível ainda que uma lei estabeleça uma relação jurídica injusta. As leis da África do Sul garantem direitos excessivos a brancos e os negam aos negros; essa discriminação é legal por ser estabelecida por lei, mas choca-se contra a consciência moral da humanidade.

NULLUM JUS SINE ACTIO (não há direito sem ação)

Para que um direito subsista, necessária será a ação judicial que o assegure; uma força coatora. Direito sem força é um faca sem gume: inoperante. Esse princípio está previsto em nosso sistema, principalmente no CPC: "a todo direito corresponde uma ação que o assegura".

NULLUM CRIMEN SINE LEGE, NULLA POENA SINE LEGE (não há crime sem lei; não há pena sem lei)

Para que um ato seja considerado delito, deverá a lei prescrever sua ilicitude e a pena que o ato provoca. Projeta-se no art. 1º de nosso Código Penal: "não há crime sem lei anterior que o defina. Não há pena sem prévia cominação legal". Consta também no inciso XXXVIII do art. 5º da Constituição Federal: "não há crime sem lei anterior que o defina, nem pena sem prévia cominação legal".

NON BIS IN EADEM (não é possível duas condenações sobre o mesmo)

Para cada falta existe uma sanção. Não se pode punir duas vezes pela mesma falta.

OBSERVANTIA LEGUM SUMMA LIBERTAS (a observância das leis é a suma liberdade)

Quem anda dentro da lei não será importunado por ela. Quem cumpre suas obrigações e age honestamente não será incomodado pela polícia e pela justiça, a não ser excepcionalmente.

ONUS PROBANDI INCUMBIT EI QUI DICIT NON QUI NEGAT (o ônus da prova incumbe a quem diz e não a quem nega)

Quem alega, quem ataca, quem age deve provar o que afirma. Quem se defende está liberado de prova. Combina com o princípio já visto do *actore non probante, reus absolvitur* (o autor não provou, o réu está absolvido).

PACTA SUNT SERVANDA (os compromissos são para serem cumpridos)

Todo aquele que assume uma obrigação está constrangido a cumpri-la, sob pena de assumir a responsabilidade pela inadimplência.

PERMITTITUR QUOD NON PROHIBITUR (o que não é proibido é permitido)

Vigora no direito o regime de liberdade e responsabilidade de ação. Podemos fazer o que a lei permite ou não proíbe, pois não é delito. Há um provérbio nosso com esse sentido: "proibir o abuso é consagrar o uso".

**PATER EST QUEM JUSTAE NUPTIAE DEMONSTRANT** (pai é quem as justas núpcias demonstram)

Muitos consideram a maternidade um fato e a paternidade uma presunção. Entretanto, as justas núpcias, vale dizer, um casamento legítimo faz do pai um pai de fato e de direito.

**QUI EXCIPIT NON FATETUR** (Quem apresenta exceção não consente)

Quem contesta uma ação ou uma acusação demonstra estar em desacordo.

**QUI MANDAT SOLVI, IPSE VIDETUR SOLVERE** (quem manda pagar é considerado o próprio pagador)

O pagamento de uma dívida libera o devedor tanto se ele próprio pagou, como se mandou alguém pagar. Manifesta-se principalmente nos arts. 930 e 931 do Código Civil.

**QUOD NULLUM EST NULLUM EFFECTUM PRODUCIT** (o que é nulo nenhum efeito produz)
**EX NIHILO, NIHIL** (do nada, nada)

Um ato nulo não tem conseqüências jurídicas em favor de quem o praticou. Um documento nulo não pode produzir efeitos favoráveis a quem o utilize. Tem o mesmo sentido de que: do nada, nada se pode extrair.

**QUOD ABONDAT NON VITIAT NEC NOCET** (o que está em abundância não vicia nem prejudica)

Excesso de provas, pode ser demasiado mas não prejudica. Mais alegações do que as necessárias também não. Todavia, o excesso poderá confundir, se não for colocado com o devido cuidado.

**MOBILIA SEQUUNTUR PERSONAM** (os móveis seguem a pessoa do dono)

Presume-se que as coisas móveis sejam cuidadas e levadas pelo seu dono. É o elemento de conexão adotado no Direito

Internacional Privado. Não se aplica esse princípio aos imóveis; estes se ligam ao local em que se encontram.

MORS OMNIA SOLVIT (a morte tudo resolve)

Aplica-se no Direito Penal: se o réu falecer antes do julgamento, não mais poderá ser julgado. Nem sempre se aplica esse princípio. No Direito das Sucessões, por exemplo, a morte não dá fim, mas, ao contrário, dá início à sucessão.

RES INTER ALIOS JUDICATA ALIIS NECQUE NOCET NECQUE PRODEST (a coisa julgada entre as partes não prejudica nem beneficia terceiros)

A decisão tomada pelo juiz num processo produz efeitos para as partes nele envolvidas. Não poderá, entretanto, ter efeitos "erga omnes", ou seja criar obrigações para terceiros não envolvidos nesse processo.

RES JUDICATA PRO VERITATE HABETUR (a coisa julgada é tida como verdade)
RES JUDICATA FACIT DE ALBO NIGRUM (a coisa julgada faz do branco negro)

Tendo sido um processo já julgado, com sentença irrecorrível, não caberá mais discussão sobre o mérito da questão. Corresponde-lhe, mais ou menos, outro princípio: *magistratum esse legem loquentem* (o magistrado é a lei que fala).

SIMUL ESSE ET NON ESSE NON POTEST (não é possível ser e não ser ao mesmo tempo)

Equivale ao princípio lógico de identidade: uma coisa deve ser idêntica a si própria. Uma afirmação pode ser verdadeira ou falsa, mas não verdadeira e falsa ao mesmo tempo e nas mesmas condições.

SUMMUM JUS SUMMA INJURIA (o maior direito é a maior injustiça)

O direito não pode ser levado a ferro e fogo. Se for aplicado com excessivo rigor, transformar-se-á em injustiça. Contrapõe-se aos rigores da *Dura lex sed lex*. Há um princípio do direito francês que lhe é semelhante: *un droit porté trés loin devient une injustice* (um direito ao extremo torna-se uma injustiça).

TESTIS UNUS TESTIS NULLUS (testemunha, única testemunha nula)

Faz restrição sobre a capacidade da percepção humana das coisas e relato dos acontecimentos. Todavia, esse princípio não pode ter interpretação radicalmente gramatical. Uma só testemunha pode tomar conhecimento preciso de um fato e relatá-lo com fidelidade.

UBI NON EST LEX NEC PREVARICATIO (onde não há lei não há prevaricação)

Mais ou menos esse princípio corrobora o do *nullum crimen sine lege* (ninguém pode prevaricar sobre uma lei que não existe).

UBI EADEM EST RATIO, EADEM EST JUS DISPOSITIO (onde existe a mesma razão, deve reger o mesmo dispositivo legal)

É a consagração da analogia. Um determinado fato bem semelhante a outro, deve ser regido pela mesma norma legal.

UBI SOCIETAS UBI JUS (onde estiver a sociedade estará o direito)

Determina a função da lei, que é a de regulamentar o funcionamento da sociedade. A lei surge da sociedade que deve existir. Onde houver um só homem, não poderá haver o direito.

UBI LEX NON DISTINGUIT, NEC NOS DISTINGUERE DEBEMUS (o que a lei não distingue, nem nós devemos distinguir)

O que a lei não fala, o intérprete não pode dizer por ela. A lei não pode brotar da imaginação do leitor, vale dizer, deve ser interpretada de forma literal, científica e doutrinária, sem criar idéias que não estejam nem na letra nem no espírito da lei.

UTILE PER INUTILE NON VITIATUR (o que é útil não deve ser prejudicado pelo que for inútil)

Um pormenor não deve prejudicar o todo.

VERBA VOLANT SCRIPT MANENT (a palavra voa, o escrito permanece)

É o princípio que justifica o direito legislado, a lei escrita. Afirmam alguns que a palavra "lei" origina-se de "legere"(ler), dado ao caráter escrito da lei.

VOX POPULI VOX DEI (a voz do povo é a voz de Deus)

Ressalta a força dos costumes, a vida normal do povo abrangido pela lei. Ao mesmo tempo em que a lei regulamenta a sociedade, sofre a influência dela. Não se refere esse princípio propriamente à opinião pública, mas ao comportamento público.

**12.3. Princípios modernizados**

Diversos outros princípios começaram a se vulgarizar na Idade Moderna, mas de uma forma ou outra ligavam-se ideologicamente à filosofia do direito romano. Nesse aspecto, a França, a Itália e a Alemanha realçaram-se entre os demais países. Apresentamos então alguns exemplos dessa contribuição.

PENSIERO NON PAGA GABELLA (pensamento não paga imposto)

Um fato ou ato jurídico deve ser considerado pela sua exteriorização e seu efeito. O que estava na intenção de quem praticou o ato está exclusivamente em seu pensamento.

FRA IL DIRE ED IL FARE, C'È DI MEZZO IL MARE (entre o dizer e o fazer há o oceano)

Promessas, palavras e alegações não têm valor, se as ações são praticadas em desacordo com o que foi dito.

CHI LASCIA LA STRADA VECCHIA PER UNA NUOVA, SA QUELLA CHE LASCIA MA NON SA QUELLA CHE TROVA. (quem deixa a estrada velha por uma nova, sabe aquela que deixa, mas não sabe aquela que encontra)

O medo do desconhecido impede o progresso e a modernização. As instituições jurídicas encontram enorme dificuldade de evoluir e modernizar-se, devido ao receio do desconhecido, ou seja, de que privilégios sejam ameaçados.

BOIRE, MANGER ET COUCHER ENSEMBLE, C'EST MARIAGE, CE ME SEMBLE (beber, comer e deitar juntos, é casamento, pelo que parece)

Reconhece o casamento de aparência, independente da chancela legal. Retrata o concubinato.

LA LOI NE DISPOSE QUE POUR L'AVENIR (a lei só dispõe para o futuro)

Nega o efeito retroativo a lei.

PAS DE NULITÉ SANS GRIEF (não há nulidade sem prejuízo)

Se um ato, embora irregular, não causar prejuízos, não há razão para que se pretenda anulá-lo, porquanto não há reparação.

QUI PAIT MAL, PAIT DEUX FOIS (quem paga mal, paga duas vezes)

Adverte para o pagamento irregular ou mal feito.

# 13. OS RAMOS DA ÁRVORE JURÍDICA

13.1. Campo de abrangência do direito

13.2. A divisão romana e a atual

13.3. Direito Privado: Civil, Empresarial, Trabalho, Consumidor, Internacional Privado

13.4. Novos ramos do Direito Privado: à Imagem, Autoral, Cooperativo, Turístico

13.5. Direito Público: Constitucional, Processual, Administrativo, Tributário, Econômico, Financeiro, Penal, Previdenciário, Internacional Público

13.6. Novos ramos do Direito Público: Aéreo, Agrário, Ambiental

## 13.1. Campo de abrangência do direito

Vastíssimo é o campo de atuação do direito, abarcando a totalidade dos indivíduos que vivem em contato uns com os outros e todo tipo de sociedades e todos os quadrantes do globo. Consoante várias vezes se falou, o direito destina-se a regulamentar o comportamento do homem na sociedade. Há, entretanto, muitos tipos de sociedades, não só de sociedades amplas, também chamadas de corporativas, como sociedades restritas, formadas de pequeno número de pessoas, e até do número mínimo de duas, como é o caso da sociedade conjugal.

Um cidadão assume, conforme o momento, várias posições sociais e vai constituindo no decorrer de sua vida relações de diversas classes. Levanta-se e toma café com sua esposa: ele é o marido; leva seus filhos à escola: é o pai; toma o ônibus e paga passagem: é o passageiro; entra na empresa e cumprimenta seu patrão e seus colegas: é o empregado e o funcionário; sai para o almoço: é o freguês. O direito estabelece princípios e normas observáveis para o comportamento desse cidadão em todas essas posições, normas essas com princípios muito variáveis.

Por essas razões, formaram-se vários ramos do direito e outros vão-se formando paulatinamente, de acordo com a complexidade e variedade das relações jurídicas. O direito é um só; não há nele compartimentos estanques. Contudo, sua aplicação em todos os campos da atividade humana forçou o surgimento e caracterização desses ramos, de tal modo que hoje assumem eles individualidade marcante. Essa divisão e conseqüente classificação é de primordial importância, não só didática, mas quanto à própria hermenêutica do direito.

## 13.2. A divisão romana e a atual

Na antiga Roma foi dividido o direito em dois ramos: o *jus publicum* e o *jus privatum*. Essa distinção atravessou os séculos e permanece hoje como a mais ampla das divisões, embora outras mais especificadas fossem surgindo tanto no direito público como no privado. O direito público é o do Estado, do seu modo de ser, de seu interesse, como a organização política e administrativa do

Estado romano, ou, como diziam os romanos *jus publicum est quod statum rei romanae spetat* (O direito público é o que interessa às coisas do Estado romano).

O Direito Privado refere-se ao relacionamento entre os cidadãos, na acepção romana, *spectat ad singulorum utilitatem* (refere-se aos interesses particulares). O direito moderno aprimorou mais a distinção entre os dois ramos, esclarecendo melhor a posição e a aplicação de cada um deles. O Direito Privado caracteriza-se não apenas pela *utilitas*, pelos problemas e interesses e pessoas privadas, mas também pelo sujeito das relações jurídicas. No pólo de uma relação jurídica poderá situar-se o Estado e será uma questão de Direito Público, mas se houver duas pessoas de direito privado será de Direito Privado.

Para melhor compreensão do esquema, podemos dar vários exemplos. Um conflito entre fornecedor e consumidor a ser resolvido judicialmente: o autor da ação é uma pessoa privada e o réu, idem. O Estado entra nessa relação pelo juiz que julgar a questão. As partes dessa relação — ator e réu — são pessoas privadas. O Estado permanece entre essas partes e acima delas, e não em um dos pólos. A justiça julgou uma questão de interesse (*utilitas*) privado; das partes e não do interesse geral. As partes são iguais entre si; cada uma tem direitos e obrigações, pois "todos são iguais perante a lei".

Vejamos porém as relações jurídicas pertencentes ao campo do Direito Público. Se o Estado exige que um moço de 18 anos apresente-se ao serviço militar, exerce um direito de interesse geral. Em um dos pólos dessa relação jurídica está o Estado: uma pessoa jurídica de direito público. As partes não são iguais entre si, não se aplicando o princípio de que todos são iguais perante a lei. Há uma relação de subordinação entre elas, pois é patente a posição de superioridade do Estado sobre o jovem recruta. Vejamos outro modelo: o eleitor é convocado pelo Estado, para votar; estabeleceu-se a posição de inferioridade do eleitor, que não tem qualquer poder de barganha.

Dentro dessa dúplice divisão: Público e Privado, formou-se no mundo de hoje, uma série de subdivisões, de acordo com o esquema abaixo:

DIREITO PRIVADO: Civil, Empresarial, Trabalho, Internacional Privado, do Consumidor;

DIREITO PÚBLICO:   Constitucional, Processual, Administrativo, Tributário, Financeiro, Econômico, Internacional Público, Previdenciário, Agrário e Penal.

## 13.3. Direito Privado

DIREITO CIVIL

É este o principal ramo do direito, por ser também originário, sendo, a maioria dos demais ramos, derivados. Podemos dizer que é o núcleo do direito, enquanto os outros, especialização. É o direito do cidadão, do homem comum. Emergiu na antiga Roma e assim foi chamado por ser o direito dos "cives" (cidadãos romanos), donde o nome de "jus civilis", ou então "jus quiritium", derivado de "quirites", sinônimo de "cives". Um outro ramo do direito não se ligava ao "jus civilis romanorum", era o "jus gentium", aplicado a quem não era cidadão romano, quer dizer, os estrangeiros ou às pessoas não oriundas das primitivas famílias romanas; eram os estrangeiros, chamados de "peregrini". Em nossos dias, porém, não mais podemos fazer essa discriminção; o Direito Civil aplica-se a todos os cidadãos que vivam no Brasil, ainda que estrangeiros.

Para o estabelecimento de um conceito de direito Civil, podemos nos apegar ao art. 1º de nosso Código Civil antigo, embora não se refira ele a "civil" mas a "privado". Diz esse artigo:

"Este Código regula os direitos e obrigações de ordem privada concernentes às pessoas, aos bens e às suas relações".

Ao falar em "ordem privada", ao invés de "ordem civil", o código cometia uma imprecisão: ele não se aplica ao direito privado, mas ao Direito Civil. Estão fora de sua órbita, o Direito Empresarial (chamado anteriormente de Direito Comercial), o Direito do Trabalho, o Direito Internacional Privado e o Direito do Consumidor, este último em formação. Essa discriminação é, por outro lado, parcial. Muitas disposições do Código Civil aplicam-se a outros ramos do direito, como as do domicílio, embora de caráter subsidiário. Os códigos da Itália e da França não trazem artigo semelhante ao nosso; não sabemos de qualquer código que o adote.

O Direito Civil é o direito das pessoas, quer físicas quer jurídicas, bem como as relações jurídicas entre as pessoas e aos bens. Destarte, cuida o Direito Civil das pessoas, tipos de pessoas, do nome e da nacionalidade, do estado civil, do domicílio, e dos atos praticados por essas pessoas. Ocupa-se ainda dos bens, que são o objeto das relações jurídicas.

O Direito Civil subdivide-se, por seu turno, em vários outros ramos: Família, Coisas, Obrigações e Sucessões. O Direito de Família ocupa-se da sociedade familiar, como o casamento, tutela, curatela, regime de bens entre os cônjuges, as relações de parentesco. O Direito das Coisas examina os bens corpóreos, a posse e a propriedade, o usucapião, os direitos reais sobre as coisas alheias. O Direito das Obrigações, o mais vasto, focaliza a teoria geral das obrigações e dos contratos, bem como os contratos em espécie, a declaração unilateral de vontade. O Direito das Sucessões considera a situação de uma pessoa após a sua morte, como a transmissão de sua herança e seus desejos. Essa subdivisão nos vem do direito romano.

## DIREITO EMPRESARIAL

Estudamos agora o Direito Empresarial, designação com que vem conhecido o antigo Direito Comercial, que outrora se denominou Direito Mercantil. Desgarrou-se do Direito Civil no início dos tempos modernos, no século XIV, graças às obras dos mestres da Universidade de Bolonha. Conforme o nome indica, regula a vida e as atividades das empresas. Consiste a atividade empresarial no complexo de atos destinados à produção de bens e serviços, para o suprimento do mercado consumidor. Muito vasto, complexo e importante é o seu raio de ação, por envolver as mais variadas modalidades de relações econômicas.

Os ramos integrados no Direito Empresarial são em número ainda maior do que os do Direito Civil, apresentando no momento dez ramos, a saber: Falimentar, Cambiário, de Propriedade Industrial, Societário, Bancário, do Mercado de Capitais, Marítimo, Aeronáutico, do Comércio Exterior e Contratual. O Direito Cambiário é o direito dos títulos de crédito, o Societário das sociedades mercantis, o Falimentar da falência e concordata, o do Comércio Exterior das operações que envolvam moedas de vários países e mercado internacional, o Contratual dos contratos mercantis, o Bancário das instituições financeiras, o do Mercado de Capitais dos valores mobiliários, o Aeronáutico da navegação aérea comercial e o Marítimo da navegação marítima comercial.

## DIREITO DO TRABALHO

O Direito do Trabalho é o complexo de normas e princípios que disciplina as relações decorrentes do trabalho assalariado e subordinado. Essas relações trabalhistas podem ser individuais, ou seja, entre o empregado e seu empregador, ou coletivas, como uma classe ou o quadro de funcionários de uma empresa. Não se aplica ao funcionalismo público, cujas relações sejam regidas pelo Direito Administrativo. Abrange entretanto o trabalho executado para o serviço público, mas sob o regime da CLT; neste caso, o Poder Público é equiparado ao empregador privado. Nos pólos da relação jurídica trabalhista localizam-se duas partes bem determinadas: empregado e empregador.

Por isso, trata-se de um ramo típico do Direito Privado, tanto que dele se afasta o funcionário público. O empregado, segundo o art. 3º da CLT, é a pessoa física que prestar serviços de natureza não eventual a empregador, sob a dependência deste, e mediante salário. Empregado jamais poderá ser pessoa jurídica, quer de Direito privado e muito menos de Direito Público; é sempre uma pessoa física. Por outro lado, empregador, segundo o art. 2º da CLT, é a empresa individual ou coletiva, que assumindo os riscos da atividade econômica, assalaria e dirige a prestação individual de serviços. É possível pois que o governo também seja empregador, mas quando submetido a contrato de trabalho regido pela CLT.

As relações jurídicas empregado/empregador fundam-se principalmente no contrato de trabalho, havendo pois uma intensa conotação contratual no Direito do Trabalho. Nota-se ser contrato de natureza privada, fruto de acordo de vontades de duas pessoas de direito privado. Os fundamentos desse contrato são encontrados no direito romano, no qual era chamado de *locatio operarum*, com reflexos em nosso direito, tanto que era regulado pelo Código Civil, na seção de locação, mais precisamente "locação de serviços". As relações trabalhistas faziam parte do Direito Civil, mas, em 1942, surgiu a CLT, modelada na "Carta del Lavoro", o código italiano do trabalho. Estava então criado, em nosso país, o Direito do Trabalho, como direito autônomo, desgarrado do Direito Civil, tendo como legislação básica a CLT.

Contudo, o contrato individual do trabalho, bilateral, oneroso, comutativo e de trato sucessivo ou continuado, não constitui a única classe de relações trabalhistas. Incluem também os problemas relacionados à medicina legal aplicada ao ambiente de trabalho, à tutela da mulher e dos menores que trabalham, à segurança e bem-estar no ambiente de trabalho. Tema importante, mas muito descurado, é o do empregador que vai à falência, perturbando negativamente as relações trabalhistas.

Outro lado a ser considerado no Direito do Trabalho é a tutela dos interesses coletivos dos trabalhadores assalariados, formando o que se denomina "Direito Coletivo do trabalho". Engloba esse ramo específico as organizações trabalhistas, como os sindicatos. Por outro lado, o Direito do Trabalho abrange ainda normas que não se desintegraram dele, como as normas processuais adotadas pela jurisdição trabalhista, bem como as referentes à organização judiciária da justiça trabalhista. Além disso, há normas de natureza penal, como para embriaguez em serviço, sabotagem, espionagem, formando um autêntico Direito Penal do Trabalho. Há ainda um Direito Internacional do Trabalho, constante de convenções internacionais, normas estabelecidas pela Organização Internacional do Trabalho e relações trabalhistas internacionais.

## DIREITO DO CONSUMIDOR

Talvez seja muita ousadia incluir o Direito do Consumidor na classificação do Direito Privado, considerando-se que se refere a um direito por demais recente e com visíveis conotações com o Direito Público e com o Direito Contratual. Realmente, o Direito do Consumidor consta da atividade do Estado na proteção ao consumidor, criando vários órgãos. Seria também muita pretensão querer situar-se como um direito autônomo, se ele mal surgiu, e repousa essencialmente no consumo, que é decorrente do contrato de compra e venda. Há pois um fundamento lógico para a inclusão do nóvel direito no corpo do Direito Contratual civil ou empresarial; em nossa opinião será mais apropriado neste último. Criou-se porém com tanta força e desenvolve-se com tanto vigor, que não será pretensão considerá-lo como um direito específico.

No segundo semestre de 1990, importantes eventos legislativos surpreenderam os meios jurídicos, levantando questão que pouco vinha sendo cogitada: a defesa do consumidor final de produtos e serviços. Tem seu ponto culminante na Lei 8.078/90 que adotou o Código de Defesa do Consumidor, secundada por outras leis, como a Lei 8.317/90 que prevê modalidades delituosas, atentatórias contra as relações de consumo. A questão já passara por algumas referências; o art. 5º — XXXII da Constituição Federal dissera que o Estado promoverá, na forma da lei, a defesa do consumidor. O art. 170 diz que a ordem econômica, fundada na valorização do trabalho humano e na livre iniciativa, tem por fim assegurar a todos a existência digna, conforme os ditames da justiça social, observados nove princípios, entre os quais a defesa do consumidor.

Promulga-se após uma nova legislação que, baseada em princípios constitucionais, representa a tutela estatal aos direitos do consumidor. É mais um tema de Direito Empresarial? Ou um novo ramo do Direito Público? Olhando porém sobre diversos prismas, sua aplicação alarga-se aos vários ramos do direito, quer público, quer privado. Em nosso parecer, é patente sua aplicação ao Direito Empresarial, ou Direito das Obrigações e outros. O novo ramo do direito regulamenta relações jurídicas estabelecidas entre dois tipos de parte: fornecedor e consumidor. O contrato básico é do de compra e venda, cujas partes chamam-se vendedor e comprador, que o Direito do Consumidor apresenta como fornecedor e consumidor, que terão matizes especiais no Código de Defesa do Consumidor.

Podemos considerar o surgimento de um novo ramo do direito, ainda a situar-se no universo jurídico. O Código de Defesa do Consumidor, ao dizer-se "código", não é uma consolidação de leis, como a CLT, mas um verdadeiro código, instituindo um sistema jurídico sobre determinado tipo de relações jurídicas. Não será fora de lógica considerar-se um novo ramo do direito.

Nos termos do Código de Defesa do Consumidor, fornecedor é toda pessoa física ou jurídica, pública ou privada, nacional ou estrangeira, bem como os entes despersonalizados, que desenvolvam atividade de produção, montagem, criação, construção, transformação, importação, exportação, distribuição ou comercialização de produtos ou prestação de serviços.

## DIREITO INTERNACIONAL PRIVADO

Completa-se o quinteto dos ramos do Direito Privado, com o Direito Internacional Privado. No capítulo referente à eficácia da lei no espaço, traçamos referências sobre esse ramo do Direito Privado, razão por que fazemos remissão àquele capítulo.

### 13.4. Novos ramos do Direito Privado

A complexidade crescente do convívio social faz constituírem-se novas formas de relações jurídicas, provocando a formação de novos ramos do direito. Algumas normas vão-se aglutinando dentro do próprio Direito Civi ou do Direito Empresarial, ou de outros ramos, até se estruturar como um Direito peculiar. Para nos cientificarmos dessas novas estruturações, serão convenientes algumas considerações sobre eles.

## DIREITO À PRÓPRIA IMAGEM

O Direito à Própria Imagem considera a imagem como a representação de uma pessoa, ou seja, por uma pintura artística, uma escultura, um desenho, ou uma fotografia. Compreende não só a pessoa inteira, mas as diferentes partes de seu corpo. É a reprodução gráfica, plástica ou fotográfica de uma pessoa. O Direito à Própria Imagem transforma a imagem num bem jurídico, que deve ser tutelado pela lei. Assim sendo, uma pessoa é dona de sua imagem, e só com sua autorização poderá ter fotografia explorada ou exposta em público, ou ter sua vida tomada como enredo para a reprodução pública, como num filme ou numa novela de TV.

158

Um brado nesse sentido foi dado por nossa Constituição Federal, de 1988, no art. 5º, inciso X, no capítulo denominado "Dos Direitos e Deveres Individuais e Coletivos:

"São invioláveis a intimidade, a vida privada, a honra e a *imagem* das pessoas, assegurado o direito à indenização pelo dano moral ou material decorrente de sua violação".

Baseados nesse princípio, várias pessoas obtiveram da justiça o reconhecimento de seus direitos sobre a própria imagem. Vários jogadores de futebol, campeões do mundo, obtiveram direito à indenização pelo uso de sua imagem em álbuns. Um ex-presidente da república impediu, na justiça, que fosse exibida uma novela na TV, retratando sua vida. O participante de um evento político no passado obteve indenização por ver-se reproduzido numa novela. Vê-se que o Direito à Própria Imagem teve sua origem no desenvolvimento tecnológico: a TV, o rádio, a fotografia, o cinema e outros meios de reprodução de uma pessoa.

## DIREITO DO AUTOR

É um pouco semelhante ao anterior; não se refere à pessoa do Autor, mas às suas obras, às suas criações. Possui ainda alguma semelhança com o Direito da Propriedade Industrial, mas este cogita da exploração de obras destinadas a suprir o mercado de consumo. O Direito do Autor procura proteger a propriedade artística, literária ou científica, garantindo ao titular dos direitos sobre ela que não sejam suas criações exploradas, divulgadas ou reproduzidas sem sua autorização. Anteriormente constava do Código Civil, nos arts. 649 a 673, pertencendo então ao Direito das Coisas. Contudo, esse capítulo foi revogado com o advento da Lei 5.988/73, regulando os direitos autorais, donde também o nome de Direito Autoral. Não mais faz parte do Direito Civil, desenvolvendo-se mais como direito próprio, mas ainda integrado no Direito Privado.

## DIREITO COOPERATIVO

Estabelece as regras de funcionamento das cooperativas e a observância dos princípios que norteiam essa atividade. A cooperativa é uma instituição, ou geralmente uma sociedade, por ter finalidade lucrativa, não dela, mas dos cooperados. Há muitos tipos de cooperativas, sendo mais adotadas as de: consumo, crédito e produção. Como são entidades privadas, o Direito Cooperativo pertence ao ramo do Direito privado. Era considerado como sendo do Direito Público nos países socialistas, como na Rumânia e na Polônia, cuja economia centralizada repousa muito no sistema cooperativo e, de lá, projetou-se pelo mundo inteiro. Com a queda do regime socialista nesses países, as cooperativas sofreram rude combate, motivo pelo qual o Direito Cooperativo retraiu-se.

O diploma básico do Direito Cooperativo é a Lei 5.764/71, que define a Política Nacional de Cooperativismo e institui o regime jurídico das sociedades cooperativas. Essa lei declara as cooperativas como sociedades de pessoas, de natureza civil, não sujeitas à falência e sem objetivo de lucro. Ante essas características, afasta-se o Direito Cooperativo do Direito Empresarial e integra-se no plano do Direito Civil, enquanto dele não se desgarrar. Há entretanto normas típicas de Direito Público, tanto que foi criada a Política Nacional de Cooperativismo e serem admitidas cooperativas públicas, mas, mesmo as privadas devem ser reconhecidas como de interesse público.

O Governo Federal cria normas para o exercício de coordenação e estímulo às atividades de cooperativismo, prestando-lhe assistência técnica e incentivos financeiros e creditórios especiais, necessários à criação, desenvolvimento e integração das entidades cooperativas. A ação governamental, segundo a lei básica, exerce-se por intermédio do Conselho Nacional de Cooperativismo — CNC, da Organização das Cooperativas Brasileiras, e do Banco Nacional de Crédito Cooperativo S/A. Essas normas de ordem pública não retiram porém do Direito Cooperativo o seu caráter de direito privado, por regular principalmente as relações jurídicas entre pessoas privadas.

DIREITO TURÍSTICO

O turismo é uma atividade de natureza empresarial, intimamente correlacionada com outras duas de igual natureza: os transportes e a hotelaria. Houve interesse oficial para o desenvolvimento dessa atividade, resultando na criação da EM-BRATUR, que, entre inúmeras atribuições, também emite normas, hoje bem consolidadas.

### 13.5. Ramos do Direito Público

O Direito Público é hoje mais vasto do que o Privado e parece haver tendência para seu domínio, em vista da participação cada vez maior do Estado na vida dos cidadãos. Maior é o número de seus ramos: Constitucional, Processual, Administrativo, Tributário, Financeiro, Econômico, Internacional Público, Previdenciário, Agrário, Penal. São ao todo dez ramos, apesar de afirmarem alguns que o Direito Agrário pertença ao Direito Civil, sendo portanto de Direito Privado. Todavia, o Direito do Consumidor e o Direito Cooperativo trazem no seu bojo muitas disposições sobre a atuação do Estado, portanto, normas de Direito Público. Essas particularidades serão debatidas porém no estudo específico de cada ramo, conforme é feito nas faculdades de direito. Falemos então alguma coisa sobre essas dez divisões, para conhecimento prévio e sumário de cada uma delas.

### DIREITO CONSTITUCIONAL

É o direito que tem por base a constituição de um Estado, a lei magna, que estabelece as normas de organização do Estado e do exercício de seu poder, das instituições políticas. As normas pertencentes ao Direito Constitucional sobrelevam-se a todas as demais, submetendo-as ao seu comando. Qualquer regra que contrariar os princípios constitucionais estará condenada à ineficácia ou ser declarada inconstitucional; por isso, já se afirmou ser um direito público fundamental, por estabelecer as regras básicas do Estado. Está a constituição no topo da pirâmide da hierarquia das leis.

O objeto do Direito Constitucional pode ser encontrado na própria constituição, no exame de seus capítulos. Contempla a forma estrutural do Estado, os direitos e deveres dos cidadãos, a forma de governo, os órgãos públicos mais elevados, como os ministérios, os diversos poderes tradicionais (executivo, legislativo, judiciário). A constituição estabelece normas aplicáveis a todos os ramos do direito em geral, como a cada um em particular. Vemos, por exemplo, neste compêndio, que a constituição prevê regras e princípios básicos para o Direito Tributário, Financeiro, Administrativo e outros.

## DIREITO PROCESSUAL

No estudo que fazemos, neste compêndio, sobre a classificação das leis, concluímos que elas podem se classificar, segundo a natureza, em dois tipos:

— substantivas, também chamadas substanciais ou materiais;
— adjetivas, também chamadas formais ou instrumentais.

Ao complexo dessas últimas leis dá-se o nome de Direito Processual, aplicado tanto na área civil como criminal e nas demais. O Direito Processual é portanto o conjunto de preceitos e princípios que regem a organização e o funcionamento da máquina judiciária do Estado. Antigamente, era chamado de Direito Judiciário, designação que ainda permanece. É o estabelecimento das regras básicas para a aplicação do direito substantivo, tendo como objetivo básico o processo judicial.

Ocupa-se também da organização judiciária do Estado, de seus órgãos e divisões, regulamentação dos vários tipos de ações judiciais, pressupostos processuais. São temas primordiais do Direito processual: jurisdição, processo, lide, ação.

Nota-se um paralelismo entre o Direito Processual e o Administrativo. Este regula a estrutura e o funcionamento e serviços prestados pelo Poder Executivo; o Direito Processual regula a estrutura, funcionamento e serviços prestados pelo Poder Judiciário. Ambos os poderes, entretanto, fazem parte da administração pública. Como leis básicas do Direito Processual, devem ser indicados o Código de Processo Civil e o Código de Processo Penal, incluindo-se ainda a Lei Orgânica da Magistratura, a Lei Orgânica do Ministério Público, como ainda outras leis e normas expedidas pelos próprios órgãos judiciários. Podemos ainda incluir a lei que dispõe sobre o Estatuto da OAB, regulando o exercício da advocacia. O advogado é considerado um colaborador do Poder Judiciário, com atuação importante no andamento dos processos.

## DIREITO ADMINISTRATIVO

Estabelece as normas em que se assenta a administração pública, o funcionamento da máquina estatal. Engloba o regime jurídico do funcionalismo público, o patrimônio público, os diversos órgãos públicos da administração direta, como um ministério, ou indireta, como uma autarquia, atos administrativos, enfim os assuntos que se referem aos atos praticados pelas autoridades públicas. Pode cuidar de relações horizontais entre os órgãos do Governo, ou verticais, como entre o Poder Público e os cidadãos. Inclui-se ainda no seu âmbito a responsabilidade civil do Estado.

Grande repositório de normas de Direito Administrativo é a Constituição Federal (a atualmente em vigor é de 1988). O capítulo "Dos Direitos Políticos" versa sobre normas eleitorais, o "Dos Partidos Políticos" trata das condições básicas de funcionamento dessas pessoas jurídicas de direito público, o "Da Organização do Estado" cuida da estrutura político-administrativa do governo federal, estadual e municipal. Muito pertinente é o capítulo VII: "Da administração Pública". Dessas normas constitucionais, resultam normas administrativas, como as leis orgânicas da administração pública, formando extensa legislação específica, um corpo de regras jurídicas, a que se submete a administração pública. Nota-se então a existência de íntima conexão com o Direito Constitucional.

## DIREITO TRIBUTÁRIO

Estabelece as normas para a arrecadação de fundos destinados à atividade estatal. Pelo próprio nome, é o Direito dos tributos, entre os quais figuram os impostos como os principais, como o Imposto de Renda e o IPI (federais), o ICM (estadual) e o ISS (municipal). O Direito francês e o espanhol chamam-no de Direito Fiscal. É um direito objetivo e legislado, estabelecido de forma clara, por atribuir obrigações às pessoas jurídicas de direito privado, de recolher tributos ao Estado, o que raramente é recebido

163

com simpatia. Procura então amoldar-se à nossa Constituição Federal: "Ninguém é obrigado a fazer ou deixar de fazer alguma coisa senão em virtude da lei" (Art. 5º-II).

A legislação tributária é extensa, minuciosa e muito dinâmica, obrigando-nos a um acompanhamento permanente. É também muito complexa, devido à elevada gama de impostos, como o IR, cujo regulamento é minucioso, o IPI e o ICM, também largamente regulamentados. Qualquer atividade econômica, exercida por um cidadão ou uma empresa privada, está sujeita ao pagamento de impostos. Embora se trate de uma divisão do Direito Público, não é indiferente à administração financeira das empresas privadas. O planejamento financeiro de uma empresa dificilmente será viável se não for acompanhado de um planejamento tributário.

Basicamente, os princípios do Direito Tributário podem ser encontrados na Constituição Federal, a tal ponto de se poder falar na existência de um Direito Constitucional Tributário. Como norma de direito objetivo figura o Código Tributário Nacional, fixando as regras gerais do Direito Tributário e apontando os impostos adotados pelo governo brasileiro. O regulamento de cada imposto completa a legislação nacional.

## DIREITO ECONÔMICO

O Direito Econômico é um ramo autônomo do direito, que tem por fim regulamentar os mecanismos controladores do mercado de consumo. Procura a harmonia nas relações econômicas, como, por exemplo, se nota na legislação anti-truste, ou do abuso do poder econômico. O sujeito do Direito Econômico é o Poder Público e o objeto, as empresas, e os cidadãos, e, às vezes, o próprio Poder Público, quando estes se exorbitam em usar seu poder econômico para controlar, manipular ou dominar a produção e distribuição de bens e serviços destinados a suprir os mercados consumidores.

Se o Direito Econômico não previsse normas e, através dos órgãos oficiais competentes, não harmonizasse os interesses individuais e coletivos, as atividades empresariais seriam dominadas por trustes, cartéis e monopólios. Estes exerceriam autêntica tirania econômica sobre os mais fracos, desestabilizando o livre-jogo da iniciativa privada, manipulando o governo e perturbando a harmonia social. Surge então a necessidade da tão combatida "intervenção do Estado no domínio econômico". Essa intervenção, malgrado os combates a ela dirigidos, é necessária, desde que observando as regras do Direito Econômico.

A Constituição Federal, de 1988, estipula muitas normas de Direito Econômico e podemos incluir nessa legislação a Lei do Abuso do Poder Econômico, também chamada de Lei Anti-Truste e a Lei 4131/62, que estabelece o regime jurídico do capital estrangeiro. Não é porém um direito repressor do capital estrangeiro, das empresas ou das atividades econômicas privadas. Ao disciplinar essas atividades procura dar segurança, estabilidade e harmonia para elas, inclusive disciplinando as ações do governo ao intervir no sistema econômico, ou seja, o Estado só pode interferir quando essa harmonia ficar abalada.

Sugestivo é o Título VII da Constituição Federal, "Da Ordem Econômica e Financeira", que estabelece os princípios gerais da atividade econômica; são os princípios da propriedade privada, da livre concorrência, a defesa do consumidor, a busca do pleno emprego. Prevê a disciplina jurídica do capital estrangeiro e repressão a abuso do poder econômico que vise à dominação dos mercados, à eliminação da concorrência e ao aumento arbitrário dos lucros. Procura restringir o poder das empresas públicas, limitando sua área de atuação aos setores de relevante interesse público, e proibindo a concessão de privilégios fiscais e trabalhistas. O Direito Econômico, por seu turno, cogita de normas e ações que tornem exeqüíveis as disposições constitucionais.

## DIREITO FINANCEIRO

Como se fosse uma empresa privada, o Estado tem uma administração financeira, que deve ser regida por um conjunto de normas. O Direito Tributário proporciona ao Estado a faculdade e o poder de arrecadar dinheiro para a consecução de seus objetivos, ficando dotado de largos recursos financeiros, destinados à aplicação em inúmeras atividades e investimentos. Considerar as regras para essa movimentação financeira é a função do Direito Financeiro. Há tempos atrás, muitos consideravam o Direito Financeiro como a sucessão do Direito Tributário, mas, hoje, o Direito Tributário cuida da receita do Estado e o Direito Financeiro da despesa.

As normas de Direito Financeiro aplicam-se em várias fases da administração financeira estatal: planejamento, orçamento, despesa e controle da execução orçamentária. Assim sendo, constitui o Direito Financeiro um complexo dessas normas jurídicas em sentido lato, que regulamentam a atividade financeira do Estado em suas várias manifestações, os órgãos que exercem essa atividade e os métodos e recursos com que se exterioriza o conteúdo das relações que origina. Seu objetivo é dirigido à satisfação das necessidades públicas graças ao bom e correto emprego dos recursos do Estado. Disciplina os critérios das despesas públicas, a gestão dos recursos para a realização dos fins sociais.

Nos dias de hoje, já não padece dúvidas de que o Direito Financeiro é uma autônoma divisão do direito, tendo íntima conexão com o Direito Tributário, o Direito Constitucional, mas descartado deles. Tem ainda correlação com a Ciência das Finanças e a Contabilidade Pública. Possui entretanto princípios e métodos próprios, que o distinguem dos demais ramos do direito.

## DIREITO PENAL

Chamado igualmente de Direito Criminal, o Direito Penal é o direito que regulamenta os atos que ele considera como crime e as penas advindas desses atos. Chama-se criminal por ter por objeto o crime, e penal por examinar as penas impostas aos agentes desses atos. É um ramo do Direito Público pois o direito de punir (*jus puniendi*) é privativo do Estado. Entretanto, o *jus puniendi* não é discricionário mas deve ser rigidamente previsto pela lei, donde o princípio tradicional: *nullum crimen sine lege, nulla poena sine lege*, retratado no art. 1º do Código Penal: "não há crime sem lei anterior que o defina nem pena sem prévia cominação legal".

Necessário se torna que o Estado mantenha a harmonia, a segurança e o respeito na sociedade. Para isso, prevê leis, descrevendo atos que ofendam de tal maneira a estabilidade social e a integridade de interesses tutelados, que exigirão as penas da lei para o ofensor. A lei penal tutela pois o interesse coletivo e não apenas do indivíduo. Se um cidadão mata outro incorre em crime não só contra a vítima, mas contra a coletividade. Pode a família da vítima perdoar o homicida mas este perdão carece de influência

166

sobre a sociedade ofendida e as penas previstas pela lei abater-se-ão sobre o criminoso.

A legislação penal tem como diploma básico o Código Penal, mas devem ser lembradas outras leis, como a Lei das Contravenções Penais, a Lei dos Tóxicos e várias outras. Muitos consideram o Direito Processual Penal como parte do Direito Penal, por ter ele aplicação exclusiva nessa área. Ante essa consideração, o Código de Processo Penal situa-se na área do Código Penal, por ser difícil a compreensão de um sem o outro. Essas normas formam um direito proibitivo e punitivo: o crime é um ato proibido pelo direito; ante a prática de um ato proibido, esse direito se torna punitivo, ao prescrever a pena para o infrator.

Segundo prevê nosso Código Penal, constituem crimes os atos praticados contra a vida de nossos semelhantes, contra o patrimônio deles, contra a honra alheia, contra a liberdade individual, contra a organização do trabalho, contra os costumes públicos e vários outros que se chocam contra a ordem jurídica.

Tem o Direito Penal um caráter positivo e dogmático; o direito positivo deve descrever claramente quais atos constituam crimes, não podendo sujeitar-se a presunções. Aplica-se também a outros ramos do direito, apresentando então modalidades especiais, como o Direito Penal Militar, o Direito Penal Internacional, o Direito Penal Administrativo, o Direito Penal Eleitoral ou Político e outros mais. Todos eles tendo como objeto o crime, palavra de origem latina *crimen* (injúria, agressão, afronta) e como conseqüência a pena, a punição.

DIREITO PREVIDENCIÁRIO

O nome desse direito origina-se de previdência, previsão, previdente. É ainda chamado de Direito da Previdência Social, ou, recentemente, Direito da Seguridade Social. Consta de normas e princípios que tutelem o cidadão que trabalha e os que dele dependam, contra os infortúnios causados pela velhice, pela invalidez ou pela doença. Embora procure tutelar o cidadão que trabalha, o Direito Previdenciário não é um ramo do Direito do Trabalho, apesar de ser confundido com esse último. O Direito do Trabalho é um ramo do Direito Privado e tem normas específicas e

167

jurisdição própria; o Direito Previdenciário é um ramo do Direito Público, por regulamentar uma atividade do Estado. A Previdência Social é um órgão e uma atividade do Estado; nos dois pólos de uma relação jurídica previdenciária coloca-se sempre o Estado e no outro, o empregador ou o empregado, ou mesmo outro órgão público. As questões judiciais trabalhistas são resolvidas pela Justiça do Trabalho; as previdenciárias, pela Justiça Federal comum, pois os órgãos da Previdência Social são federais.

Todo ser humano luta pela sua sobrevivência e para manter condições estáveis e seguras de uma vida condigna; essa luta processa-se sob normas diversas, inclusive as trabalhistas. Todavia, é possível que um infortúnio venha abater as forças humanas para essa luta: um acidente pode deixar uma pessoa inutilizada para o trabalho e para seu sustento; a velhice pode tirar as forças, como também a doença. Por outro lado, a sua morte poderá deixar ao desamparo sua família, se ele for sustentáculo dela. O Direito Previdenciário prevê e regulamenta as medidas para que a desgraça não venha a se abater sobre uma família desprovida de condições para sobrevivência digna, pois a morte é certa, mas a hora incerta (*mors certa, hora incerta*).

A lei básica é a Consolidação das Leis da Previdência Social-CLPS, complementada por inúmeras normas. Essa legislação cogita da organização e funcionamento dos vários órgãos da Previdência Social, como INPS, INAMPS, LBA, FUNABEM, IAPAS. Para que se tenha idéia da importância desta questão, ela foi alçada à posição de um ministério: o Ministério da Previdência e Assistência Social, ou dela dependem mais ou menos 70% da população brasileira. Toda empresa, forçosamente fará parte dela. Não passou desapercebida à Constituição Federal de 1988, que a prevê com o nome de "Seguridade Social", e a define no art. 194 desta maneira:

"A Seguridade Social é um conjunto integrado de ações de iniciativa dos Poderes Públicos e da sociedade, destinadas a assegurar os direitos relativos à saúde, à previdência e à assistência social".

A regulamentação legal abrange o plano de Custeio da Seguridade Social, as condições para o seguro, os planos de benefícios, como a aposentadoria por invalidez, idade, tempo de serviço e especial, o auxílio-doença, o salário-família, o salário-maternidade, o auxílio-acidente, o abono de permanência em serviço. Esses serviços são prestados diretamente ao segurado, quer dizer, a quem se filiar à Previdência Social. Aos dependentes do segurado são previstos legalmente alguns serviços; é o caso da pensão por morte, pela qual a família de um segurado receberá um pagamento mensal após a morte de seu sustentáculo, o auxílio-reclusão, pelo qual a família receberá um suprimento mensal, caso o sustentáculo estiver em prisão.

É conveniente fazer referência de que o Direito Previdenciário brasileiro é considerado um dos mais perfeitos do mundo, admirado nos países mais evoluídos. O Direito Previdenciário abrange ainda a assistência social; distingue-se esta pelo fato de que o auxílio prestado não exige contraprestação e custeio por parte do favorecido, enquanto a Previdência Social é custeada pelo próprio segurado, pelas empresas e pelo Governo.

## DIREITO INTERNACIONAL PÚBLICO

Há muitos tipos de sociedades e cada uma delas depende de normas gerais e específicas. Existe, então, uma sociedade formada pelos países espalhados pelos cinco continentes. A ONU é formada por mais de 400 países, e a tendência é o desmembramento de países em outros, como aconteceu nos últimos anos com o continente africano. Esses países se relacionam entre si, formando uma sociedade internacional. Encontramos em Brasília um elevado número de embaixadas, cada uma tendo seu representante legal, creditado junto ao governo brasileiro.

O relacionamento entre países não pode se processar sem normas definidas, sem um direito estabelecido. E o Direito Internacional Público é o conjunto de normas positivas, costumes, princípios, tratados internacionais e outros elementos jurídicos que tenham por objetivo regular o relacionamento entre países. Ao se falar em internacional, não se pode mais considerar a origem etimológica do termo, mas se trata do relacionamento entre Estados soberanos e não mais entre nações.

A este respeito, é conveniente distinguir bem os termos utilizados na apreciação dos problemas internacionais: povo, nação,

Estado. Povo é o conjunto de pessoas que vivem num determinado lugar e, se convivem por contigüidade, ou seja, como moram nas proximidades, são obrigadas a contatos e ter problemas comuns. Assim, o povo brasileiro é formado por todas as pessoas que vivem no Brasil, incluindo os estrangeiros, sem consideração de origem, nacionalidade, religião, raça, cor ou outras discriminações.

A nação tem sentido mais restrito. É o conjunto de pessoas unidas por caracteres comuns, como origem, raça, religião e outras discriminações. É o que acontece com as tribos indígenas no Brasil, com os ciganos, os judeus e várias outras comunidades existentes em nosso país. O Brasil não se caracteriza por uma multiplicidade de nações, como vários países da Europa. Consta que na antiga União Soviética conviviam 62 nações, cada uma com seu idioma e seus costumes. O caso mais sugestivo era o da Iugoslávia, país formado por seis nações, cada uma tendo caracteres bem diferentes, idioma próprio e esses idiomas têm até o alfabeto diferente. Vê-se, destarte, que várias nações podem formar um mesmo povo.

O Estado tem um sentido jurídico. Pode-se dizer que o Estado é a nação juridicamente organizada; é a estrutura jurídica de um povo. O Estado caracteriza-se por ter uma constituição e um sistema jurídico definido, submetidos coercitivamente ao povo que habita o território ocupado pelo Estado. Nota-se que à noção do Estado liga-se a de espaço, de território, e também de jurisdição. O Estado exerce a jurisdição sobre seu povo, em seu território. Legalmente, o Estado é uma "pessoa jurídica de direito público externo".

Esta designação é adotada a partir do art. 13 de nosso Código Civil ao dizer: "As pessoas jurídicas são de direito público interno, ou externo, e de direito privado". Perante nosso direito, e podemos estender a consideração ao direito dos demais países, o Estado é, portanto, uma pessoa jurídica de direito público externo. O Direito Internacional Público cuida das normas para essas pessoas. Não se ocupa do relacionamento entre pessoas físicas e nem de pessoas privadas, embora o objetivo final do direito seja o homem, o cidadão.

Envolve ainda o Direito Internacional Público as normas internacionais estabelecidas pelos tratados (chamados também de convenções), firmados entre os Estados. São inúmeros os tratados internacionais de que o Brasil faz parte, como a Convenção de Varsóvia sobre transportes aéreos, a Convenção de Genebra sobre letras de câmbio e notas promissórias, a Convenção de Genebra sobre cheques, a Convenção de Viena sobre imunidades diplomáticas e consulares, o Acordo Militar Brasil-EUA.

Entram no seu estudo as organizações internacionais como a ONU, a OEA, a Organização Mundial de Saúde-OMS, a OIT-Organização Internacional do Trabalho, a Cruz Vermelha Internacional, o ICAO-Internacional Civil Aviation Organization, a IATA-International Air Travel Association, o COI-Comitê Olímpico Internacional, a WIPO-World Intellectual Property Organization.

## 13.6. Novos ramos do Direito Público

Da mesma forma que o Direito Privado, também o Direito Público encontra-se em fase de desenvolvimento, ante a complexidade crescente da economia moderna e o despertar de novas relações jurídicas. Além disso, está havendo intervenção cada vez maior e mais constante do Estado na vida pública, gerando disposições legais que regulamentem essa intervenção. O Governo avoca para si o privilégio ou monopólio de uma gama cada vez maior de atividades. É o que acontece no campo das comunicações de massa, transformado em monopólio público, provocando a estruturação de novo ramo: o Direito das Comunicações. Outro campo de semelhante fenômeno é o da informática, notando-se a proliferação de normas sobre a reserva do mercado de computadores.

Na verdade, não se sabe se o Governo interfere na iniciativa privada ou esta, no Governo. Impossibilitado de executar as tarefas que avoca para si, o Governo faz concessões a empresas privadas, para que estas explorem de forma monopolista tais atividades. Essa problemática constitui uma das razões da formação de novos ramos do Direito Público, entre os quais citaremos o Aéreo, o Agrário e o Ambiental.

DIREITO AÉREO

Também chamado de Direito Espacial, regulamenta o uso de espaço aéreo, principalmente a exploração do espaço para transmissão de comunicações ou pesquisas espaciais. Não se confundem os dois ramos do direito: Aéreo e Aeronáutico; este último pertence ao Direito Privado, referindo-se ao transporte aeronáutico, como nítida atividade empresarial. O Direito Aéreo é um ramo do Direito Público, pois o espaço é um bem coletivo e sua utilização é problema de segurança nacional. Começou a realçar-se como ramo específico do direito, após a publicação da obra clássica sobre este assunto, de Nicolas Mateesco Malte, "Droit Aérien et Aéronautique", em que focalizou os dois ramos como distintos.

## DIREITO AGRÁRIO

Cogita da exploração da terra, nas atividades agropecuárias. Embora essas atividades sejam remuneradas e exploradas por particulares, o Direito Agrário brotou como ramo do Direito Público. Não está ainda totalmente estruturado e definido, mas seu desenvolvimento nos faz prever para o Direito Agrário o *status* de modalidade autônoma do direito, com a observação de características e princípios peculiares, que a distinguirão das demais divisões.

Importantes questões do Direito Agrário são a Reforma Agrária, principal motivo da criação do INCRA e do PROTERRA, os problemas do latifúndio e do minifúndio, as reservas indígenas, o domínio da terra por estrangeiros, cadastramento rural, colonização da Amazônia, a desapropriação de imóveis rurais. Como atividades privadas, as relações referentes à exploração da terra por particulares pertencem ao campo do Direito Civil.

## DIREITO AMBIENTAL

Esse nóvel direito, designado também como Ecológico, vem-se formando desde um quarto de século, a partir do momento em que o homem começou a sentir os efeitos nefastos de seu mau relacionamento com o ambiente físico em que vive. Procura esse direito tutelar a natureza como um bem público. Nenhuma agressão à natureza fica sem resposta, sem reação. Poluímos as águas e elas diminuem o fornecimento de peixes; devastamos as florestas e sentimos o desequilíbrio das chuvas e da temperatura; dizimamos os jacarés, e as piranhas que eles comiam tomam conta de nossos rios. Por defender um bem público e interesses coletivos, é um segmento do Direito Público. O titular dos direitos ambientais é a coletividade. As normas estabelecidas pelo Direito Agrário são técnicas e de ordem pública.

# 14. O ESTUDO DO DIREITO NO BRASIL

14.1.   O objetivo do curso
14.2.   A instituição dos cursos jurídicos
14.3.   Os antecedentes do 11 de agosto
14.4.   O atual curso de direito
14.5.   A profissão de advogado
14.6.   A ética profissional
14.7.   A luta pelo direito

## 14.1. O objetivo do curso

Chegamos ao final deste compêndio de Introdução ao Estudo do Direito, elaborado consoante o programa exigido pelo MEC e adotado por várias faculdades de direito. Abrangeu esta obra todos os pontos constantes do programa desenvolvido em diversas faculdades, embora de forma sucinta. Os objetivos da obra integram-se nos objetivos da matéria de Introdução ao Estudo do Direito: ministrar aos que se iniciam no estudo do direito, e, mesmo àqueles que já estejam no exercício da advocacia, noções gerais e básicas da ciência do direito. Objetiva assegurar aos futuros profissionais das especialidades a que se dedicarão os recursos que lhes permitem, segundo a expressão de René Savatier, em sua obra "As metamorfoses econômicas e sociais do direito privado de hoje" (*Les métamorphoses économiques e sociales du droit privé d'aujourd'hui*) — Editions Dalloz-Paris-1959, págs. 519/534: "aprender a ler juridicamente, a saber utilizar o direito como instrumento, a aceitar a técnica e as disciplinas do direito como condições de ordem da qual se aproveitem as negociações".

A invocação de Savatier e o objetivo traçado para a matéria de Introdução ao estudo do Direito constam da regulamentação do ensino superior estabelecido pelo MEC e adotado pela Resolução 1.255, de 26.10.77 da USP, mas também pelas demais universidades. O autor do compêndio apenas adota e segue essa orientação, não a criando, mas aceitando-a e enaltecendo-a como medida altamente louvável e eficaz. Integra-se em parte a matéria com a Filosofia do Direito, a Sociologia, a Economia Política e outras, para dar uma visão panorâmica do direito, mesmo antecipando os estudos que os neófitos deverão realizar no decorrer dos cursos jurídicos. Esses estudos encerram, entre outras, três funções principais, intimamente correlacionadas:

1. levar o estudante a aprender o sentido unitário da experiência jurídica em todas as suas manifestações específicas, em conexão com vários problemas fundamentais, inclusive quanto às razões da unidade concreta e dinâmica da ordem jurídica positiva, cuja compreensão é indispensável à formação dos juristas, e que nenhuma disciplina jurídica positiva particular poderia propiciar;

2. realizar a crítica dos pressupostos ou das condições lógicas das demais ciências jurídicas, que nenhuma destas poderia ter por objeto;

3. determinar o fundamento ético da fenomenologia jurídica e do comportamento do jurista nos múltiplos campos de sua atividade.

Lembramos ainda que o curso de direito, como vulgarmente é conhecido, legalmente se chama "curso de ciências jurídicas e sociais". Alarga-se pois muito além do estudo do direito, mas procura analisar e interpretar o objeto do direito: o ser humano e a sociedade. Não é portanto sem razão que no estudo das ciências jurídicas e sociais se incluam certas matérias como Filosofia do Direito, Sociologia, Economia, Medicina Legal e outras correlatas. Também não é sem motivo ponderável que o direito seja também matéria obrigatória nos cursos de Economia e Administração, com o nome de "Instituições de Direito".

## 14.2. A instituição dos cursos jurídicos

Não é recente o estudo do direito no Brasil. Deu-se logo após a independência, em 11.8.1827. Há poucos anos comemoramos o sesquicentenário da criação dos cursos jurídicos no Brasil. Neste ano de 2003, em que este compêndio vem a lume, já temos 175 anos de proveitosos estudos do direito, que formou milhares de bacharéis e projetou internacionalmente inúmeros juristas, como Teixeira de Freitas, Clóvis Beviláqua, Pontes de Miranda, Haroldo Valladão, Carvalho de Mendonça, Waldemar Ferreira e tantos outros. Iniciando com duas faculdades, encontramos hoje mais de uma centena, espalhadas pelo Brasil, após o longínquo 11.8.1827. Naquele dia, o Imperador Dom Pedro I, promulgou o Decreto Imperial criando os cursos jurídicos e duas faculdades de direito: a de São Paulo e a de Olinda; esta última mudou-se posteriormente para Recife e constitui hoje a faculdade federal sediada na "Veneza brasileira".

Esse régio decreto coroou as lutas e os reclamos da nóvel nação, tendo provocado longas e acaloradas discussões no Congresso Nacional. Logo em seguida, surgiu o "Estatuto do Curso Jurídico", dando as diretrizes do curso, que parece ter sido o

176

primeiro curso superior criado oficialmente no Brasil. As duas faculdades foram as pioneiras das faculdades de ensino superior no Brasil. O ingresso nos cursos jurídicos deveria se dar através de exames vestibulares, sendo exigida a idade mínima de 15 anos para os vestibulandos. Cinco matérias eram exigidas para o exame vestibular: francês, latim, retórica, filosofia racional, geometria. Não constava do exame vestibular a língua pátria, mas a correção das provas obedecia a um rigoroso exame da linguagem. O curso de ciências jurídicas e sociais, como foi chamado desde então, deveria ser realizado em cinco anos, como se mantém até hoje. O Decreto Imperial estabeleceu também o currículo mínimo para os cinco anos:

1° ano — Direito Natural, Direito Público, Análise da Constituição do Império, Direito das Gentes.

2° ano — Direito Público Eclesiástico, continuação das matérias do primeiro ano.

3° ano — Direito Pátrio Civil — Direito Pátrio Criminal, com a Teoria do Processo Criminal.

4° ano — Continuação do Direito Pátrio Civil — Direito Mercantil e Marítimo.

5° ano — Economia Política — Teoria e Prática do Processo.

Pelo currículo, pode-se avaliar o estágio ainda rudimentar do direito brasileiro e o sentido diferente de cada matéria com o sentido atual. Constituía matéria própria o Direito Natural, ao qual fizemos algumas referências no primeiro capítulo deste compêndio. Importante era o estudo dessa modalidade de direito, porquanto o direito objetivo, o direito legislado, era rudimentar nos primeiros anos do Brasil independente, em que vigorava ainda a legislação portuguesa, enquanto iria se formando a brasileira. O Direito Constitucional, hoje muito amplo, resumia-se na análise da constituição imperial, recentemente votada. O Direito das Gentes era o nome ainda adotado para o Direito Internacional, designação mudada posteriormente por idéia partida do jurista inglês Jeremy Bentham. O Direito Público Eclesiástico foi adotado por influência da Igreja, não só por sua intensa participação política, mas pela participação efetiva na cultura brasileira, inclusive no próprio ensino do direito, como se verá, e no ensino do latim, matéria obrigatória no vestibular e na qual eram escritas as obras de direito, de filosofia e ciências. Inexpressivo era o estudo do Direito Empresarial, que o programa inicial chamou de "Direito Mercantil e Marítimo", mas que nossos programas chamam de Direito Comercial. Esse ramo de direito surgiu realmente com o nome de Direito Mercantil, no início dos tempos modernos, mas, após o advento do Código Comercial francês, passou a chamar-se Direito Comercial. Como o Código Comercial francês passou a vigorar em 1807, o nome de Direito Mercantil já estava substituído na Europa por Direito Comercial; a designação adotada pelo decreto de 1827 estava desatualizada.

Regulamentado o curso de ciências jurídicas e sociais e criadas as duas primeiras faculdades, em 1827, aprestaram-se as providências para o início dos cursos. No dia 1º de março de 1828, o Prof. Arouche Randon deixou sua chácara (onde hoje é o largo do Arouche) e dirigiu-se por uma picada (hoje a rua do Arouche), atravessando o Vale do Chá, subiu a ladeira São Francisco, até o Largo de São Francisco, onde se encontrava o Colégio Franciscano. Numa das salas do colégio mantido há muitos anos pela Congregação Franciscana, o Dr. Arouche Randon, primeiro diretor da Faculdade de Direito de São Paulo, criada pelo decreto imperial, abriu os cursos jurídicos oficiais no Brasil, convidando o Conselheiro Brotero, professor de Direito das Gentes, para ministrar a primeira aula de direito. Abriram-se oficialmente os cursos de ciências jurídicas e sociais no Brasil.

A primeira turma haveria de se formar em 1832, constituída apenas de homens. Quase todos se notabilizaram na vida política, social e econômica do país. Outra turma iniciou o curso em 1829 e outras sucessivamente, formando muitos juristas e homens públicos. Muitos foram governadores do Estado de São Paulo e alguns até presidentes da república, como Prudente de Moraes, Campos Salles, Rodrigues Alves, Wenceslau Brás, Delfim Moreira, Artur Bernardes, José Linhares, Washington Luiz, Jânio Quadros, Paschoal Ranieri Mazzilli, Ulisses Guimarães (alguns temporariamente). A faculdade de Recife iniciou seu curso um pouco mais tarde, mas teve projeção na cultura brasileira; por ela passaram grandes nomes de nossa vida intelectual, como Tobias Barreto, Castro Alves, Joaquim Nabuco, Rui Barbosa, o crítico literário Silvio Romero, ressaltando-se porém a impoluta figura de Clóvis Beviláqua.

### 14.3. Os antecedentes do 11 de agosto

Os cursos jurídicos foram oficialmente instituídos no Brasil em 11.8.1827. Formaram-se dois corpos docentes em São Paulo e Olinda; constituiram-se duas turmas em 1828 e logo surgiram numerosos juristas, alguns dos quais se notabilizaram. Não teria havido lutas e movimentos para que se criasse no Brasil o curso de direito? Por que foram criadas faculdades em São Paulo e Olinda e não no Rio de Janeiro, a maior cidade do país e sede do governo? Essas perguntas nos levam a concluir que havia no Brasil e em São Paulo um substrato de conhecimentos jurídicos. O decreto imperial de 1827 não criou os cursos jurídicos mas apenas os oficializou. Os estudos do direito já eram cultivados há mais de um século em reuniões e seminários, mormente no Colégio São Francisco, situado no largo do mesmo nome; foi lá que se realizou a primeira aula.

Nesse colégio, criado e mantido pela Congregação Franciscana, foi-se formando preciosa biblioteca de livros jurídicos e fisosóficos. Em levas sucessivas, foram chegando ao Brasil os servos de São Francisco de Assis, muitos trazendo livros de direito e outros; alguns deles eram também formados pela Universidade de Coimbra ou pela tradicional Universidade de Bolonha e outras escolas européias. O primeiro franciscano a pôr os pés no Brasil parece ter sido Frei Henrique de Coimbra, que rezou a primeira missa, assim que a esquadra de Cabral aqui aportou. Outro franciscano, Frei Vicente de Salvador (1564-1636) foi nosso primeiro historiador, cujas obras são importantíssimas para nossa reconstituição histórica.

O decreto imperial criou não só os cursos de bacharelado, mas também de pós-graduação, para a formação de "lentes", os modernos doutores. Estabeleceu a obrigatoriedade da formação do quadro docente das faculdades de direito apenas pelos "lentes", regulamento que ainda perdura, apesar de constantemente burlado por nossas universidades. Os lentes de direito eram os mestres, conferencistas e orientadores, que freqüentavam o Colégio São Francisco. Entre os franciscanos notáveis, que pronunciaram palestras naqueles seminários, embriões da futura faculdade de direito, situou-se o orador filósofo Frei Francisco de Monte Alverne (1784/1858). Foi professor de filosofia e pronunciou inestimáveis conferências no Colégio São Francisco. Outro grande orador, Frei Francisco de Santa Rita Sampaio (1778-1830), foi professor de teologia e convidado pelo grupo de intelectuais que se reuniam nas tertúlias do Largo de São Francisco.

Era bem variegado esse grupo: ex-alunos da Universidade de Coimbra e de outras universidades; européias, juristas, filósofos, educadores e políticos. Liam e consultavam as obras de direito e outras, procurando atualizar-se. Alguns já eram juristas formados na Europa, como os professores Arouche e Brotero; outros jovens que desejavam aprender e cultivar o direito e não tinham uma faculdade. Foram esses idealistas que empreenderam a luta pela criação dos cursos de ciências jurídicas e sociais, um século antes da independência e do 11 de agosto. Muitos constituíram a primeira turma, iniciada em março de 1828 e participaram da aula inaugural. Não só se apegavam ao estudo do direito, mas aos ideais da Revolução Francesa: liberdade, igualdade, fraternidade, aos ideais republicanos, à abolição da escravatura, aos direitos humanos. Não foi então sem motivo que a polícia invadia a faculdade de direito de São Paulo e trancafiava acadêmicos e mestres nos "DOPS' e nos "DOI-CODI" daquela época.

Passando a funcionar no Colégio São Francisco, o sucesso do nóvel curso superior exigiu sua desvinculação do colégio e o governo imperial adquiriu a valiosa biblioteca jurídica da Congregação Franciscana, formada durante mais de um século. Desapropriou ainda parte do terreno em que funcionava o colégio, que se transformou no prédio próprio da faculdade. Quase um século mais tarde, o prédio foi demolido aos poucos, erguendo-se novo edifício, onde, a partir de 1934, funciona a faculdade de direito criada pelo decreto imperial de 1827, hoje integrante da USP-Universidade de São Paulo. A valiosa biblioteca jurídica foi adquirida, segundo consta, por cinco mil reis; consta também que até agora não foi paga. Ainda hoje porém muitas obras dessa biblioteca estão ciosamente guardadas na Faculdade de Direito da Universidade de São Paulo, podendo ser consultadas.

A luta e atuação dos advogados brasileiros desde um século antes do 11 de agosto revela o valor e fibra dos cultores do direito e de nossa população. Ouve-se comumente a afirmação de que a escalada de .corrupção e da violência que domina o Brasil, o desrespeito aos direitos humanos, as desigualdades sociais, a justiça díspar para ricos e para pobres e as outras numerosas chagas sociais e morais, decorrem de haver Portugal enviado para habitar o Brasil apenas degredados. Para não gastar dinheiro com criminosos nas prisões, era mais cômodo e econômico mandá-los para o Brasil. Esses delinqüentes de Portugal e de outros países, juntamente com aventureiros e foragidos de muitos países, formaram o substrato da população brasileira.

Essa afirmação encerra não só um exagero, mas uma falsidade histórica. Se assim fosse, como poderia apresentar o Brasil desde os tempos coloniais tantos vultos notáveis. Como poderia criar duas faculdades de direito naquele 11 de agosto, com o corpo docente de insignes juristas e um corpo discente que brilhou em todos os sentidos, se fosse um país de meliantes? Em 1830, antes que se formassem as duas primeiras turmas de bacharéis, nosso país já tinha elaborado o Código Criminal do Império, obra que os estudiosos qualificam como sendo de significativa perfeição. Em 1850 surgiu nosso Código Comercial, também obra de extraordinário valor. O Reinado do Imperador D. Pedro II, em meio século, foi época de fecundo desenvolvimento, de paz e prosperidade, com baixíssimo índice de criminalidade e com o surgimento de muitos grandes juristas, como Clóvis Beviláqua, Teixeira de Freitas e tantos outros, muitos artistas como Carlos Gomes e Pedro Américo, literatos sem conta, poetas e estadistas da escol, homens de impoluta honradez. O esboço do Código Civil, de Teixeira de Freitas, não se transformou no nosso código mas inspirou o código argentino e indiretamente o do Uruguai. O primeiro meio século da República não foi diferente, apenas muito agitado. Tanto a faculdade de direito de São Paulo, como a de Recife, notabilizaram-se por seus mestres, cujos nomes não podemos apontar, tantos são eles.

Realmente, Portugal enviou para cá muitos degredados, alguns condenados à morte, mas não foi ainda traçado um perfil desses "criminosos". Muitos eram estudantes de direito da Universidade de Coimbra e de outras e tinham sido condenados por 'idéias pérfidas e subversivas"; eram principalmente estudantes de direito ou de filosofia. Eram jovens vibrantes e idealistas, alguns das melhores famílias de São Paulo, contaminados pelos princípios da Revolução Francesa; apontavam as falhas do regime vigente em seu país e lutavam por mais humana justiça social. Cometeram o crime de pensar, consultavam as obras "subversivas" de Montesquieu, Rousseau, Diderot, Alembert, Isaac Newton, Leibniz. Outros já formados, também se sensibilizavam com as injustiças e logo eram condenados a vir para o Brasil, por "idéias francesas". Alguns eram fidalgos, outros cientistas, mas cujo crime era o mesmo: pensar ou descobrir os vícios do regime vigente. E foi sobre essa plêiade de "delinqüentes" que se assentou em nosso país a luta pelo direito, pela criação dos cursos jurídicos e mais tarde pelos mais nobres ideais humanos.

### 14.4. O atual curso de direito

Em nossos dias, o curso de ciências jurídicas e sociais desenvolve-se em cinco anos, como se iniciou. O desenvolvimento da cultura jurídica fez surgirem novos ramos, modificando sensivelmente o currículo de 1827. Introduziram-se novas matérias, suprimiram-se outras e algumas sofreram sensível modificação. Fizemos breve referência a essas matérias no ponto anterior. Embora diversas delas não constem do programa obrigatório, várias faculdades oferecem-nas como opção. Essas matérias optativas, pelo levantamento feito no programa de diversas faculdades, são as seguintes:
— Direito do Consumidor
— Direito Econômico
— Direito Financeiro
— Direito Aeronáutico
— Direito Marítimo
— Direito Bancário
— Criminologia

— Direito Agrário
— Direito Cooperativo
— Direito Ambiental (ou Ecológico)
— Direito do Autor
— Contabilidade Empresarial

Como currículo constante em quase todas as faculdades de direito, estudam-se normalmente cinco matérias de cada vez, mais ou menos nesta ordem:

1º ano — Introdução ao Estudo do Direito — IED
Teoria Geral do Estado
Teoria Geral do Direito Civil
Economia
Sociologia
Estudos de Problemas Brasileiros

2º ano — Direito das Obrigações (Direito Civil)
Teoria Geral do Direito Comercial
Direito Constitucional
Teoria Geral do Processo
Direito Penal

3º ano — Direitos Reais (Direito Civil)
Direito Comercial (Títulos de Crédito)
Direito Penal
Direito do Trabalho
Direito Processual Civil

4º ano — Direito de Família (Direito Civil)
Direito Internacional Público e Privado
Direito do Trabalho
Direito Processual Penal
Direito Tributário

5º ano — Direito das Sucessões (Direito Civil)
Direito Financeiro
Medicina Legal
Filosofia do Direito
Prática Forense

## 14.5. A profissão de advogado

A faculdade de direito não forma advogados; essa profissão é adquirida na militância advocatícia. O curso de ciências jurídicas e sociais faculta ao futuro advogado os conhecimentos básicos imprescindíveis para o exercício da função e lhe proporciona a documentação necessária para que possa postular o ingresso na profissão. Advogado é o bacharel em direito, que requer e obtém a Carteira de Advogado, emitida pelo órgão que regulamenta essa profissão: a OAB. Não é possível requerer registro na OAB, sem ter comprovado o curso de ciências jurídicas e sociais. Em São Paulo, afora a documentação necessária, a OAB realiza um exame para aferir a aquisição dos conhecimentos fundamentais para o exercício da profissão.

O exercício da advocacia cabe também ao estagiário. É ele um estudante que já esteja no penúltimo ano do curso de direito e requer seu registro na OAB, recebendo a carteira de estagiário. Poderá ele trabalhar na advocacia, malgrado algumas restrições. Não poderá intitular-se advogado. Poderá contudo consultar os autos e requerer ao juiz o que julgar conveniente; não poderá entretanto requerer abertura de processo (petição inicial) nem a extinção do processo, a não ser que essas petições tenham também assinatura de advogado. É-lhe facultado participar de audiências, desde que acompanhado de advogado. Na Justiça do trabalho, o empregado reclamante não está obrigado a agir com advogado; neste caso, o estagiário poderá praticar quaisquer atos previstos em lei.

O trabalho de um advogado é considerado serviço público, constituindo, com os juízes e membros do Ministério Público, elemento indispensável à administração da justiça. A advocacia é, costumeiramente, uma profissão liberal; o advogado trabalha por conta própria, sem vínculo empregatício. A relação com seu cliente é de natureza contratual; advogado e cliente celebram um acordo, um contrato de prestação de serviços, regulado pelo Código Civil, com o nome de contrato de mandato. A procuração é o instrumento do mandato. Para representar seu cliente em juízo, imprescindível se torna a procuração, que deve ser juntada aos autos do processo. Não podendo dispor da procuração no momento da prática de um ato, será possível pedir prazo, não superior a 15 dias, para juntá-la aos autos.

Muito variável, a advocacia poderá ser exercida fora da atividade contenciosa, sem demandas judiciais. Será um tipo de consultoria jurídica, assessorando a direção de empresas, analisando contratos, representando pessoas como procurador ou dando pareceres.

Noutra faceta da profissão, poderá ainda o advogado ser vinculado por um contrato de trabalho, atuando para empresas, bancos, entidades de classe, como os sindicatos. Será então advogado de um só cliente, sem poder normalmente advogar de forma liberal. Nessas condições, é um advogado-empregado, agindo sob a supervisão de seu empregador.

Mercado bem atrativo do advogado é o Poder Público. Ser-lhe-á possível fazer carreira no funcionalismo público, que lhe oferece várias opções. A área mais cobiçada é a magistratura; além de ser o cargo de juiz de direito o mais atrativo, oferece várias opções: juiz civil, criminal ou trabalhista, ou tentar a sorte em outro Estado. Outra área de muitas opções é o Ministério Público, com os cargos de promotor, curador ou procurador de justiça. Outro tipo de procuradoria é a advocacia em prol do Poder Público; tanto o governo federal, como estadual e municipal, possuem seu quadro de procuradores, os advogados que defendem o governo, nos processos em que ele for parte. A carreira policial vem também atraindo numerosos bacharéis, aumentando consideravelmente o número de delegados de polícia, inclusive nos serviços administrativos dos organismos policiais.

O estudo das ciências jurídicas e sociais abre também possibilidades aos bacharéis, em numerosos concursos públicos, mesmo fora do Poder Judiciário. Instituições de direito constituem matéria obrigatória em muitos cargos abertos na administração pública, razão pela qual o curso de direito representa um passo importante na aquisição de conhecimentos necessários ao ingresso no funcionalismo público.

## 14.6. A ética profissional

A lei 8.906/94, que regulamenta a profissão de advogado, estabelece um autêntico código de ética para o profissional do direito. A OAB mantém, por sua vez, um tribunal de ética para analisar os desvios apresentados pelos profissionais. Cabe ao advogado defender os interesses de seus clientes, representando-os em juízo e procurando resolver as lides, de modo a manter a paz social. Muitas vezes é chamado pelo juiz a defender uma pessoa pobre, não podendo recusar esse serviço à sociedade que lhe garante o exercício da profissão. No exercício de suas funções, compete-lhe defender a ordem jurídica.

Como profissional de nível superior, compete ao advogado zelar pela dignidade de sua profissão, velando pela existência, fins e prestígio da OAB, aceitar os encargos e mandatos que lhe forem conferidos por esta, e cooperar com os que forem investidos de tais mandatos e encargos. A valorização da atividade advocatícia implica na adoção de regras de boa convivência; impõe-se ao advogado tratar com urbanidade a parte contrária e seus advogados, as testemunhas, peritos e demais pessoas que figurem no processo, não compartindo nem estimulando ódios e ressentimentos. A esse respeito, é bom ressaltar que o advogado não é parte da contenda, como num litígio conjugal; se marido e mulher brigam, os advogados não podem participar dessa briga; cada advogado representa sua parte, e, mais isentos de ânimo, terão maior possibilidade de operar a justa composição da lide.

Imprescindível pois que haja entre advogados "ex-adverso" um ambiente de mútua cooperação. Entre colegas deve imperar a harmonia, que deve ser cultivada desde os bancos escolares. Inadmissível é a crítica a advogado quanto ao trabalho por esse efetuado; não se pode pronunciar publicamente sobre caso que saiba entregue ao patrocínio de outro advogado, salvo na presença dele ou com o seu prévio e expresso assentimento. A colaboração exige a observância do sigilo profissional, não só por princípio ético e segurança da função, mas pelas dificuldades que possa causar ao colega "ex adverso". As revelações de cliente a advogado não podem sair fora do escritório deste; por essa razão, deve o advogado recusar-se a depor como testemunha em processo no qual funcionou ou deva funcionar, ou sobre fato relacionado com pessoa de quem seja ou foi advogado, mesmo quando autorizado ou solicitado pelo constituinte.

Inúmeros outros aspectos merecem referência sobre a ética profissional, cujos princípios básicos estão expressos em longo capítulo da Lei do Advogado (Lei 8.906/94), denominado "Dos deveres e direitos". Além da regulamentação legal, o Tribunal de Ética da OAB já elaborou ampla jurisprudência, no julgamento de controvérsias, que merece ser acompanhada. Todavia, é divulgado mundialmente um código de princípios, elaborado pelo extraordinário jurista uruguaio Eduardo Couture, encontrado no escritório de muitos advogados brasileiros, mas deveria também estar, em quadro próprio, nas salas de aula das faculdades de direito. Reproduziremos então, por seu significado e importância, OS MANDAMENTOS DO ADVOGADO:

1º — ESTUDA:
O direito está em constante transformação. Se não lhe segues os passos, serás cada dia um pouco menos advogado.

2º — PENSA:
Estudando se aprende o direito, mas é pensando que se o exerce.

3º — TRABALHA:
A advocacia é uma árdua tarefa posta a serviço da justiça.

4º — LUTA:
Teu dever é lutar pelo direito; mas, se acaso um dia encontrares o direito em conflito com a justiça, luta pela justiça.

5º — SÊ LEAL:
Leal com teu cliente, a quem não deves abandonar senão quando te convenceres de que é indigno de ti.
Leal para com teu adversário, ainda quando ele seja desleal para contigo.
Leal para com o juiz, que desconhece os fatos e que deve confiar no que lhe dizes, e que, mesmo quanto ao direito, às vezes tem de aceitar aquele que invocas.

6º — TOLERA:
Tolera a verdade alheia, assim como queres que a tua seja tolerada.

7º — TEM PACIÊNCIA:
O tempo vinga-se das coisas feitas sem a sua colaboração.

8° - TEM FÉ:

Crê no direito como o melhor instrumento para o humano convívio; crê na justiça como objetivo normal do direito; crê na paz como o substitutivo piedoso da justiça; acima de tudo, crê na liberdade, sem a qual não há direito, nem justiça, nem paz.

9° - ESQUECE:

A advocacia é uma luta de paixões. Se cada batalha deixar em tua alma um rancor, logo chegará o dia em que a vida se terá tornado impossível para ti. Findo o combate, esquece a vitória tão depressa quanto a tua derrota.

10° - AMA TUA PROFISSÃO:

Procura estimular a advocacia de tal maneira que, no dia que teu filho te pedir conselhos sobre o seu destino, consideres uma honra para ti aconselhá-lo a que se faça advogado.

### 14.7. A luta pelo direito

O nome deste tema coincide com o de uma das mais famosas obras de direito, de autoria do preclaro jurista alemão Rudolf von Ihering, divulgada universalmente: A LUTA PELO DIREITO. É obra básica, altamente recomendável a quem se inicia no curso de direito e pretenda fazer da advocacia a sua profissão. Recomendável ainda ao mais veterano advogado, para repensar no que representa sua atuação. O estudo das ciências jurídicas e sociais, tendo em mira a advocacia, é um instrumento de ação; a militância advocatícia é profundamente humana, empolgante, apaixonante. O advogado é o baluarte de uma luta: a luta pela justiça; nosso inimigo é a injustiça e suas conseqüências, como a corrupção, a imoralidade, a violência e as discriminações. É um inimigo robusto, quase imbatível, e, mesmo quando derrotado, renasce das cinzas com sua costumeira petulância. Suas vitórias são superiores às nossas desde os tempos bíblicos.

Se lermos a Bíblia, constataremos que contra a injustiça nem mesmo Deus teve sossego. O que nos diz a Bíblia é o que repetiu Rui Barbosa: "ver triunfar as nulidades, ver prosperar a injustiça, ver concentrar-se o poder nas mãos dos maus". A luta do advogado porém não terá quartel, ainda que o inimigo acabe triunfando e seja quase invencível, nossa luta obterá vitórias, mesmo parciais, ainda que seja impedindo, como diz Ihering, "o aumento da audácia do inimigo". Cada vez que impedirmos que um inocente vá preso, será uma vitória; se levarmos um culpado à prisão, será outra; se fizermos um devedor relapso pagar o que deve, é um orgulho; se impedirmos alguém de enriquecer ilicitamente, será outro. O simples fato de conseguirmos a abertura de um Inquérito Policial contra um estelionatário, será uma contribuição para o triunfo da justiça.

É portanto o estudo das ciências jurídicas e sociais, e o exercício da profissão que ele propicia, acompanhado de profundo colorido afetivo. Advogado que assiste indiferente ao drama de crianças inocentes ante o divórcio de seus pais, que se conforma facilmente em ver um inocente pobre ir para a prisão em lugar de um culpado rico; que vê um trabalhador ser levado à fome e à miséria pelo patrão ávido de dinheiro ou um mau trabalhador que obtém verbas a que não fez jus, que não se revolta ante tanta injustiça, violência, corrupção ante uma justiça congelada, só merece um conselho: desista do curso de direito e da decisão de tornar-se advogado; escolha outra profissão, pois a de advogado não lhe calha bem.

Para encerrar nossas considerações, pedimos vênia para fazê-lo em versos, porquanto o estado de espírito de um advogado, a sua decisão por uma luta sem esmorecimento é uma constante poesia:

*Pobre de ti se pensas ser vencido;*
*Tua derrota é um caso decidido;*
*Queres vencer, mas como em ti não crês,*
*Tua descrença esmaga-te de vez.*
*Se imaginas perder, perdido estás,*
*Quem não confia em si marcha para trás;*
*A força que te impele para a frente*
*É a decisão firmada em tua mente.*
*Muita empresa esboroa-se em fracasso,*
*Ainda antes de dar o primeiro passo;*
*Muito covarde tem capitulado,*
*Antes de haver a luta começado.*

*Pensa em grande e teus feitos crescerão,*
*Pensa em pequeno e irás depressa ao chão.*
*O querer é poder arquipoente,*
*É a decisão firmada em tua mente.*
*Fraco é quem fraco se imagina;*
*Olha ao alto quem ao alto se destina.*
*A confiança em si mesmo é a trajetória*
*que leva aos altos cimos da vitória.*
*Nem sempre quem mais corre a meta alcança,*
*Nem mais longe o mais forte o disco lança.*
*Mas, se és certo em ti, vai firme, vai em frente,*
*Com a decisão firmada em tua mente.*

# 15. VISÃO GERAL
# DO NOVO CÓDIGO CIVIL

15.1. Amplitude do Código Civil
15.2. A evolução do Código Civil
15.3. A elaboração do Código Civil
15.4. Reação contrária ao novo Código
15.5. Aspectos favoráveis
15.6. Visão topográfica do novo Código

## 15.1. Amplitude do Código Civil

Será muito difícil ter visão completa do direito brasileiro sem ser antecedida pela visão geral do Código Civil. No decorrer dos cinco anos de estudo dos cursos jurídicos, o acadêmico terá feito estudo completo do Código Civil. Todavia, ao iniciar-se no exame de todo o direito, haverá necessidade de se enfronhar na espinha dorsal dele, uma vez que o Código Civil não estabelece normas apenas para o Direito Civil, mas aplicáveis a todos os ramos do direito. Diz-se que o Código Civil está para o direito assim como o gênesis está para a bíblia.

Os antigos romanos dividiam o direito em dois grandes ramos, divisão essa que até hoje permanece no direito da maioria dos países. Eram o "jus publicum" e o "jus privatum", que, por sua vez, se dividia no "jus civilis" e no "jus gentium" (direito das gentes). Porém, o "jus civilis", ou direito civil é o que veio até nós e constitui a base do nosso direito. O direito civil englobava então todo o direito romano, mas com o transcorrer dos séculos, ante o aumento da população e da complexidade das relações jurídicas, surgiram os novos ramos.

Não deixa porém o Código Civil de ser o núcleo do direito, os fundamentos sobre os quais se assentam todos os demais ramos da árvore jurídica. Vejamos pois o capítulo primeiro do novo Código, falando das pessoas físicas e jurídicas, e, em conseqüência, da personalidade e da capacidade. A regulamentação que lhes dá o Código Civil, reflete-se em todos os ramos do direito; todos eles cuidam das pessoas, do ser humano, pois é a este que se dirige o direito.

Em seguida, estabelece as normas a respeito do domicílio, mas o domicílio da pessoa também se projeta nos demais ramos. A empresa mercantil, objeto de estudo do Direito Empresarial tem seu domicílio e este determina série ampla de relações jurídicas. Diz a Lei Falimentar que os procedimentos falimentares se processam no domicílio da empresa devedora, assim considerado a comarca em que ela tem seu principal estabelecimento. O domicílio é o local em que a pessoa física ou jurídica responde por suas obrigações. Diz assim o Código de Processo Civil que o réu deve ser demandado em seu domicílio. O Direito Penal estabeleceu o instituto da prisão domiciliar, ou seja, o réu condenado poderá cumprir a prisão em seu domicílio. O Direito Falimentar impõe ao falido a obrigação de não se ausentar de seu domicílio sem licença judicial.

Surge depois a regulamentação dos bens, como as coisas, a propriedade e a posse desses bens. O Direito Penal considera como crime a apropriação indébita dos bens alheios. O Direito Falimentar determina a arrecadação de todos os bens da empresa falida. O Direito Tributário criou impostos sobre os bens. Há vários contratos versando sobre a guarda ou a transferência de bens. O Direito Processual regula várias ações sobre os bens, como as ações possessórias.

Justifica-se assim porque a compreensão de qualquer ramo do direito, quer público, quer privado, liga-se, em última análise, ao Código Civil. E há outro fator: ao incorporar nele a parte primeira do antigo Código Comercial em 1850, o novo Código Civil avocou para ele a regulamentação do Direito Empresarial. Tornou-se assim mais o código de direito privado do que do direito civil, amoldando assim no que dizia o art. 1º do antigo Código, o qual já falamos, embora não cuide do Direito do Trabalho, que é, ao nosso de ver, ramo do direito privado.

### 15.2. A evolução do Código Civil

O Brasil proclamou sua independência em 1822, constituindo-se em estado independente e soberano. Havia necessidade de ter sua constituição e seus códigos, a começar pelo Código Civil. E durante esse tempo de nação independente, de 1822 a 1916 como ficou nossa situação? É de pasmar, porém por quase um século vivemos sob o Código Civil português. Era ele chamado de "ordenações", mais precisamente de ordenações do reino. Três ordenações apresentou o direito português. A primeira foram as ordenações afonsinas, promulgadas em 1446, vigorando até 1521. Vivemos portanto sob as ordenações afonsinas por 21 anos. Em seguida, surgiram as ordenações manuelinas em 1521, vigorando até 1603.

A terceira consolidação foram as ordenações filipinas, promulgadas no tempo do rei Felipe da Espanha, já que Portugal caíra sob a coroa espanhola. Essas vigoraram no Brasil por mais de três séculos. Proclamada a independência em 1822, houve lei brasileira determinando que continuariam a vigorar no Brasil as leis de Portugal, enquanto não se organizasse o nosso Código Civil. Como o nosso Código só surgiu em 1916, vivemos sob as ordenações filipinas por quase um século.

Muitas tentativas de elaboração do Código Civil brasileiro ocorreram, todas esbarrando na burocracia e na desídia. A principal delas foi a de Teixeira de Freitas, notável jurisconsulto brasileiro, formado pela academia de Recife, ao elaborar o "esboço" do código, que não vingou. Interessante notar que o "esboço" de Teixeira de Freitas foi aproveitado pelo presidente da Argentina Vélez Sarsfield, que o adaptou, transformando-o no Código argentino. Posteriormente o Uruguai tomou o Código argentino por base para elaborar o seu.

A última tentativa foi com Clóvis Bevilaqua, tomando por base o Código Civil alemão. Apresentado o projeto ao Congresso Nacional em 1900, só se transformou em lei em 1916, com "vacatio legis" de um ano, entrando em vigor em 1.1.1917. Desde esse momento, novas leis foram se sobrepondo, derrogando muitos artigos e muitas disposições, a tal ponto de torná-lo desfigurado e superado.

A linguagem do Código de 1916 era de português arcaico e de difícil compreensão no Brasil e até mesmo em Portugal, cujo Código fora revogado em 1966, surgindo o atual Código Civil português, com linguagem mais brasileira do que o nosso.

### 15.3. A elaboração do Código Civil

Finalmente surgiu nova tentativa, quase frustrada, mas que chegou a bom termo. Foi constituída pelo Governo Federal comissão de juristas de elevado conceito, encarregada de elaborar outro projeto. Apresentado o projeto ao Congresso Nacional em 1975, depois de tantas marchas e contramarchas, foi promulgado pela

Lei 10.406, de 10.1.2002, com "vacatio legis" de um ano, para ter eficácia em 11.1.2003. Foram 27 anos de tramitação.

Em 1988 o Brasil teve nova constituição, o que retardou o projeto, pois foi ele retirado da Câmara dos Deputados, para ser adaptado aos princípios e normas da Magna Carta. Houve portanto inúmeras modificações ao projeto inicial, modernizando-se e assimilando as inovações legislativas até a promulgação pela Lei 10.406, de 10.1.2002.

Cada membro da comissão era especialista numa área e ficou encarregado de elaborar a regulamentação de seu ramo. O prof. Silvio Marcondes, da USP, compôs o capítulo do "Direito de Empresa" intitulado por ele, a princípio, de "Direito da Atividade Negocial", talvez por influência do direito francês, que tentava substituir o nome de Direito Comercial por Direito dos Negócios (Droit dês Affaires). O Ministro do Supremo Tribunal Federal e professor da USP ocupou-se da Parte Geral; o prof. Agostinho Arruda Alvim encarregou-se do Direito das Obrigações e Contratos; O Direito das Coisas ficou a cargo do insigne mestre de direito romano Ebert Vianna Chamoun; o Direito de Família com o prof. Clóvis Couto e Silva; o Direito das Sucessões com o mestre pernambucano Torquato Castro.

Posteriormente, foi incluído capítulo especial sobre títulos de crédito por proposta à comissão do professor da USP Mauro Brandão Lopes. Realmente valiosa essa inclusão, sanando parcialmente a deficiência do Direito Cambiário brasileiro. Consideravase a Convenção de Genebra sobre a letra de câmbio e a nota promissória, promulgada no Brasil pelo Decreto 57.663/66, como nossa Lei Cambiária. Essa lei contudo resultou de péssima tradução da Convenção de Genebra, transformando-se em lei altamente defeituosa. O novo Código corrigiu bastante essa distorção jurídica.

### 15.4. Reação contrária ao novo Código

No dia seguinte ao da promulgação, em 11.1.2002, os jornais e outros órgãos de comunicação, ao mesmo tempo em que noticiavam o advento do novo Código, teceram muitas críticas a ele. Sucederam declarações de inúmeros juristas apontando falhas, omissões e defeitos. Várias comissões foram constituídas para a revisão e reforma do novo Código, que nem entrara em vigência.

A crítica principal, levantada com veemência, era a de que o novo Código não permitia o casamento entre pessoas do mesmo sexo, o que representava retrocesso, pois o antigo não continha essa proibição. Outra, a de que não previa a clonagem. Houve em São Paulo a passeata chamada de "orgulho gay", em que teriam participado cem mil pessoas, em protesto contra o novo Código.

Pouco a pouco, porém, o assunto foi cansando os espíritos e o ambiente se acalmou. Poucos meses antes de vencer a "vacatio legis", cogitou-se de prorrogá-la para mais um ano, a fim de dar tempo ao país para melhor se adaptar ao sistema jurídico emergente da nova lei. A prorrogação seria dada por medida provisória do Presidente da República ou pelo novo Presidente, recém-eleito.

Críticas tão estapafúrdias só confundiram a opinião pública. O próprio código prevê várias formas de se estabelecerem direitos e obrigações para pessoas que quisessem manter convivência "more uxório". Absurdo era que por causa dessa ridícula pretensão fosse repelido todo o sistema jurídico já reclamado pelo país há mais de meio século. Toda essa celeuma era inconsistente, superficial e sem base científica.

Quando as críticas começaram a cair no vazio, revigorou-se depois com ataques ao capítulo do Direito de Empresa. Eram análises vagas e superficiais, usando mais chavões do que estudo científico. Acreditamos que em breve esfrie esse combate ao novo Código. O que porém acontece é que toda inovação, toda modernização, encontra sempre a oposição e a reação de espíritos acomodados. Teriam eles que se amoldar à nova realidade, o que exige esforço, iniciativa e raciocínio. A prova está que muitos professores continuam ensinando seus alunos com base no Código antigo, aberração que deverá continuar por alguns anos.

Outra crítica revigorada agora é a de que o direito não deve ser codificado, mas constituído de leis esparsas, curtas, especializadas e flexíveis. O código torna o direito "engessado", inflexível e de difícil modernização, haja vista o que aconteceu com o Código Civil de 1916 e do Código Comercial de 1850. Essa questão contudo só foi levantada após a promulgação do novo Código.

### 15.5. Aspectos favoráveis

Verdade é contudo que o novo Código Civil brasileiro é modelo de perfeição, primor de técnica legislativa. Baseou-se realmente no Código Civil italiano de 1942, surgido na era da ditadura facista de triste memória; sofreu por isso a acusação de superado e "facistóide", e falto de originalidade. Essas investidas porém não resistem à análise serena e científica de espíritos esclarecidos. Fato é que seguiu o modelo italiano, mas esse foi-se aperfeiçoando e modernizando no decorrer dos 60 anos de vida, mantendo-se sempre atualizado, moderno e dinâmico. Era apontado por juristas do mundo todo como o mais perfeito dos códigos. Não se pode dizer que seja superado.

Nem tampouco se poderá dizer que o Código Civil brasileiro seja cópia do seu congênere italiano. Basta comparar um com o outro e poder-se-á notar que o nosso é mais moderno, mais bem elaborado e bastante autêntico. Adapta toda e qualquer disposição, mais peculiar, às nossas necessidades, aos nossos interesses. Nosso Código é nosso, é brasileiro, não italiano. Foi elaborado por comissão de juristas brasileiros e submetido à apreciação do Congresso Nacional, formado por representantes do povo brasileiro, que lhe introduziram mais de mil emendas. Com a Constituição de 1988, voltou o projeto à comissão, que o adaptou à nova constituição e depois foi amplamente discutido e aceito pelos representantes da nação brasileira.

Há outro aspecto a ser considerado. O novo Código procurou conservar o que de mais louvável e positivo havia no anterior. O Código de 1916, de inspiração alemã, convive como fonte de inspiração e influência na elaboração do novo Código. Há grande número de artigos que se reproduziram "ipsis literis" no novo. Não procurou nosso Código ser revolucionário, iconoclasta ou mesmo renovador; não desmerece nem despreza as conquistas legislativas de um século de nossa história jurídica, empreendidas pelos nossos antecessores. Nosso Código é conservador, tradicionalista no sentido de conservar o que de melhor adquiriu o direito brasileiro no decorrer dos anos. É, ao mesmo tempo, revolucionário, no sentido de incorporar as inovações e conquistas nacionais e internacionais dos últimos anos.

Vamos citar alguns exemplos que nos farão admirar a nova criação jurídica brasileira. Implanta no direito brasileiro a dinâmica e moderna teoria da desconsideração da personalidade jurídica, a "Disregard Theory", o que poucos países já fizeram. Disciplina vários contratos ecléticos do mundo moderno, como o do "crédito documentário", chamado pelo código como "venda sobre documentos". Prevê e regulamenta o compromisso, abrindo caminho para a aplicação da arbitragem, como sistema alternativo de resolução de litígios. Faz a previsão do futuro quanto à reprodução humana artificial, o que não se nota no código de quase todos os países.

A filosofia norte-americana criou interessante teoria a respeito do que seja verdade e valorização das idéias, denominada pragmatismo. Para essa doutrina, criada pelo filósofo Charles Pierce mas vulgarizada por William James, não é suficiente discutir as idéias se elas são boas ou más; é necessário colocá-las em prática: se produzirem bons resultados elas serão boas, se produzirem maus resultados serão más. Sob o ponto de vista pragmático, o novo Código mal está entrando em vigor e não temos jurisprudência a seu respeito. É possível que nos próximos anos revele ele alguns pontos falhos, obscuros. Só o futuro dirá, quando o novo sistema jurídico venha a ser aplicado.

O problema maior é este: ou aceitamos o Código de 2002 ou ficamos com o de 1916. Qual será o mais moderno, mais lógico? O projeto do novo Código foi enviado ao Congresso Nacional em 1975 e foi discutido durante 27 anos, até transformar-se em lei. Ninguém se opôs a ser adotado código e não leis esparsas. O Brasil segue a tradição romana do direito codificado, partindo do Corpus Juris Civilis. Adotaram o sistema codificado os países mais desenvolvidos juridicamente, como a Itália, França, Alemanha, Espanha, Portugal e tantos outros. Será que estão eles todos errados e só estão certos os críticos de última hora?

## 15.6. Visão topográfica do novo Código

O Código Civil brasileiro em vigor, instituído pela Lei 10.406, de 10.1.2002, tem 2.046 artigos, enquanto o antigo tinha 1.807. A razão primordial do aumento do número de artigos deve-se à inclusão do Livro II: Do Direito de Empresa, ao incorporar o Livro I do antigo Código Comercial de 1850. Ocupa-se a nova inclusão dos arts. 966 a 1.195.

Sua estrutura não é muito diferente do Código de 1916, como aliás não é muito diferente da maioria dos códigos de outros países pelo mesmo motivo de que todos eles seguiram a estrutura do Código Justiniano. Consta ele de duas partes: Parte Geral e Parte Especial.

PARTE GERAL

Conforme já houvéramos referido, a Parte Geral não pertence teoricamente ao campo do Direito Civil, mas se aplica a todos os campos do direito, razão porque é chamada de parte geral, reservando o Código a parte especial para problemas mais específicos do Direito Civil. Consta a Parte Geral de vários itens expostos adiante num sentido geral:

DAS PESSOAS – Art. 1 a 69

Fala das pessoas naturais e jurídicas, trazendo para este item o instituto da ausência, pertencente no antigo Código ao Direito de Família. O art. 50 introduz no direito brasileiro a teoria da desconsideração da personalidade jurídica. Regulamenta com muita precisão as pessoas jurídicas, dividindo-as em sociedade, associação e fundação; muito louvável é a regulamentação da associação, que no antigo Código não mereceu a devida consideração. A maioridade civil é atingida aos 18 anos, quando sempre foi em nosso direito atingida aos 21 anos.

DO DOMICÍLIO – arts. 70 a 78

Reproduz, mais ou menos, o disposto no Código anterior. Elimina porém a discriminação da mulher casada, que era obrigada a adotar o domicílio do marido.

DOS BENS – arts. 79 a 103

Conservou ao máximo as disposições do antigo Código. Contudo, o antigo fazia confusão entre "bens" e "coisas", enquanto o novo só fala em "bens", ficando mais esclarecida essa questão.

DOS NEGÓCIOS JURÍDICOS – arts. 104 a 184

Ficou introduzida sugestiva inovação, adotando a denominação de "negócio jurídico" quando se tratar de ato jurídico bilateral, ou seja, praticado por uma pessoa com reciprocidade de outra. Essa expressão já tinha sido prevista no projeto do novo Código elaborado em 1965.

DOS ATOS JURÍDICOS LÍCITOS – art. 185

O ato jurídico ficou separado do negócio jurídico e corresponde à declaração unilateral de vontade. É ato unilateral.

DOS ATOS ILÍCITOS – arts. 186 a 188

Seguindo orientação do antigo Código, o novo discrimina ato ilícito de ato jurídico. O ato jurídico gera direitos; o ato ilícito não pode gerar direitos.

DA PRESCRIÇÃO E DA DECADÊNCIA – arts. 189 a 211

Conservou as mesmas bases do esquema anterior, eliminando as "antigüidades", como os atos praticados por mulher casada e outras relacionadas à família e sucessões. Simplificou mais e diminuiu o período. O prazo máximo é de dez anos, enquanto no antigo Código era 20.

DA PROVA – arts. 212 a 232

Com muitas modificações, esse item acabou por ser conservado. Causou retardamento na tramitação do processo, pois a comissão revisora achou que a prova é tema do Código de Processo, não havendo necessidade de figurar em dois códigos.

PARTE ESPECIAL

Após a Parte Geral, o novo Código passa a regulamentar cada ramo do Direito Civil, em vários títulos, a saber:

DIREITO DAS OBRIGAÇÕES – arts. 233 a 420

DIREITO CONTRATUAL – arts. 421 a 853

DOS ATOS UNILATERAIS – arts. 854 a 886

DOS TÍTULOS DE CRÉDITO – arts. 887 a 926

DA RESPONSABILIDADE CIVIL – arts. 927 a 954

DAS PREFERÊNCIAS E PRIVILÉGIOS CREDITÓRIOS – arts. 955 a 965

DO DIREITO DE EMPRESA – arts. 966 a 1.195.

Esse capítulo foi a mais profunda transformação trazida pelo atual Código Civil, exposta em título próprio. Absorveu a Parte Primeira do antigo Código Comercial, constituindo-se da lei básica do moderno Direito Empresarial. Pode-se dizer que sob o ponto de vista dogmático ou doutrinário o novo Código não operou profundas modificações no Direito Civil. No que tange porém ao Di-

202

reito Empresarial, houve profunda, abrangente e radical revolução, adaptando o direito fundamentado no Código Comercial de 1850 à nova era. Criou então o novo Código de Direito Empresarial, do qual traçaremos considerações no próximo capítulo.

DO DIREITO DAS COISAS – arts. 1.196 a 1.510

DO DIREITO DE FAMÍLIA – arts. 1.511 a 1.783

DO DIREITO DAS SUCESSÕES – arts. 1.784 a 2.027

DAS DISPOSIÇÕES TRANSITÓRIAS – arts. 2.028 a 2.046

# 16. O CÓDIGO EMPRESARIAL

O Direito Empresarial é outro ramo do direito privado, distinto do Direito Civil, do qual se desgarrou em 1554, quando o professor da Universidade de Bolonha, Benvenuto Stracca publicou obra denominada "Tratactus de Mercatura seo Mercatore" (Tratado a respeito da Mercatura e do Mercador). Desde então o Direito Empresarial foi-se estruturando, até tornar o ramo mais vasto, mais abrangente do direito no mundo moderno. Surgiu com o nome de Direito Mercantil, mudando depois para Direito Comercial e recentemente para Direito Empresarial.

Assentava-se principalmente na sua lei básica, o Código Comercial, estabelecido pela Lei 556, de 1850. Todavia, o novo Código Civil brasileiro, revogou o antigo Código Comercial, absorvendo-o, vale dizer, o que regulamentava o Código Comercial a respeito das atividades empresariais, passou a ser regulamentado no novo Código Civil, em capítulo denominado Direito de Empresa, ocupando os arts. 996 a 1.195.

Apesar disso, não se pode dizer que não exista mais o Código Comercial, uma vez que ele é bem amplo. Não é um todo monolítico e concentrado como o Código Civil, mas formado por vários diplomas jurídicos, com muitas e importantes leis. Também não se pode dizer que seja consolidação de leis, mas conjunto organizado de várias normas, mas todas elas relacionadas às empresas. Pode ele ser encontrado nas bibliotecas e nas livrarias.

Fator que deve ser levado em conta é que o nome atual desse código é CÓDIGO EMPRESARIAL, ou CÓDIGO DE EMPRESA, lei básica do DIREITO EMPRESARIAL. Para melhor compreensão, vamos enumerar as leis mais importantes:

1 – CÓDIGO CIVIL (Lei 10.406/02) – Capítulo do Direito de empresa – arts. 966 a 1.195.

Estabelece as normas básicas e gerais do Direito Empresarial, sobre o empresário e sua capacidade para o exercício das atividades empresariais e as sociedades. Introduz no direito brasileiro a teoria do estabelecimento (também chamado "fundo de comércio"). Prevê também o registro das empresas, também chamadas "agentes econômicos" ou "unidades produtivas", respectivamente empresário, sociedade empresária e sociedade simples; o nome empresarial, a escrituração. Baseou-se em capítulo, com o mesmo nome, do Código Civil italiano.

## 2 – CÓDIGO COMERCIAL (Lei 556/1850)

O atual Código derrogou (revogou parcialmente) o antigo Código Comercial, mas deixou a parte referente ao Direito Marítimo, que permaneceu intacta. Não constitui mais código porém ficou como lei esparsa, regulamentando as operações econômicas marítimas, principalmente o transporte sobre água.

## 3 – LEI DE INTRODUÇÃO AO CÓDIGO CIVIL

Realizamos já neste compêndio estudo das várias disposições da Lei de Introdução ao Código Civil, que, apesar do nome, não se refere apenas ao Código Civil mas a todos os ramos do Direito.

## 4 – LEI FALIMENTAR – Decreto-lei 7.661/45

Regula a vida da empresa em sua fase patológica, ou seja, doentia, ou como diz o projeto da nova Lei Falimentar, de nº 4.376/93, em estado de crise econômico-financeira. Atualmente a lei básica é o Decreto-lei 7.661/45, hoje bastante defasada e superada, principalmente após a promulgação do novo Código Civil, com o qual ela se choca em muitos pontos. Entretanto, corre no Congresso Nacional o projeto de lei 4.376/93, para instituir nova Lei Falimentar, que, provavelmente sairá ainda neste ano de 2003. Este projeto resultou de esboço elaborado pelo Autor deste compêndio e entregue à comissão elaboradora do primeiro projeto, nomeada em 1992 pelo Governo Collor. Desta lei deverá sair o novo Direito Falimentar, destinado principalmente à propiciar a recuperação de empresas em estado de crise econômico-financeira, salvaguardando a atividade produtiva, a manutenção de empregos e a economia do país.

## 5 – LEGISLAÇÃO CAMBIÁRIA

Trata-se de vasta legislação, a partir das normas básicas estabelecidas no capítulo referente a Títulos de Crédito, cobrindo os arts. 887 a 926 do Código Civil. Lei das mais importantes é a Convenção de Genebra, que estabeleceu a LUG-Lei Uniforme de Genebra, regulamentando a letra de câmbio e a nota promissória. Há outras leis regulamentadoras de títulos específicos de crédito, como a duplicata, o cheque, cédulas e notas de crédito e outras mais.

## 6 – LEI DO ABUSO DO PODER ECONÔMICO (Lei 8.884/94)

Esta lei defende a ordem econômica, a livre iniciativa e a liberdade do mercado financeiro. Procura prevenir os crimes praticados por empresas poderosas contra a população ou contra as empresas concorrentes. Estabelece sanções civis e penais contra empresários e empresas que abusarem de seu poderio.

## 7 – LEI DO REGISTRO PÚBLICO DAS EMPRESAS MERCANTIS (Lei 8.934/94)

Regulamenta o registro das empresas no seu órgão competente, a Junta Comercial e a estrutura e atividades desta.

## 8 – LEI DA MICROEMPRESA E EMPRESA DE PEQUENO PORTE (Lei 9.841/99)

É lei das mais importantes, mormente se se tiver em vista que essas empresas estão proliferando por todo o Brasil.

## 9 – LEI DAS S/A (Lei 6.409/76)

As sociedades anônimas são em pequeno número mas são as mais importantes e aplicam-se as disposições desta lei subsidiariamente às demais empresas. As outras empresas são regulamentadas pelo Código Civil.

## 10 – LEI DE PATENTES, ou CÓDIGO DE PROPRIEDADE INDUSTRIAL (Lei 9.279/96)

É a lei básica do Direito de Propriedade Industrial, regulamentando as patentes, as marcas de produtos, os desenhos industriais, os registro dos bens intelectuais no órgão competente, o INPI e outros bens dessa natureza.

## 11 – CÓDIGO BRASILEIRO DE AERONÁUTICA (Lei 7.565/86)

Regulamenta a navegação aérea no Brasil, o transporte de pessoas e mercadorias, a infra-estrutura aeroportuária e demais atividades da aeronáutica civil. Sobre ela assenta-se o Direito Aeronáutico.

## 12 – LEI DA REFORMA BANCÁRIA (Lei 4.595/64)

Dispõe sobre a política e as instituições creditícias, bancárias e monetárias.

Criou e regulamentou o Conselho Monetário Nacional; regulamentou basicamente o Banco Central do Brasil e entidades de crédito como os bancos de variados tipos. É a lei fundamental do Direito Bancário.

## 13 – LEI DO MERCADO DE CAPITAIS (Lei 4.728/65)

Dispõe sobre o mercado de capitais e estabelece normas para o seu desenvolvimento. Sobre ela estrutura-se o Direito de Mercado de Capitais. É assessorada por muitas normas referentes aos títulos e valores mobiliários que circulam no mercado de capitais e nas bolsas de valores mobiliários.

## 14 – LEGISLAÇÃO CONTRATUAL MERCANTIL

É constituída por muitas normas regulamentadoras dos contratos mercantis, assim chamados os contratos tipicamente empresariais. As normas básicas estão no Código Civil, nos capítulos referentes aos contratos, mais leis esparsas regulamentam certos contratos utilizados pelas empresas, como o de arrendamento mercantil (leasing), fomento comercial (factoring), franquia (franchising), alienação fiduciária em garantia, os contratos bancários, representação comercial, seguro.

## 15 – CÓDIGO DE DEFESA DO CONSUMIDOR (Lei 8.078/90)

O CDC é lei bem complexa, mas seu conteúdo é mais de natureza empresarial, pois que regulamenta o relacionamento entre o consumidor e seu fornecedor. O fornecedor é porém a empresa e por isso está ela envolvida, em série imensa de normas ditando seu comportamento perante seu mercado consumidor, isto é, sua freguesia.

# 17. O "CORPUS JURIS CIVILIS"

17.1. A cultura romana no Brasil
17.2. A codificação romana
17.3. A Escola de Recife e o pensamento brasileiro

## 17.1. A cultura romana no Brasil

Se examinarmos nosso Código Civil, tanto o atual como o antigo, notaremos que ele tem a mesma estrutura, a mesma distribuição que os demais códigos. Consta de vários livros: Parte Geral, Direito das Obrigações, Direito dos Contratos, Direito das Coisas, Direito de Família, Direito das Sucessões. Artigos há de nosso Código iguais ao de algum outro código, parecendo que todos eles tomaram por base algum outro código anterior. É o que parece mas é o que também acontece. Todos eles partiram de código-padrão, denominado "Corpus Juris Civilis". É o Código do direito romano.

Para maior compreensão do direito brasileiro, teremos que fazer história, teremos que voltar à antigüidade, ao antigo Império Romano, que floriu por mais de doze séculos: o berço da civilização ocidental. O direito brasileiro é romano; o povo brasileiro é romano, a cultura brasileira é a cultura romana. Por isso, para compreendermos melhor o Brasil é conveniente voltarmos à antiga Roma. No que tange ao direito, a inspiração romana é ainda mais profunda.

Observemos os pau d'água de nossos bares; notaremos que ele não bebe a cachacinha dele sem derramar três gotas no chão. Não sabe ele porque, mas sabe que obedece à tradição, que vem da antiga Roma desde 2500 anos. Os romanos, muitos anos antes de Cristo cultivavam a vinha e produziam vinhos preciosos. Beber vinho era quase uma cerimônia, a que davam o nome de libação; erguiam as taças e derramavam três gotas no chão em homenagem aos deuses: manes, lares e penates. Manes era a invocação das almas, dos antepassados, por aqueles que os antecederam; lares era a inovação ao lar, à família, para que esta seja protegida e preservada; penates era a invocação da cultura e das tradições romanas.

O caboclo de nossos sertões não deve saber que o seu costume de enterrar os mortos à beira das estradas vem da Roma anterior a Cristo. Os orientais comem com pauzinhos e os brasileiros com garfo, colher e faca; assim agimos porque era o sistema que os romanos adotavam. A maioria dos brasileiros adota a religião cristã, porque o cristianismo foi a religião adotada pelos romanos nos estertores do seu império.

A noiva que corta o bolo e serve o pedaço ao seu marido e depois aos convidados, e leva o ramalhete de flores ao altar e depois o atira às convidadas não imagina que está dando continuidade a antiqüíssima tradição romana de profundo significado. Os romanos, porém eram mais simples: não era bolo mas pão. Na noite de núpcias os noivos repartiam o pão, significando que comeriam juntos doravante e tudo repartiram para a vida em companheirismo. O que sobrasse davam aos outros numa demonstração de solidariedade. Seriam doravante companheiros em todas as horas; essa palavra deriva de "cum-panis" (com o pão).

Aprendemos desde os primeiros bancos escolares que nosso idioma, a língua portuguesa, é um idioma latino, ou neo-latino, vale dizer, oriundo do latim, a língua falada na antiga Roma. Na verdade, o português não é oriundo do latim, mas o próprio latim da Roma dos Césares. Esse idioma foi levado e ensinado pelos romanos a várias partes do mundo, incluindo-se Portugal, que, naquela época, chamava-se Lusitânia. Com os colonizadores portugueses, o idioma de Roma implantou-se no Brasil.

Quem quiser aprofundar-se no estudo de nosso idioma, deverá enfronhar-se no latim, pois nele está a origem do português. Da mesma forma, quem quiser aprofundar-se no estudo do direito brasileiro, imprescindível se torna compreender também o direito romano, que é também a origem dele.

## 17.2. A codificação romana

O "Corpus Juris Civilis" é o Código do direito romano, surgido não em Roma mas em Constantinopla, por iniciativa do imperador Justiniano do Império Romano do Oriente. Parece esquisito mas a história do Império Romano nos esclarece. Roma elaborou extraordinária civilização e disciplinada cultura. A criação maior do gênio romano foi porém o direito, e eles o criaram com elevado grau de perfeição. Fala-se que o direito é a criança que nasceu adulta. Era o maior orgulho dos romanos e foi o legado maior deles aos povos que eles conquistaram.

Doze séculos durou esse império, fulgurante mas o fim começou a aproximar-se. Sentindo a insegurança de seu império, o imperador Teodósio dividiu-o em dois. Tinha ele dois filhos, Honório e Arcádio, destinando o Império Romano do Ocidente a Honório e o Império Romano do Oriente a Arcádio, o primeiro com sede em Roma e o segundo com sede em Constantinopla. Aparentemente, Honório ficou com a sede tradicional, mas havia a ameaça dos bárbaros, que já estavam tomando conta da Europa. No ano de 476, os hérulos, povo bárbaro do norte da Europa, tomam conta de Roma e depõem o imperador Rômulo Augústulo, colocando seu rei, Odoacro, como imperador de Roma. Foi o fim do grandioso império, que se estendeu por todo o mundo daquela época.

Todavia, o Império Romano do Oriente, com sede em Constantinopla, prosperou. Quando os bárbaros foram invadindo a Itália, muitos romanos fugiram para Constantinopla, levando consigo pergaminhos contendo leis, pareceres, obras de doutrina, jurisprudência e outros documentos jurídicos, salvando então o direito romano. Assim, a queda de Roma representou apenas o fim do Império Romano do Ocidente, mas não de todo o império.

Surge então no Império Romano do Oriente o notável imperador Justiniano. Entre as muitas realizações desse soberano, figura a que o tornou famoso: a recodificação do direito romano, que se encontrava dispersa, apesar de ter havido alguns códigos como o Gregoriano, o Hermogeniano e o Teodosiano. Dessa tarefa resultou o mais famoso e tradicional código do mundo, conhecido como "Corpus Juris Civilis", também chamado código justinianeo. Era constituído de quatro partes, cada uma um código em si: Código, Digesto ou Pandectas, Institutas, Novelas. Deles daremos alguns informes.

CÓDIGO (Codex)

Justiniano constituiu comissão de dez juristas, presidida por Triboniano, o mais famoso jurista do império. Teve a assessorá-lo

Teófilo e mais oito juristas de renome. Em 529 surgiu essa obra com o nome de "Codex Justinianus". Ficou dividido em doze livros, contendo parte da legislação romana.

## DIGESTO ou PANDECTAS

Em seguida, os juristas romanos orientais empreenderam tarefa mais ampla e profunda, surgindo no ano de 533 d.C. nova compilação dos escritos, baseada mais na doutrina. Recebeu essa compilação o nome de Digesto, nome oriundo do verbo latino "digerere" (dispor ordenadamente) e também o de Pandectas, nome este de origem grega, com o significado de "conter tudo".

Era obra muito vasta, constituída de 50 livros, com muito mais do que os códigos modernos, que se dividiram de acordo com a especialidade. Tinha nove partes, algumas escritas em latim e algumas em grego. São as nove partes: 1. Parte Geral – 2. Direitos Reais – 3. Obrigações – 4. Direitos Pessoais – 5. Direito das Sucessões – 6. Direito Processual – 7. Obrigações Especiais – 8. Direito Penal – 9. Direito Público.

Era portanto um só código, abarcando todo o direito. O Digesto ou Pandectas é obra original, pois antes não havia obras congêneres. Foi como se fosse um tratado de direito, embora seguindo ordem semelhante à do Código. Foi elaborado por nova comissão, mas também presidida por Triboniano. Surgiu com o nome de "Digesta Justinianum Augusti".

## INSTITUTAS

Apresenta essa obra, surgida no mesmo ano do Pandectas, em 533, as interpretações dos grandes juristas romanos, principalmente Gaio. Era mais obra didática, com nítida natureza pedagógica. Constituiu tipo de manual de ensino adotado nas universidades do Império Romano do Oriente. Havia quatro universidades: Constantinopla, Beirute, Cesaréia e Alexandria.

NOVELAS

Traz a legislação de Justiniano, não do Império Romano do Ocidente, mas essas leis bizantinas baseavam-se nas antigas, pois os bizantinos sempre se consideravam sucessores de Roma. O nome bizantino deriva de Bizânzio, o primitivo nome de Constantinopla. Como são leis posteriores, modernizaram as leis romanas. As novelas foram escritas em grego, uma vez que este era o idioma preferido da cultura bizantina.

Salvou-se assim o direito romano com o Código, o Pandectas ou Digesto, as Institutas e as Novelas, que constituem o Código Justinianeo. Salvou-se o pensamento e a criação dos jurisconsultos romanos conceituados, como Gaio, Ulpiano, Papiniano, Paulo, Pompônio, juntamente com Labeo, Sabino, Saturnino, Marciano e tantos outros. Mais do que salvo, o direito romano, por intermédio do "Corpus Juris Civilis", prolongou-se pelo mundo atual, incluindo-se o Brasil. O Código Justinianeo inspirou fortemente as Ordenações do Reino, principalmente as Filipinas, que vigoraram no Brasil até 1916, mas se projetou também no nosso Código de 1916, quer por meio das Ordenações Filipinas, quer pelo Código Civil alemão, reflexo do Pandectas.

### 17.3. A Escola de Recife e o pensamento brasileiro

A ACADEMIA DE RECIFE

Não menos importante e rica de páginas gloriosas do que a Faculdade de Direito da Universidade de São Paulo foi a de Recife, também chamada de academia. Foi criada em 11.8.1827, juntamente com a de São Paulo, pela "Carta de Lei de Criação dos Cursos Jurídicos de Olinda e São Paulo". As aulas porém começaram um pouco mais tarde do que a de São Paulo. Realizou-se a primeira aula em 15.5.1828.

Os vultos históricos dela são de elevado valor, como o maior poeta brasileiro, Castro Alves, o maior filósofo brasileiro, Tobias

Barreto, os insignes estadistas Joaquim Nabuco e o Barão de Cotegipe, os maiores juristas do século, Clóvis Bevilaqua e Teixeira de Freitas, os críticos literários Sílvio Romero e Araripe Júnior, o romancista José de Alencar, o sociólogo Alberto Torres.

Enquanto em São Paulo as aulas começaram no Colégio São Francisco, dos padres franciscanos, em Olinda começaram no convento beneditino, de padres alemães. Em 1854 a faculdade mudou-se de Olinda para Recife, onde se encontra até hoje. A primeira turma tinha 38 alunos, entre os quais de Portugal e de Angola. Em 1828 entra a segunda turma, de 52 alunos e em 1850 já havia 162. Por essa época entraram o Barão do Rio Branco, o Marquês de Paranaguá, o Barão de Lucena, Araripe Júnior, Carvalho de Mendonça, o romancista Raul Pompéia, os futuros presidentes da República Epitácio Pessoa e Nilo Peçanha.

Antes de São Paulo, em que ingressou no ano de 1902 a primeira mulher, Maria Augusta Saraiva, em Recife já tinham entrado em 1888 três mulheres. Nessa época foi também enriquecida a biblioteca, que se transformou na maior do país.

Da mesma forma que em São Paulo, não era apenas dedicada à formação de bacharéis, mas desenvolveu estudos de filosofia, teatrologia, sociologia, literatura e outros estudos. Não é sem razão que de lá saíram grandes pensadores, estadistas, poetas, sociólogos, historiadores e tantos outros.

Castro Alves e Rui Barbosa lá se iniciaram mas vieram depois para São Paulo. Quem mais se sobressaiu entretanto foi Tobias Barreto, poeta não tão brilhante como Castro Alves, mas, por ter vivido 50 anos, elaborou cultura mais sólida. Tobias Barreto de Menezes (1839-1889) entrou na Academia em 1864, quando já estava ela em Recife, mas não se livrou da influência dos padres beneditinos alemães de Olinda. A influência desses padres na cultura brasileira foi assaz importante. O ensino da cultura alemã e do idioma alemão esteve presente na formação da Escola de Recife e no pensamento de vários juristas, como Clóvis Bevilaqua e Pontes de Miranda. Reflexo dessa influência foi a tradução do Código Civil alemão por Clóvis Bevilaqua, resultando no nosso Código Civil de 1916, só revogado em 2003. Embora não tão famoso como poeta, é atribuída porém a ele os versos que ainda hoje são tomados como estribilho das trovas acadêmicas dos estudantes de São Paulo:

"Quando se sente bater, no peito heróica pancada,
Deixa-se a folha dobrada, enquanto se vai morrer".

Dedicou-se ao jornalismo, criando vários jornais. Publicou jornal em língua alemã, que dizia só por ele redigido. O padre Leonel França, seu crítico mordaz, afirmou que esse jornal devia também ser só por ele lido, pois não havia ainda no Brasil, por aquela ocasião, coletividade alemã ou muitas pessoas desse idioma. Várias poesias suas e artigos de filosofia foram publicados pelos jornais de Pernambuco. Como professor da Academia de Recife formou várias gerações de juristas.

A ESCOLA DE RECIFE

Acontecimento de magna importância cultural, surgida na Academia de Recife, foi a chamada Escola de Recife. Denomina-se "escola" o agrupamento de intelectuais com as mesmas tendências, havendo escolas no direito, na filosofia, na literatura e em outras formas de pensamento. Quando se fala em "Escola de Recife", não se refere à Academia de Recife, à Faculdade de Direito, mas ao movimento cultural surgido realmente na Faculdade de Direito de Recife. Era numeroso grupo de intelectuais cultivando o "germanismo", realçando o direito alemão e a filosofia alemã. Marcante foi sua influência no pensamento brasileiro. Tobias Barreto, professor da Academia foi o principal componente, mas no Direito Clóvis Bevilaqua e mais tarde a maiúscula figura de Pontes de Miranda. É fruto dessa escola o maior crítico literário do Brasil, Sílvio Romero.

Deve ser realçada na formação da Escola de Recife a seriedade do ensino do idioma alemão, graças à ação dos padres beneditinos do Convento de Olinda, em que começou a funcionar a Faculdade de Direito. Era como o preâmbulo da Academia e muitos dos grandes acadêmicos de Recife tinham passado pelo Colégio de São Bento.

Importante fator cultural passa quase despercebido na análise da Escola de Recife. Floresceu ela na época em que se desenvolvia na Alemanha os estudos aprofundados do direito romano, revelando-se o Corpus Juris Civilis, principalmente o Pandectas. Surgiu nesse movimento a plêiade de cultores do direito romano chamados de pandectistas, constituído de grandes juristas. O direito alemão realçou-se sobremaneira, ombreando com o italiano e o francês em perfeição e profundidade. Os pandectistas transformaram o direito alemão no sucessor do direito romano, consubstanciado no Corpus Juris Civilis, o código compilado no Império Romano do Oriente.

Essa cultura alemã romanizada penetrou no Brasil pela Escola de Recife, e o esplendor dela seria mais tarde encontrada no Código Civil brasileiro de 1916, mas permanece também no Código de 2002. Entre os vários juristas alemães cultivados, figura Rudolf Von Ihering, pandectista dos mais profundos, autor de "A Luta pelo Direito", obra eleita como a bíblia do movimento germanista de Recife e ainda hoje constitui obra de consulta dos estudantes de direito de todo o Brasil. Vultos insignes dessa tendência revelaram-se Clóvis Bevilaqua e mais tarde Pontes de Miranda.

Não foi entretanto tão chocante o encontro de várias culturas no desenrolar jurídico do Brasil. As ordenações do Reino também eram reflexos do Corpus Júris Civilis e o novo Código Civil brasileiro é modelado no Código Civil italiano, que segue com bastante fidelidade os fundamentos romanos.

Do embate das variadas culturas, entretanto, havia de surgir outra nova entre nós. Nasceu verdadeiramente a cultura brasileira. Com Clóvis Bevilaqua, Teixeira de Freitas, Tobias Barreto e outros juristas surgiu o autêntico direito brasileiro. Capistrano de Abreu, extraordinário historiador, descobriu os índios e a cultura indianista, revelando-os ao Brasil e despertando o interesse nacional para os temas nacionais. Com Alberto Torres, um dos maiores sociólogos nacionais, surgiram as primeiras análises da sociedade brasileira, estudada profundamente a partir de suas obras.

A literatura autenticamente brasileira surgiu com dois grandes romancistas, oriundos da Escola de Recife. José de Alencar, acadêmico de Recife mas formado em São Paulo, com a influência de Capistrano de Abreu empreendeu a reação nacionalista. Romancista dos maiores de nossa literatura e jurista de alto renome, apesar de sua cultura formada à base européia, principalmente do germanismo, descobriu também o índio, nossos sertões e nossa gente como cenário de sua imaginação, ao iniciar o seu romance O Guarani, imortalizado depois por Carlos Gomes:

"Verdes mares bravios de minha terra natal,
onde canta a jandaia na fronde da carnaúba".

Invocar a terra natal, o Ceará, os mares verdes, o pássaro essencialmente brasileiro e a carnaúba, só encontrada no Brasil, foi o choque que rompeu as margens da literatura brasileira. Mais tarde, Graça Aranha, apresentou importante obra, Canaã, em que retrata a aculturação alemã em Santa Catarina, criando novo ciclo na literatura brasileira com essa obra estimulada pelo germanismo da Escola de Recife e a tendência nacionalista brasileira.

# 18. O ESPÍRITO E OS IDEAIS ACADÊMICOS

18.1. O espírito do curso de direito
18.2. O exame vestibular
18.3. A agitação acadêmica
18.4. Os acadêmicos no poder

## 18.1. O espírito do curso de direito

Muito já falamos sobre as circunstâncias da criação dos cursos jurídicos e sobre a influência deles em nossa história e em nossa cultura, como por exemplo, a Escola de Recife. Importante será agora reunir num corpo único o que aconteceu, acontece e o que representam os cursos jurídicos em nossa vida.

O ensino jurídico não tinha a princípio o objetivo direto e imediato de formar bacharéis e advogados. O Brasil era um país novo e com muitos problemas futuros. Não se constrói um país soberano com grito, ainda mais pronunciado no meio de campo abandonado, longe das concentrações humanas e da administração pública. Não tínhamos leis, direito e nem mesmo constituição; tínhamos apenas a Carta Outorgada, do Imperador, D. Pedro I. Ninguém nos conhecia e não podíamos nos integrar no concerto das nações. Nossas fronteiras não estavam definidas. Teríamos que organizar as forças armadas, a administração pública, o próprio Governo. Nossa cultura era totalmente européia.

Faltavam-nos homens para dirigir o país, e faltavam até brasileiros. Nosso imperador era o herdeiro do trono português e dentro em breve deveria nos deixar, o que realmente veio a acontecer. Alguns de nossos homens públicos nem brasileiros eram e mesmo aqueles aqui nascidos estavam em dúvida quanto à nacionalidade a adotar; não se identificavam totalmente com nosso meio.

Precisávamos formar a elite dirigente do país, porque o Brasil estava surgindo naquele momento; era país necessitando de se estruturar, de realmente se implantar. Formar país independente e soberano e implantá-lo no concerto dos demais países é tarefa hercúlea e exige esforço conjugado e concentrado de cidadãos, homens voltados para o interesse público, para aqueles que iriam dirigir o país e traçar as linhas mestras de nossa política e nossa cultura. Precisaria o Brasil adotar política definida e planos de ação, critérios para resolver os inúmeros problemas que haveriam de surgir.

Esse era o espírito do curso de direito: o espírito do 11 de agosto. Com ele foram criadas as duas primeiras faculdades. Essa criação coroou a luta pela realização dos altos ideais da mocidade brasileira, daqueles que aspiravam e lutaram pela implantação do ensino universitário no Brasil, e acima de tudo, cultivar o estudo do direito, que já cultivavam antes, desde os tempos coloniais. Não é dizer pois que o ensino do direito, o estudo do direito, tenha sido criado no Brasil em 11 de agosto de 1827, cinco anos após nossa independência, apenas esse estudo foi oficializado.

É o resultado dessa luta, a concretização desse espírito, foi encontrado na primeira constituição brasileira, procurando minorar a autoridade central e preservando a liberdade e alguns preceitos liberais, invocando inclusive a Declaração dos Direitos do Homem, oriunda da Revolução Francesa. Aparece em nossa primeira constituição, de 1824, o artigo estabelecendo que o Estado brasileiro deveria prover o ensino, inclusive o ensino gratuito, uma vez que o ensino até então era reservado à Igreja.

A constituição previu que o governo imperial deveria providenciar imediatamente a criação do ensino universitário, e, realmente, não demorou muito. Em 1827, cinco anos após o brado do Ipiranga, já estava sendo criado o curso de direito. Naquele momento foi realmente comemoração digna da realização do espírito dos jovens brasileiros, principalmente paulistas. Com o mesmo decreto imperial, naquele 11 de agosto, foram criadas as duas faculdades de direito, das quais surgiriam no Brasil os homens formadores da nossa nacionalidade, para que impusessem o país ante a comunidade mundial dos países, que engatassem as transações econômicas internacionais, que estabelecessem sistema jurídico próprio, que garantissem ao país segurança, paz e prosperidade, enfim, que fossem verdadeiros estadistas.

Mais ainda, atenderam eles aos anseios pela formação de cultura nacional, visto que ainda éramos europeus. Discutiam-se mais os problemas europeus, a filosofia, o direito e a literatura européias, já que não tínhamos ainda o direito nacional e a cultura autenticamente brasileira. Nossas obras literárias retratavam tipos, cenas e caracteres mais europeus do que brasileiros. E foi das duas academias que surgiu o pensamento nacional.

O curso de direito conserva ainda os ideais de 11 de agosto de 1827; procura se ater, não só à formação do profissional, mas em ser curso de cidadania, de formação moral e cultural de pessoas que possam se constituir em agentes de mudanças, de pessoas que possam influir no desenvolvimento político e intelectual do país. Foi com esses nobres propósitos que os jovens de então fizeram criar o curso de direito.

## 18.2. O exame vestibular

Disposição sugestiva estabeleceu o decreto imperial: o exame vestibular para o ingresso na faculdade, prática que permanece com firmeza em nossos dias. Surgiu então o primeiro cursinho, chamado de Curso Anexo, o preparatório para o ingresso na academia. Extraordinária foi a importância e a atuação do Curso Anexo, porquanto não era apenas um preparatório mas um preâmbulo do curso de direito e um sistema de seleção. Quem ingressasse na faculdade tinha que passar por aquele cursinho e já tinham o substrato cultural e a base que o capacitasse a desenvolver mais facilmente o estudo jurídico.

Esse cursinho teve também grande participação na formação ideológica daqueles moços que estavam entrando para a faculdade. Os cursinhos ainda hoje são mal vistos e naquela época havia prevenção contra ele, mas vigorou durante longo tempo, pela presença de dois professores ativistas, um italiano e outro alemão. Foi nele que se notabilizaram os dois grandes mestres Líbero Badaró e Júlio Frank. Ensinava-se latim, e era necessário o latim, porque sempre foi o idioma do direito; a maior parte dos livros jurídicos eram escritos em latim; ensina-se o francês, a segunda língua do direito. Havia mais a filosofia, matemática, botânica, física, química, para dar aos futuros acadêmicos a base cultural necessária ao estudo do direito.

Líbero Badaró era médico de elevado conceito e fora expulso da Itália por professar idéias que contrariavam o lugar comum ideológico de seu país. Veio para o Brasil e logo se transformou em médico muito respeitado e dava assessoria a outros médicos. Foi o cientista que promoveu muitas pesquisas na botânica e na biologia. Foi um dos primeiros grandes jornalistas do país e professor dedicado. A importância dele não foi só porque exercia essas atividades, mas sim as idéias brilhantes e teorias revolucionárias. Infundia grande entusiasmo em seus discípulos e suas idéias contaminaram a mocidade acadêmica.

Foi Líbero Badaró o criador do primeiro jornal de São Paulo; chamou-se *Observador Constitucional*. A tarefa principal era a de interpretar a constituição, tendo como principais colaboradores os próprios acadêmicos da faculdade de direito. Interpretando nossa constituição, começou a lançar idéias chocantes para a época mas que agitaram o movimento estudantil.

Tomemos como exemplo um princípio estabelecido na constituição de 1824, ainda na atual e foi passando por todas elas e também está inserido na constituição de muitos países. É aquela de que *todos são iguais perante a lei*. Comentava porém o *Observador Constitucional*: como todos são iguais perante a lei se no Brasil existe escravidão? Seriam escravos e senhores, pobres e ricos, nobres e plebeus iguais em direitos e obrigações? Não estaria afrontando esse princípio a existência de categorias de eleitores segundo seu poder econômico?

Partiram do *Observador Constitucional* o brado contra a escravatura e a aurora das idéias democráticas, chamadas liberais, que grassavam na Europa, idéias que não tinham ainda entrado no Brasil. Suas idéias liberais chocavam as classes dominantes e o domínio do arbítrio. Sua morte foi então encomendada, tendo ele recebido vários tiros de um assassino profissional. Ao saber da gravidade dos ferimentos, ao ser socorrido, pronunciou a frase que se tornou famosa: "morre um liberal mas não morre a liberdade". Expirou em seguida, em frente à sua casa, na rua perto da faculdade, que recebeu o seu nome.

Líbero Badaró foi homem que lutou pela liberdade, pela justiça e pelos direitos dos mais fracos. A liberdade já como lema da Revolução Francesa: liberdade, igualdade, fraternidade. Liberdade para ele seria a igualdade de direitos, em que cada cidadão teria a liberdade de exercer seus direitos. Foi acima de tudo um mestre, formador de consciências e de idéias. Um patriota brasileiro.

Outro mestre surgido no Brasil, vindo de fora, o alemão Júlio Frank, foi mestre voltado totalmente ao ensino; toda a sua vida dedicou aos acadêmicos e à preparação da rapaziada que haveria de entrar na faculdade de direito. Ele não se casou; não deixou bens, era totalmente entregue ao ensino e aos seus discípulos. Um verdadeiro mestre. Criou ele a sociedade secreta chamada *Burschenschaft* (em alemão "sociedade de jovens"). É conhecida como Bucha e existe ainda hoje, encarregando-se de ajudar estudantes pobres, principalmente na compra de livros. Tudo que ele ganhava oferecia à Bucha e lutou pela popularização do ensino do direito, que, desde o início, como até recentemente, era ensino elitista.

Os primeiros alunos eram de famílias abastadas; não havia gente pobre na academia e os próprios alunos formavam a bucha para apoiar estudantes desprovidos de recursos. A luta pela popularização do estudo do direito foi árdua e demorada, produzindo efeitos quase um século depois. Podemos dizer que começou há 50 anos atrás, quando foi criado em São Paulo o curso noturno para aqueles que trabalhassem durante o dia, e se alguém trabalha para viver é sintoma de que não é rico.

Daí se incrementou a afluência de pessoas pobres no curso de direito. Como resultado da popularização e grande procura dos cursos de direito surge inovação para o vestibular: o teste das bolinhas. A tão criticada, a malfadada bolinha, serviu porém para democratizar o ingresso nas faculdades. Isto porque, até então e não muito tempo atrás, estava obrigado a prestar concurso perante banca constituída pelos próprios professores da faculdade. Nesse concurso passavam sempre os protegidos, que possuíssem cartinha de algum político importante; predominava o poder econômico e político. O teste das bolinhas democratizou o vestibular porque quem seria o avaliador das bolinhas seria o computador, sem interferência política na seleção dos futuros acadêmicos. Findou-se a injustiça e o protecionismo.

A luta de Júlio Frank começou desde o momento em que ele chegou ao Brasil, integrando-se no Curso Anexo, aquele cursinho hoje tão amaldiçoado, de que se fala tanto, mas constitui tradição de nosso ensino do direito. Júlio Frank quando morreu, não pôde ser enterrado porque naquela época quem administrava os cemitérios era a Igreja e ela negava sepultura a quem não fosse católico. Havia dúvidas sobre a formação religiosa dele, parecendo ser judeu ou protestante. Foi ele enterrado na própria faculdade de direito, pelos alunos a quem ele tanto servira. No dia 11 de agosto, reúnem-se os alunos da faculdade do Largo de São Francisco para render homenagem a esse grande mestre, em torno ao seu túmulo. Quem entrar na Faculdade de Direito da USP, irá encontrar o pátio da esquerda de quem entra; nesse pátio há o monumento meio esquisito, com um obelisco e quatro corujas numa grade de ferro. É o túmulo de Júlio Frank. Na lápide há a inscrição em latim: *aqui jaz Júlio Frank – uma vida dedicada aos acadêmicos.*

Esses dois preclaros mestres tiveram participação enorme na formação dos grandes juristas; esses juristas, saídos da academia de São Paulo, foram homens que se notabilizaram em nossa história, mormente no século XIX. Tomemos como exemplos aqui em São Paulo, os poetas notáveis Castro Alves, Fagundes Varella, Álvares de Azevedo; todos saíram da academia do Largo de São Francisco. O renomado romancista José de Alencar, e que foi também estadista, senador, ministro da Justiça; começou ele fazendo o curso de direito em Recife, vindo a formar-se em São Paulo.

### 18.3. A agitação acadêmica

Graças à influência de Líbero Badaró e Júlio Frank foram brotando certos movimentos ideológicos dos acadêmicos, ganhando as ruas e inflamando a população. Os domingos e feriados eram agitados por passeatas, uma vez que durante a semana os acadêmicos não se arredavam das aulas, conscientes de que o ensino gratuito, pago pelo Poder Público, exigia deles dedicação integral.

Dois desses movimentos foram a abolição da escravatura e a proclamação da república, encaixando-se um movimento no outro; sempre caminharam "pari passu". Germinaram eles nas duas academias e conseqüência deles foi a fundação do Clube Republicano e do Jornal Correio Paulistano, ambos na cidade de Itu. Os componentes do Partido Republicano e do Correio Paulistano eram, em sua maioria, oriundos da academia de São Paulo, advogados recém-formados. Nota-se claramente a presença da mocidade acadêmica em todos esses acontecimentos. Em 1875 foi criado novo jornal, chamado *A Província de São Paulo*, jornal republicano e abolicionista fundado pelos jovens advogados; esse jornal é hoje *O Estado de S. Paulo*. O fundador principal foi Rangel Pestana, mas havia lá o redator-chefe, Júlio Mesquita, que se transformou no principal dirigente do jornal.

Esses dois movimentos decorrentes daquela plêiade de lutadores, daquela vibrante mocidade acadêmica, de São Paulo e de Recife, conquistaram todo o Brasil, com memoráveis campanhas, ganhando o apoio da população. Foram elas coroadas no final do século, com a abolição da escravatura e com a proclamação da república. Empreenderam os jovens campanhas imensas, lutas febris, mas sempre dentro da ética, sempre dentro do respeito ao poder constituído e à dignidade humana. Nunca caluniaram ou achincalharam as autoridades constituídas do país. Só promoviam passeatas aos domingos, para não perturbar aqueles que trabalhavam. Promoviam movimento de idéias e discussão de programas.

Ao deixar a Bahia, aguardando o navio para São Paulo, Castro Alves assistiu à chegada de um brigue, o navio negreiro, trazendo escravos da África para o Brasil; era navio da marinha mercante brasileira, ostentando a bandeira nacional. Na viagem veio alimentando sua revolta ante aquela cena: Colombo descobriu a América, abriu o sulco nas águas do mar para que fosse refúgio dos que fugiam de perseguições e almejassem a terra da liberdade, e entretanto o mesmo mar traz a escravidão. A bandeira brasileira, com o verde da esperança, drapejava no brigue que foi à África arrancar pessoas para trazê-las, não como imigrantes, mas para serem submetidas ao cativeiro. Era o espírito acadêmico movendo sua revolta.

Em São Paulo, na comemoração do 11 de agosto, os acadêmicos paulistas promoveram manifestações no Largo de São Francisco em frente à academia e explodiu a revolta de Castro Alves ao saudar a bandeira nacional, declamando os versos de seu maior poema, *O Navio Negreiro*:

"Existe um povo que sua bandeira empresta
Para cobrir tanta infâmia e covardia
E deixa-a transformar-se nesta festa
Em manto impuro de bacante fria.
Meu Deus, meu Deus, que bandeira é esta
Que impudente na gávea tripudia?
Silêncio musa... chora e chora tanto
Que o pavilhão se lave no teu pranto.

Auri-verde pendão da minha terra,
Que a brisa do Brasil beija e balança,
Estandarte que a luz do sol encerra
E as divinas promessas da esperança.
Tu que da liberdade após a guerra
Foste hasteada dos heróis na lança,
Antes te houvessem roto na batalha,
Que servires a um povo de mortalha.

Fatalidade atroz que a mente esmaga,
Extingue nesta hora o brigue imundo,
O trilho que Colombo abriu nas vagas,
Como um íris no pélago profundo.
Mas é infâmia demais. Da eterna plaga
Levantai-vos heróis do Novo Mundo.
Andrada, arranca esse pendão dos ares,
Colombo, fecha a porta dos teus mares"

No 11 de agosto do ano seguinte, os acadêmicos de Recife repetiram a comemoração e desfilaram pela cidade, declamando o poema de Castro Alves, que se transformou no hino da campanha contra o tráfico de escravos. No mesmo ano, o antigo acadêmico, então brilhante deputado, Eusébio de Queirós, apresentou no Congresso Nacional seu projeto de lei proibindo o tráfico no Brasil, que foi imediatamente aprovado.

O *Observador Constitucional*, de Líbero Badaró, continuou interpretando a constituição e expondo idéias que o Brasil deveria assimilar, porque a nossa constituição e o nosso direito estabeleciam. No entanto, todos esses movimentos resultaram em acontecimentos de alto nível, sem essa baixaria de nossos dias.

Não se pode olvidar a participação da Faculdade de Direito de Recife, que, ainda hoje, é faculdade de alto conceito, de larga tradição e merecedora de toda admiração, mas naquela época de vida bem agitada. Produziu ela notáveis juristas, como Teixeira de Freitas, que elaborou o esboço do Código Civil. Clóvis Bevilaqua era de lá. A explosão das idéias democráticas se davam às vezes simultaneamente nas duas academias.

Os séculos XVIII e XIX foram de intensa produção intelectual e agitação ideológica. Entre esses movimentos ideológicos, ressaltaram-se o liberalismo e o iluminismo, tendo ambos se projetado na Revolução Francesa e se expressaram no lema: liberdade, igualdade, fraternidade, como também na Declaração dos Direitos do Homem.

O liberalismo foi o culto da liberdade de iniciativa, do realce do trabalho produtivo e do acesso dos trabalhadores à cidadania. Defendia a participação popular na vida pública e acesso a todos os bens de consumo e restringindo a participação do Estado na vida econômica. Defendia o voto universal e secreto, hoje já sedimentado no direito de todos os países, mas naquela época verdadeiro tabu. O liberalismo foi o regime amplo, do qual a democracia era a sua expressão política.

O iluminismo foi a escola filosófica calcada nas idéias de dois extraordinários cientistas: Sir Isaac Newton e Leibniz. Defendia o primado da razão e o raciocínio a partir da hipótese. Essa doutrina projetou-se finalmente na Enciclopédia Francesa, que tanto influenciou a Revolução Francesa e fez ruir o poder da monarquia e o poder espiritual dos reis.

Ora, tanto as idéias liberais como as iluministas batiam de frente com as idéias predominantes na época, como o despotismo, o poder divino dos reis, a intolerância, a Inquisição. Professar idéias em discordância com o poderio dominante era crime nefando e imperdoável, punido normalmente com a morte. Tais idéias invadiram todos os países e contaminaram a mocidade deles. E a mocidade mais fértil para a contaminação por tais idéias é a mocidade acadêmica, mormente os acadêmicos de direito. As teorias do liberalismo e do iluminismo inflamaram a academia de Coimbra e os acadêmicos defendiam essas teorias em praça pública, arriscando-se a condenações atrozes. Foram eles os principais criminosos, degredados para o Brasil. Eram jovens idealistas e vibrantes, voltados à solução dos problemas de seu país e de seu povo.

Para livrar-se deles, era mais cômodo para o poder dominante de Portugal mandá-los para o Brasil, onde poderiam ser esquecidos. Estes criminosos concentraram-se principalmente em São Paulo, por ser de clima mais frio e desde os tempos coloniais, mesmo porque a presença deles no Rio de Janeiro era ideologicamente perigosa. Cada degredado vinha trazendo consigo algum livro de direito. Foi-se formando a primeira biblioteca jurídica do Brasil, com a coordenação dos padres franciscanos. E lá no Colégio Franciscano continuavam esses "criminosos" seus estudos das ciências jurídicas. Foi esse grupo de estudantes de direito e lutadores pelo liberalismo e pelo iluminismo quem empreendeu a luta pela criação dos cursos jurídicos no Brasil. É principal razão por que foi criada em São Paulo a primeira faculdade de direito, naquele momento histórico uma cidade pequena e provinciana, e não no Rio de Janeiro ou Salvador, verdadeiros centros nacionais. É porque os estudos jurídicos já eram cultivados em São Paulo há mais de um século. Assim sendo, em 11 de agosto de 1827 não foram criados os cursos jurídicos, mas oficializados. E o cultivo do direito vinha daquela brava mocidade paulista, ou seja, os injustamente chamados "criminosos condenados ao degredo no Brasil".

Muitos já devem ter ouvido falar em Galileo Galilei, grande físico, astrônomo e matemático italiano, professor da Universidade de Pádua. Gênio de extraordinária visão, Galileo estabeleceu a tese do heliocentrismo. As idéias de Galileo bateram de frente contra as idéias dominantes, pelas quais o sol girava em torno da terra e não como admitia o heliocentrismo. Conseqüência de seu apego à ciência foi sua condenação à morte, a ser queimado vivo. Foi obrigado a retratar-se e optar por idéias falsas para não morrer. Entretanto, os "sábios" que condenaram Galileo não notaram que quando esse renegou suas idéias, na verdade confirmou-as. Infelizmente, Galileo não era português, senão seria empacotado para o Brasil por sua "heresia", seria um criminoso a mais em nosso país. E o Brasil teria tido a glória de haver acolhido um dos maiores gênios da humanidade.

Podemos dizer então que as agitações acadêmicas do Brasil tiveram sua origem na Universidade de Coimbra e também na Universidade de Paris para onde muitos de nossos moços se dirigiam. Já eram agitações empreendidas há mais de um século, mas vieram a se tornar sugestivas nas campanhas da abolição e da república e pelas idéias democráticas, transformando-se em movimentos marcantemente nacionais.


## 18.4. Os acadêmicos no poder

Por várias vezes fizemos referência a vultos notáveis de nossa história que se notabilizaram pela cultura, pelo patriotismo e elevada formação. Podemos dizer que durante o Império, quase todos os vultos ilustres originaram-se das duas academias. Acima de tudo, projetaram-se eles como figuras impolutas, de elevada formação e nobreza de sentimentos. Falamos no Barão de Rio Branco a quem devemos o estabelecimento de nossas fronteiras e a projeção do Brasil no plano internacional. Vêm-nos à memória o maior crítico literário do Brasil, Sílvio Romero, também professor de direito, Tobias Barreto, o maior filósofo do Brasil, poeta, teatrólogo, quase o iniciador da teatrologia no Brasil, além de sugestivo jurista e mestre de direito.

O final do império brasileiro foi marcado pela efetiva participação de dois insignes vultos da política nacional, ambos colegas da academia de Recife, o Barão de Cotegipe e Joaquim Nabuco. Há poucos anos, na comemoração do centenário da abolição da escravatura, nada se falou sobre a figura do preclaro brasileiro Joaquim Nabuco. Era ele um dos principais componentes do Congresso Nacional e autor do projeto da Lei Áurea e coordenou sua aprovação, enfrentando pressões e reações desfavoráveis. Por outro lado, o Barão de Cotegipe, embora sendo abolicionista, como primeiro-ministro, recomendou à Princesa Isabel para que não assinasse a Lei Áurea. Entretanto, acabou ela assinando, recebendo inúmeras manifestações de regozijo e aclamações populares.

Quando sua alteza sentiu aquela aclamação pública e flores jogadas para ela, confidenciou ao Barão de Cotegipe que ele recomendara não assinar a Lei Áurea e no entanto estava recebendo a admiração pública. Respondeu ele: realmente Vossa Alteza ganhou a admiração pública mas perdeu o trono, pois o povo se esquece de quem o beneficia, mas os poderosos nunca se esquecem de quem os prejudica. E sucedeu que alguns meses depois D. Pedro II e a Princesa Isabel estavam depostos e expulsos do Brasil.

Ao embarque da família real só duas pessoas compareceram à despedida; os dois gigantes do Império: Barão de Cotegipe e Joaquim Nabuco, expressões da academia de Recife. Foi quando o Barão de Cotegipe disse que, se o tivesse ouvido, a Princesa Isabel não estaria deposta, ao que ela respondeu; ouvi e assinei sabendo o que iria acontecer, mas acima do meu trono está minha consciência.

Assim se nota como o Brasil viveu o espírito dos acadêmicos de direito, tanto de São Paulo como de Recife, com nossa vida calcada em nobres ideais, com a solução pacífica e humana dos problemas sociais. Quando a Princesa Isabel recebia homenagens pela Lei Áurea e lhe eram ofertadas flores, o embaixador dos Estados Unidos apanhou uma rosa e disse à nossa soberana: permita que eu leve esta flor ao meu país, para demonstrar que vocês resolvem com flores problemas que nós só resolvemos com sangue. É o Brasil, desde o início da sua história, dando ao mundo exemplo de lição de espírito sublimado. O pensamento e as lutas dos acadêmicos resultou nas sérias transformações políticas e sociais do Brasil, sem essas convulsões, sem revoluções armadas, sem derramamento de sangue.

Com a proclamação da república realçaram-se no cenário nacional muitas figuras dignas de nota, resultado do movimento dirigido pelos acadêmicos de direito, desde as academias e depois que eles iam se formando, levavam avante seus nobres ideais. Proclamada a república pelos militares, sentiram eles a necessidade de contar com o concurso dos civis, para que esses constituíssem governos capazes de consolidar a república e dar segurança ao país. Foi quando apareceu a elite dirigente do Brasil, apta a cumprir essa missão. E foi a elite oriunda dos bancos escolares das duas academias, elites que formaram governos notabilizados pela integridade e pelo elevado descortino com que seus componentes souberam dirigir este país.

Tivemos o primeiro presidente civil, Prudente de Moraes, de 15.11.1894 a 15.11.1898, advogado oriundo da academia de São Paulo, considerado o consolidador da ordem legislativa. Foi Prudente de Moraes quem desenvolveu nosso direito e nossa legislação. Em seguida foi substituído por Campos Salles, que estabilizou as finanças do Brasil. Com esse presidente, acadêmico da faculdade do Largo de São Francisco, as finanças do Brasil chegaram ao ponto de solidez e equilíbrio nunca mais alcançado pelo Brasil.

Contou ainda nosso país com outro ex-acadêmico de direito, da mesma faculdade; o terceiro presidente civil Rodrigues Alves, de 15.11.1902 a 14.11.1906. Foi Rodrigues Alves quem consolidou politicamente o Brasil, quando tivemos era de paz e prosperidade, com o regime republicano e o governo aceitos unanimemente pela nação.

Mais três presidentes do Brasil, formados pela academia de São Paulo, dirigiram o Brasil: Nilo Peçanha, Delfim Moreira e Venceslau Brás. O quarto presidente civil não seria acadêmico de São Paulo, mas de Recife. O brilhante advogado Epitácio Pessoa, insigne estadista. Epitácio, ainda jovem fora Ministro da Justiça, quando encarregou seu antigo colega Clóvis Bevilaqua para elaborar nosso Código Civil.

Em seguida, vários outros presidentes de nosso país foram acadêmicos de São Paulo, como Artur Bernardes e Jânio Quadros. O mineiro Juscelino Kubitschek era médico e, embora não tenha exercido a advocacia, era formado em ciências jurídicas pela academia de São Paulo.

Vê-se, por tudo o que foi dito, que o curso de direito não representou apenas a formação de advogados, mas de cidadania e de íntegros cidadãos e estadistas, os formadores de nossa nacionalidade.

# 19. A LÓGICA JURÍDICA

19.1. Conceito, objeto e divisão da lógica

19.2. Noções históricas sobre o desenvolvimento da lógica

19.3. Os princípios lógicos

19.4. O conceito e o termo

19.5. Conceito e regras da definição e da divisão

19.6. O juízo e a proposição. Os elementos do juízo. Espécies

19.7. Relações entre os juízos. Da inferência imediata.

19.8. Dos métodos em geral. Da inferência mediata

19.9. Do silogismo e seus elementos. Regras

19.10. Modos do silogismo. Espécies

19.11. Valor do silogismo. Do sofisma

19.12. Da indução e suas formas. Fundamentos da indução

19.13. A verdade e o erro. Critério da verdade e da certeza

19.14. Lógica e teoria do conhecimento. Origem do conhecimento. A lei

## 19.1. Conceito, objeto e divisão da lógica

Etimologicamente o termo "lógica" deriva de palavra grega que significa "razão". Confirmando a etimologia, A LÓGICA É A CIÊNCIA DAS LEIS IDEAIS DO PENSAMENTO E A ARTE DE APLICÁ-LAS CORRETAMENTE NA PESQUISA E DEMONSTRAÇÃO DA VERDADE.

Pode-se dizer também que a lógica seja a ciência da argumentação. É a ação de se amoldar os fatos à norma, descrevendo bem o fato e explicando como a norma se aplica ao fato.

A lógica é ciência auxiliar do direito, mas não exclusivamente do direito. Aplica-se ela a todas as formas de pensamento, mas também a ramos restritos. Todavia, em nenhum outro ramo do pensamento realça-se o valor da lógica. O pensamento jurídico deve orientar-se sempre de acordo com critérios científicos, ditados pela lógica.

Trata-se de ciência por ser sistema de conhecimentos certos, agrupando diversos assuntos afins. É arte porque visa à perfeição do pensamento, constituindo assim a arte de pensar. A lógica estuda o pensamento, podendo ser por isso definida como a ciência e a arte do pensamento correto.

### DIVISÃO DA LÓGICA

O pensamento, objeto primordial do estudo da lógica, pode caracterizar-se pela larga aplicação ou então especializar-se em determinado estudo científico. Assim, as condições estabelecidas pela lógica agrupam-se naquelas que estabelecem as condições de concordância do pensamento com o objeto. Iremos então notar duas grandes divisões da lógica.

LÓGICA FORMAL OU MENOR – Estabelece os princípios universais que se aplicam a todos os objetos do pensamento, quaisquer que sejam. O pensamento, por sua vez, triparte-se em idéia, juízo e raciocínio, e, nessas condições, a lógica formal ocupar-se-á da melhor maneira de se conceber idéias, estabelecer juízos e extrair raciocínios.

LÓGICA MATERIAL OU MAIOR – Estuda e estabelece as leis particulares referentes ao objeto estudado. É também chamada de lógica metodológica, simplesmente METODOLOGIA, uma vez que seu escopo principal é o de estabelecer os métodos de estudo do direito, ou da história, ou da sociologia, ou da psicologia. A lógica do direito é portanto lógica material ou maior.

Alguns ainda citam outra espécie de lógica: a lógica natural ou empírica. É a nossa capacidade de usar a razão, independentemente do conhecimento das leis que a regulamentam. Realmente, todos nós somos dotados dessa lógica natural, também chamada de bom senso. A lógica científica, porém, disciplina e aperfeiçoa nosso bom senso. Nunca a lógica científica chegará a opor-se ao bom senso mas dará a este maior vigor e explicará suas conclusões. Por isso mesmo, Leibniz chegou a afirmar que as leis da lógica nada mais são do que as regras do bom senso postas em ordem e por escrito.

## 19.2. Noções históricas sobre o desenvolvimento da lógica

A lógica é criação quase exclusiva de Aristóteles pois foi ele o primeiro a estudar cientificamente as leis que devem reger o pensamento e as formas mais precisas de raciocínio. Aristóteles não só deu início à nova ciência mas apresentou-a como teoria elaborada com tal exatidão que mais de 2.000 anos após, Kant chegou a dizer que nada lhe acrescentaram ou corrigiram os filósofos posteriores. A lógica aristotélica foi exposta em cinco livros, que na época bizantina foram agrupados sob o nome de ORGANUM (instrumento). Assim foi naturalmente denominada a obra pela consideração de que a lógica deve fornecer ao pensamento os instrumentos necessários à pesquisa e demonstração da verdade. A lógica aristotélica baseia-se principalmente na demonstração silogística e sua doutrina está distribuída nos seguintes livros, que constituem o ORGANUM:

1. DE PRAEDICAMENTIS – Neste livro Aristóteles estuda os termos, que são elementos do silogismo. Os termos designam

244

conceitos. Como os conceitos são representações intelectuais de realidades e estas enquadram-se em dez gêneros supremos, que constituem as categorias, há dez categorias aristotélicas:

A – substância – representada verbalmente pelo substantivo;
B – quantidade – representada verbalmente pelos numerais;
C – qualidade – representada verbalmente pelos adjetivos qualificativos;
D – relação – representada verbalmente pelas preposições e conjunções;
E – ação – representada verbalmente pelo verbo ativo;
F – paixão – representada verbalmente pelo verbo passivo;
G – lugar – representado verbalmente pelo advérbio de lugar;
H – tempo – representado verbalmente pelo advérbio de tempo;
I – estado – representado verbalmente pelo advérbio de modo;
J – hábito – representado verbalmente pelo particípio passado.

2. ANALYTICA PRIORA – Neste livro é estudado o raciocínio e estabelecida a doutrina do silogismo. Aristóteles divide o raciocínio em dedutivo e indutivo, mas não dá à intuição o devido valor. A lógica aristotélica é essencialmente dedutiva, pois se baseia na demonstração silogística.

3. ANALYTICA POSTERIORA – Realiza o estudo do raciocínio apodítico, isto é, raciocínio demonstrativo, evidente, que parte de princípios certos, gerando a certeza. É o argumento irretorquível e evidente.

4. DE TOPICIS – Estuda o raciocínio problemático, que leva à conclusão provável.

5. DE SOPHISTICIS ELENCHIS – Faz o estudo dos sofismas e dos meios para evitá-los e refutá-los.

Desaparecido Aristóteles, entra a lógica em estagnação pois a Grécia é reduzida à posição de província romana e não mais apresentou seu esplendor intelectual. Em igual situação permaneceu na civilização romana visto que a filosofia não foi o gênero do conhecimento humano adaptável ao gênio romano. Cícero e Sêneca, seus maiores vultos, pouco apresentaram de sugestivo, principalmente na lógica.

Na filosofia greco-oriental surgiu Porfírio, componente da escola neo-platônica, mais célebre como comentarista de Aristóteles do que como pensador original. Escreveu estudo introspectivo e as categorias aristotélicas, obra que na filosofia árabe e em toda a Idade Média exerceu larga influência. Grande repercussão teve ainda a sua "árvore porfiriana", esclarecedora das categorias aristotélicas.

A Idade Média revela o domínio aristotélico, apesar de não terem sido observadas neste período contribuições notáveis à lógica clássica. O desenvolvimento filosófico não foi tão expressivo, mas também não foi insuficiente como se costuma afirmar. São Tomás de Aquino é o vulto máximo da filosofia medieval, discípulo muito leal de Aristóteles, Santo Agostinho não seguiu o mesmo caminho, aproximando-se mais de Platão e ligando-se à Política do que à lógica.

Na era moderna haveria de encontrar o estagirita (assim chamado Aristóteles por ter nascido em Estagira) adversários respeitáveis na pessoa de Francis Bacon e René Descartes. Tiveram eles talento suficiente para elaborar novos sistemas. Bacon ataca o silogismo, apontando-o como estéril na aplicação das ciências naturais. Faz a apologia da indução, método mais consentâneo com o desenvolvimento da cultura moderna, ensinando como método para apanhar melhor e nexo casual dos fatos o chamado método das coincidências constantes. Recomenda o uso da observação e da experimentação, acompanhadas do emprego de registros e tabelas. Dedica-se ao estudo dos erros e suas causas, que ele chama de idola (fantasmas), divididos em algumas categorias:

Idola tribus – preconceitos individuais, oriundos do caráter e educação de cada um.

Idola fori – preconceitos provenientes dos contatos sociais e da imperfeição da linguagem.

246

Idola theatri – preconceitos provenientes da autoridade dos mestres e das escolas filosóficas.

Bacon expõe suas teorias em seu NOVUM ORGANUM, cujo próprio nome indica o desejo de contrapor-se a Aristóteles. Entretanto, Bacon assenta-se principalmente nos métodos ideais para as ciências exatas e não para as ciências jurídicas e sociais. Trouxe ele notável contribuição para a metodologia jurídica graças ao método indutivo, mas falhou ao negar o valor ao sistema aristotélico. Examinaremos mais tarde o raciocínio indutivo e o dedutivo.

O francês Descartes também se arremessou contra o silogismo, base da filosofia aristotélica, indicando-o como pura tautologia, isto é, mero jogo de palavras. Descartes reformula a noção de método em sua obra máxima: Consideração sobre o Método. Preconizou, como Bacon, o método indutivo, influência talvez de ter-se ele dedicado também às ciências exatas, como a física e a matemática. São famosas as "Coordenadas Cartesianas".

No início do século XIX haveria a lógica de assumir novo aspecto graças a Hegel, que adota como método de raciocínio a dialética. Para Hegel o pensamento compreende o processo infindável processado em três momentos: a tese (aspecto racional do conceito), a antítese (sua negação) e a síntese (conclusão). A lógica idealista de Hegel foi ainda complementada pela lógica materialista de Carlos Marx. A influência hegeliana foi considerável no mundo moderno, principalmente no campo do direito, da história e da sociologia. Devido à profunda influência da dialética no direito faremos várias considerações a ela nesse compêndio. A obra máxima de Hegel chama-se "Ciência da Lógica".

### 19.3. Os princípios lógicos

A razão, para que não se perca em seus raciocínios, necessita de se enquadrar em certos princípios, sem os quais será impossível estabelecer qualquer afirmação. Constituem portanto o ponto de partida para a construção do raciocínio. São quatro os princípios lógicos, de validez universal:1. identidade; 2. não contradição; 3. terceiro excluído; 4. razão suficiente.

PRINCÍPIO DE IDENTIDADE – Este princípio declara que toda coisa é igual a si mesma, tanto que é simbolizado pela fórmula A = A. Corresponde ao critério de verdade, pois o que está no espírito que concebe está nas coisas, ou seja, a idéia que formamos do objeto e o próprio objeto mantém entre si inteira identidade. Por isso, também corresponde à afirmação: o que é é"; por exemplo: uma pedra é uma pedra. Trata-se de princípio de valor discutido, afirmando alguns que ele nada representa, pois saber que A é A, não representa conhecimento novo. Nem todos concordam: se dissermos que uma lei é uma lei, é porque temos a lei em nossa frente e ela mesma está na nossa inteligência e não um contrato.

PRINCÍPIO DE CONTRADIÇÃO – Mais precisamente é chamado de princípio de não-contradição, e é decorrência do princípio de identidade; este afirma que uma pedra é uma pedra; o de contradição afirma que uma pedra não pode ser um livro, ao mesmo tempo e nas mesmas condições. Por este princípio, um juízo não pode ser falso e verdadeiro, ao mesmo tempo e nas mesmas condições. Se falamos que o negócio jurídico é um ato, dizemos que ele não pode ser uma lei, pelo menos ao mesmo tempo e nas mesmas condições.

PRINCÍPIO DE TERCEIRO EXCLUÍDO – Este princípio continua a reforçar a base do raciocínio, reafirmando os princípios anteriores. Se o princípio de identidade afirma que se é, seria impossível não ser ao mesmo tempo. O terceiro excluído irá dizer que não há possibilidade de terceira solução.

PRINCÍPIO DE RAZÃO SUFICIENTE – Declara esse princípio que tudo o que existe tem uma razão de ser; existe porque tem sua causa. Dentro desse princípio, por exemplo, todo juízo é falso ou verdadeiro por alguma razão. É o determinismo dos fatos e das leis. Tudo tem sua razão de ser e todo fato tem sua causa;

não há efeito sem causa. Surge a lei, não por acaso, mas porque uma série de atos ou de fatos provocaram o seu aparecimento, a sua criação. Discute-se hoje no congresso a reforma da legislação tributária porque muitos fatos estão provocando sua reforma.

O advogado que reclama indenização em nome de seu cliente está obrigado a apresentar a razão suficiente dessa reclamação, a razão suficiente do prejuízo sofrido. A causa do prejuízo é que vai estribar a ação.


### 19.4. O conceito e o termo

A lógica formal ocupa-se das leis a que o espírito deve submeter-se para manter condições de conformidade consigo mesmo, evitando as contradições. O pensamento geral, que é o seu objeto de estudo, compõe-se de três operações fundamentais;

1º – a idéia - representada verbalmente pelo termo;
2º - o juízo - representado verbalmente pela proposição;
3º - o raciocínio - representado verbalmente pelo argumento.

Conceito, idéia ou noção é a simples representação intelectual de uma coisa. Todo conceito pode ser expresso pelo termo. O termo não se confunde com a palavra; um termo pode ser constituído de diversas palavras. Exemplo: Universidade de São Paulo; Código Civil; Consolidação das Leis do Trabalho. Por outro lado, uma palavra pode constituir-se em diversos termos. Ex: manga (fruta) e manga (de camisa). A palavra "penhor", por exemplo, pode ser três termos, em sentido jurídico: é um contrato, é uma coisa entregue em garantia, e é um direito real.

Existem diversas espécies de idéias, correspondendo-lhes outras tantas de termos, classificados conforme o prisma pelo qual são as observamos:

249

1º - Quanto à sua compreensão e extensão:

Singulares – quando indicam uma só pessoa ou coisa. Ex: Brasil, esta porta, o Código Penal, a Lei Falimentar. Os nomes próprios são normalmente singulares.

Particulares – quando indicam alguns indivíduos de uma espécie, ou seja, uma parcela de um conjunto. Exemplo: os paulistas (parte dos brasileiros); os advogados criminalistas; os juízes trabalhistas.

Universais – quando se aplicam a todos os indivíduos ou coisas de uma só espécie. Ex: os homens (aplicado a todos os seres humanos); os advogados, os cidadãos.

Quanto à sua perfeição:

Adequados - quando convém a todo o objeto; inadequado em caso contrário.

Claros – se fazem reconhecer com facilidade seu objeto, dispensando interpretação e exame maior. Por isso, os romanos tinham o provérbio: "In claris cessat interpretatio" = na clareza cessa a interpretação. Será obscuro em caso contrário.

Quanto às suas relações mútuas:

Contrários – quando de forma igualmente positiva indicam condições incompatíveis. Ex: maior e menor, culpado e inocente, procedente e improcedente.

Contraditórios – quando um nega o que o outro implica. Ex: ser e não ser; estar em São Paulo e não estar em São Paulo. Estudaremos mais tarde as proposições contraditórias, como por exemplo: todo contrato é um acordo/algum contrato não é um acordo. Para que haja idéia contraditória é preciso haver uma afirmação positiva e outra negativa, enquanto que os termos contrários são ambos do mesmo tipo, ou seja, ambos positivos ou ambos negativos.

## COMPREENSÃO E EXTENSÃO

Os conceitos ou termos podem ser considerados pelas suas qualidades mais essenciais: a compreensão e a extensão.

A compreensão é o conjunto de elementos que entram na formação de um conceito. Assim, o conceito de gato, compõe-se de elementos diversos, tais como felino, irracional, etc. O conceito de homem implica os elementos de racional, vivente, ser, sensível, por serem condições peculiares ao próprio conceito. No conceito de lei, integram-se os elementos de regra, permanente, sancionável, escrita.

A extensão é o conjunto de indivíduos aos quais o conceito se aplica. Assim, a idéia de gato aplica-se a todos os componentes dessa espécie felina. O conceito de homem, considerado em sua extensão, aplica-se a todos os homens. O conceito de lei aplica-se a todas as leis: civis, mercantis, penais, etc.

Considerando-se que quanto menor número de indivíduos o conceito designar, maior será a sua compreensão, ficará deduzida das relações entre as qualidades essenciais do conceito a seguinte lei: a compreensão de um conceito está na razão inversa de sua extensão.

Tomemos como exemplo essa sucessão de termos: ser, homem, paulista, Lula. Iremos notar que, a partir do primeiro, grande é a sua extensão, pois se aplica a um número incalculável de indivíduos, vindo a decair essa extensão gradativamente, até aplicar-se a um só. Enquanto isso cada vez aumenta a compreensão de cada termo.

### 19.5. Conceito e regras da definição e da divisão

As idéias ou termos, encarados sob o ponto de vista de sua perfeição, podem ser claros ou obscuros. O termo é obscuro quando não faz reconhecer o objeto que ele representa sem provocar confusão. O grande obstáculo à clareza das idéias é, sem dúvida, a sua complexidade. Sendo muito complexa, a idéia normalmente se torna confusa em sua compreensão. O espírito humano possui entretanto recursos necessários para aumentar a compreensão de um termo; a definição e a divisão constituem alguns desses recursos.

A definição é a operação do espírito que consiste em analisar a compreensão de uma idéia (ou termo). Definir é delimitar, circunscrever. Definir um termo é circunscrever esse termo, aumentando a sua compreensão enquanto diminui a extensão. Daí resulta que, para definir uma idéia, necessário se torna enunciar a sua compreensão. Tomemos, por exemplo, a idéia de gato. O gato é um ser, um animal entre os seres, um irracional entre os animais, um felino entre os irracionais. O conjunto dessas qualidades constitui a compreensão da idéia de gato.

A definição faz-se assim pela enumeração das qualidades essenciais e não pela enumeração das qualidades acidentais. Assim sendo, para se definir um objeto, não há necessidade de se enumerar explicitamente todas as qualidades a ele inerentes. Aristóteles afirmara que a definição incide unicamente sobre a essência, ou seja, sobre o conjunto de características que identificam esse objeto.

Essência representa aquilo pelo qual uma coisa é. O homem é homem porque possui a essência de homem; é um ser, mortal, é vivo, é humano, é racional. Se ele for alto ou baixo, gordo ou magro, corintiano ou palmeirense, constituem atributos apenas acidentais, não essenciais. Vamos a outro exemplo: o contrato de compra de venda tem três atributos essenciais: "res, pretium, consensus" = coisa, preço, consenso. Se faltar qualquer um desses elementos não será contrato de compra e venda; se faltar um só, ele deixa de ser o que é. Por exemplo, se faltar o preço, vale dizer, o dinheiro pago pela coisa: não será então compra e venda, mas doação.

Segundo a tradição escolástica, a definição faz-se enunciando o gênero próximo e a diferença específica. Indicando o gênero próximo, exprimiremos os atributos essenciais do objeto expresso pelo termo; indicando a diferença específica, distinguiremos aquele objeto dos objetos de outra espécie. Por exemplo: o homem é um animal racional. Animal é gênero próximo a que o homem pertence; racional é a diferença específica pois distingue a espécie humana das outras espécies animais.

Como poderemos definir o Direito Empresarial? – O Direito Empresarial é o conjunto de normas – este é o gênero próximo, pois indica característica essencial. Que regulamenta a estrutura e

252

as atividades da empresa – esta é diferença específica. A definição ficará então esta: o Direito Empresarial é o conjunto de normas que regulamenta a estrutura e as atividades da empresa. Todo direito é um conjunto de normas; neste aspecto são iguais todos os ramos do direito; Civil, Empresarial, Penal, Processual; todos têm o mesmo gênero próximo. Todavia, o Direito Empresarial regulamenta a estrutura e as atividades da empresa, o que não é o mesmo atributo dos demais ramos: é a diferença específica.

A definição, para enquadrar-se seguramente na verdade, sujeita-se a duas regras:

## 1ª – A DEFINIÇÃO DEVE CONVIR A TODO O DEFINIDO E SÓ AO DEFINIDO

Por esta regra não podemos definir o termo parcialmente, ou seja, deixando de fora alguma de suas partes. Esta regra enquadra-se no próprio sentido da definição pois não estaríamos circunscrevendo um termo, se deixássemos de fora alguma parte desse termo não se aplicando assim à exata compreensão dele. Por exemplo, "sentença é a decisão que diz quem tem razão"; nesse caso a sentença não está totalmente definida, pois não diz judicial.

Por outro lado, não pode a definição ser muito ampla, pois sendo análise dos atributos peculiares a um objeto, deve ater-se só a este objeto. Assim sendo, a definição é normalmente constituída de pequeno número de palavras. Típico exemplo de definição nos é dada por Aristóteles: "o homem é um animal racional".

## 2ª – A DEFINIÇÃO DEVE SER MAIS CLARA DO QUE O DEFINIDO

A finalidade da definição é esclarecer uma idéia; não se compreenderia então que a definição deixasse de ser clara. Pascal, em sua "Arte de persuadir", cita três observações referentes a esta regra:

A – Empregar na definição apenas termos claros por si mesmos ou já definidos. Assim, não podemos incluir na definição o

253

termo que se quer definir ou palavra cognata. Por exemplo: o Direito Falimentar é o ramo que estuda a falência.

B - Tampouco se deve definir um termo pelo seu contrário, porque, pressupondo a idéia de contrário, o conhecimento do oposto, não serviria para explicar.

C - Não pretender tudo definir, porque, sendo a definição essencialmente análise, deve necessariamente se deter nos elementos simples, suficientemente claros por si mesmos.

## ESPÉCIES DE DEFINIÇÃO

A definição perfeita é a indicada por Aristóteles e vulgarizada pelos escolásticos. É a definição pelo gênero próximo e diferença específica, também chamada de definição essencial. Porém, comumente desconhecemos a essência de muitas coisas, revelando-se desta forma a necessidade de outros tipos de definições ou processos diversos para se esclarecer o sentido de um termo ou diferenciá-lo dos outros. As espécies de definições citam-se no esquema abaixo:

Definição nominal $\begin{cases} \text{semântica} \\ \text{etimológica} \end{cases}$

Definição real $\begin{cases} \text{essencial} \\ \text{descritiva} \\ \text{genética} \end{cases}$

A DEFINIÇÃO NOMINAL tem por objeto determinar a significação de um termo, explicando-o ou diferenciando-o dos demais termos com os quais possa ele confundir-se. Há dois tipos de definição nominal: semântica e etimológica.

**Definição semântica** – quando se explica o sentido de um termo na sua evolução histórica, ou seja, pelo tempo afora. Assim, por exemplo, brasileiro era o homem de qualquer nacionalidade que comerciasse com pau-brasil; brasileiro depois passou a ser o originário do Brasil. Alimentos era o conjunto de comestíveis, mas no direito passou a ser um auxílio prestado por um parente a outro, constando não só de alimentos mas de dinheiro e outros benefícios.

**Definição etimológica** – quando se tenta explicar o sentido de um termo pela forma de como ele se originou. Assim, alguns explicam do sentido do termo "larápio" por ter-se originado do nome do questor romano Lucius Amarus Rufus Lara Apius, que se notabilizou pelo desvio, em benefício próprio, das arrecadações públicas. O termo "adultério" originou-se de sua definição dada pelo direito romano "Adulterium accessio ad ulterium allienum est" (ad ulterium). Comodato originou-se de "comodum-datum" = cômodo dado.

A DEFINIÇÃO REAL propõe-se a indicar a essência de um termo:

**Definição essencial** – quando são indicados o gênero próximo e a diferença específica.

**Definição descritiva** – quando expõe os elementos exteriores que especificam o objeto designado pelo termo.

**Definição genética** – quando determina e explica o objeto, indicando de que modo ele é feito.

## DIVISÃO

A divisão consiste em desmembrar um todo nas partes que o constituem. Existe bastante analogia entre a definição e a divisão: a primeira desenvolve a compreensão do termo e a segunda a sua extensão. Toda divisão supõe o todo, que é dividido e o fundamento ou critério segundo o qual o todo é dividido.

Considera-se todo aquilo que puder ser dividido. De acordo com as espécies de todo, haverá duas variantes:

DIVISÃO FÍSICA – quando desmembra um todo concreto, físico, material. É o caso da análise de ácido, sal, ou produto químico.

DIVISÃO LÓGICA – é a que interessa ao nosso assunto; é a operação intelectual porquanto analisa a extensão de uma idéia. Consiste em dividir essa idéia nos elementos que a compõem.

Quando, nas escolas, se estuda análise lógica, é a separação dos diversos termos da proposição, para se compreender cada um e chegar-se à compreensão do todo.

A divisão sujeita-se a três regras, não devendo realizar-se de forma arbitrária:

1ª – DEVE SER COMPLETA – Todas as partes do todo devem ser enumeradas, nada se omitindo. Assim, brasileiro não pode ser dividido em brancos e pretos, pois também há outras espécies incluídas nesse termo. A lei não pode ser dividida em ordinárias e complementares, pois há várias outras.

2ª – DEVE SER IRREDUTÍVEL – Não se devem enumerar partes que não sejam distintas entre si, de tal forma que uma parte esteja contida em outra. Não podemos, por exemplo, dividir o termo brasileiro em brancos, negros, amarelos e corintianos, pois esta última espécie está contida também nas outras três. Os contratos não podem ser divididos só em onerosos e aleatórios, porquanto os contratos aleatórios são também onerosos.

3ª – DEVE OBEDECER A ÚNICO CRITÉRIO – Deve a divisão ser fundada no mesmo princípio e servir-se de membros verdadeiramente opostos entre si. Não poderíamos dizer, por exemplo, que uma biblioteca deve ser constituída de livros didáticos e nacionais, porquanto didático não se opõe a nacional.

## 19.6. O juízo e a proposição. Os elementos do juízo. Espécies

O juízo é ato segundo do pensamento, mediante o qual o espírito humano combina duas idéias, estabelecendo entre elas uma relação de dependência; no juízo portanto, uma idéia fica subordinada à outra. Exemplos: o Brasil é grande – o réu é culpado – a ação é inepta – a lei está sendo transgredida. Nesse primeiro exemplo a idéia de grande não está apenas junto à de Brasil, mas está correlacionada com ela. Existe assim entre elas a relação de dependência.

Podemos ainda dizer que o juízo é o ato pelo qual o espírito afirma uma coisa de outra. Realmente, a relação estabelecida entre duas idéias implica uma afirmação ou negação. Ao estabelecer juízos, como por exemplo, o Brasil é grande, a ação está extinta, a família é o conjunto de pessoas, a reclamação procede (a reclamação é procedente), nada mais fazemos do que afirmar de diversas coisas algo que se tornou conhecido à nossa mente.

Afirmar é verbo aqui empregado de forma ampla; portanto podemos afirmar positivamente ou negativamente. De forma mais analítica, podemos dizer que o juízo consiste em afirmar ou negar alguma coisa de outra. De forma ainda mais especificada, podemos dizer que o juízo consiste em atribuir uma qualidade, um estado ou uma condição a um objeto.

Assim, se dissermos que o quadro é negro, estaremos atribuindo ao quadro a qualidade de negro. Se dissermos que a janela está aberta, estaremos atribuindo à janela o estado de aberta. Se o juiz diz que o réu é culpado, estará atribuindo ao réu a qualidade de culpado; se disser que o processo está suspenso, estará atribuindo o estado de suspenso.

É conveniente notar que juízo, juiz, julgar, julgamento, jurado, são todas palavras cognatas (nascidas com), isto é, têm a mesma origem. O juiz recebe essa designação porque julga; estabelece um juízo. Por isso, ao receber os autos do processo, para julgamento, de ação de despejo, o juiz cumprirá sua função, dizendo: a – a ação é procedente; b – a ação é improcedente.

Vemos pois que o juiz estabeleceu um juízo, dentro dos três aspectos anteriormente citados:

A - uniu duas idéias (ação-procedente), estabelecendo entre elas uma relação de dependência;

B – afirmou da ação que ela é procedente;

C – atribuiu a uma coisa (ação) a qualidade de procedente.

Se o juízo é a correlação estabelecida entre duas idéias, notaremos que, além delas, o juízo contará ainda com a relação estabelecida (afirmação ou negação).

São três portanto os elementos do juízo:

1 – aquilo de que se afirma ou nega alguma coisa (primeira idéia);

2 – aquilo que se afirma ou nega da primeira idéia (segunda idéia);

3 - uma afirmação ou negação.

## PROPOSIÇÃO

Enquanto a idéia é representada verbalmente pelo termo, o juízo é representado verbalmente pela proposição. A proposição é pois o enunciado verbal do juízo.

Se o juízo é formado por três elementos, a proposição forma-se também de três elementos: sujeito, predicado e liame. O sujeito é o primeiro termo e representa verbalmente a pessoa ou coisa de quem se afirma alguma coisa. O predicado é o segundo termo e representa aquilo que se afirma do sujeito.

Os dois termos são unidos pelo verbo ser, por isso chamado de liame. Às vezes, a proposição não traz explícito o verbo ser, porém estará ele implícito, podendo ser desdobrada a proposição com o aparecimento do verbo ser e o predicado representado pelo particípio designativo da qualidade ou estado atribuído ao sujeito. Se dissermos que "o sol brilha", seria o mesmo que dizer "o sol é brilhante". Se o juiz disser que "a ação procede" seria o mesmo que dissesse "a ação é procedente".

### Espécie de juízos e proposições

Há inúmeras classificações de juízos e proposições, mas, para maior facilidade, vamos considerar só a classificação segundo os critérios de qualidade e quantidade. Quanto à qualidade podem ser afirmativos, negativos e indefinidos; quanto à quantidade, podem ser universais, particulares e singulares. Vejamos como são:

Quanto à quantidade:

Universais – quando o sujeito é tomado em toda sua extensão, vale dizer, quanto o sujeito é um termo universal. Ex: Toda pessoa é capaz de direitos e deveres na ordem civil.

258

Particulares – quando o sujeito é termo particular. Ex: Alguns contratos são gratuitos.

Singulares – quando o sujeito é termo particular. Ex: Lula é cidadão brasileiro.

Quanto à qualidade:

Afirmativas – quando houver relação de conveniência entre o sujeito e o predicado. Ex: A ação é inepta.

Negativas - quando o predicado não convém ao sujeito. Ex: A ação não é inepta.

Indefinidas – quando for afirmativa pelo liame e negativa pelo predicado. Ex: A ação é improcedente.

Estamos pois encarando as proposições sob o prisma da quantidade e da qualidade. A qualidade de uma proposição é o seu caráter afirmativo ou negativo. Pela afirmação, declara-se se um certo predicado convém a, ou está contido em certo sujeito. Pela negação declara-se que certo predicado não convém a, ou não está contido em certo sujeito.

Com referência à qualidade, as proposições podem ser afirmativas ou negativas conforme convier ou não o predicado ao sujeito: a ação é procedente/a ação não é procedente.

Com referência à quantidade, as proposições podem ser universais ou particulares. É universal a proposição cujo sujeito for termo universal, isto é, tomado em toda a sua extensão: todo ser humano é capaz/nenhum ser humano é capaz.

A proposição diz-se particular quando o sujeito for termo particular, assim considerado quando designar parte de um todo. Ex: Algum estrangeiro é equiparado ao brasileiro.

Às vezes, a proposição traz explícito o sinal da quantidade (todo, todos, algum, alguns, certo, etc.). Ex: Todos os seres humanos são sujeitos de direito. Nem sempre, entretanto, o sinal de quantidade vem explícito. Ex: O ser humano é sujeito de direito.

Vimos assim que, de acordo com a qualidade e quantidade, as proposições podem ser de quatro espécies, designadas pelos símbolos universais A, E, I, O.

A – universal afirmativa – Todo ser humano é sujeito de direito.
E – universal negativa - Nenhum ser humano é sujeito de direito.
I – particular afirmativa – Algum ser humano é sujeito de direito.
O – particular negativa - Algum ser humano não é sujeito de direito.

## 19.7. Relações entre os juízos. Da inferência imediata

O raciocínio é a operação discursiva do pensamento, operação orientada para a conclusão. O raciocínio é a operação do espírito que de uma ou mais relações conhecidas conclui logicamente outras relações. Raciocinar é concluir, concluir é inferir, isto é, tirar uma proposição de uma ou mais proposições em que está implicitamente contida.

O raciocínio ou inferência faz-se, por conseguinte, de duas formas: ou imediatamente, quando de uma só proposição se conclui outra; ou mediatamente, quando se conclui uma proposição de várias proposições. Há portanto dois tipos de inferência:

A – imediata, que são a oposição e a conversão, e
B – mediata, que são a dedução e a indução.

INFERÊNCIA POR OPOSIÇÃO – Se observarmos as relações existentes entre os diversos tipos de proposições, notaremos que elas se opõem entre si de diversas maneiras:

1º – duas proposições universais, iguais portanto em quantidade, e diferentes em qualidade, (A-E) são contrárias;
2º - duas proposições particulares, iguais portanto em quantidade, e diferentes em qualidade (I-O), são subcontrárias
3º - duas proposições diferentes, tanto em qualidade como em quantidade (A-O, E-I) são contraditórias;
4º - duas proposições diferentes em quantidade e iguais em qualidade (A-I, E-O), são subalternas.

A inferência por oposição consiste em concluir imediatamente da verdade ou da falsidade de uma proposição oposta. Pela análise dos casos possíveis de oposição de proposições, estabeleceremos quatro regras, e depois exporemos em gráfico:

1º – duas proposições contraditórias (A-I) não podem ser falsas nem verdadeiras ao mesmo tempo; se uma é falsa, a outra será obrigatoriamente verdadeira;
2º – duas proposições contrárias (A-E) não podem ser verdadeiras ao mesmo tempo; se uma é verdadeira a outra será obrigatoriamente falsa; podem porém ser ambas falsas;
3º – duas proposições subcontrárias (I-O) não podem ser falsas ao mesmo tempo, mas podem ser ambas verdadeiras;
4º - duas proposições subalternas (A-I, E-O) podem ser verdadeiras e falsas ao mesmo tempo ou uma verdadeira e a outra falsa.

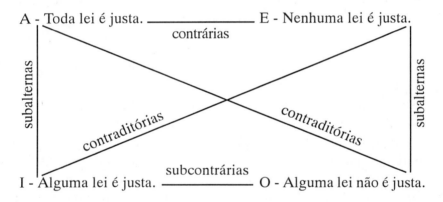

INFERÊNCIA POR CONVERSÃO – Vimos então que a primeira forma de inferência imediata é a oposição. A segunda forma é a conversão. Inferir por conversão é concluir imediatamente de uma dada proposição uma outra, transpondo-lhe os termos, ou seja, deslocando o sujeito e o predicado. Exemplo: nenhum ser humano é imortal/nenhum imortal é um ser humano. Notaremos que uma nova proposição foi formada com os mesmos termos de uma proposição anterior sem lhe modificar o sentido. A conversão sujeita-se a uma regra geral, em que a proposição não deve afirmar nada mais ou a menos que a proposição convertida.

A inferência por conversão é precariamente aplicada pois nem todos as espécies de proposições são recíprocas, ou seja, submetem-se à conversão sem modificar-lhe o sentido. Apenas são recíprocas a universal negativa (E) e particular afirmativa (I).

## 19.8. Dos métodos em geral. Da inferência mediata

A palavra método deriva etimologicamente de uma palavra grega que significa "caminho a seguir". O método pode ser considerado com o conjunto de processos que deverá empregar o espírito humano na pesquisa e demonstração da verdade. Vê-se portanto que o método constitui um dos principais problemas da ciência da lógica. Repetimos que a lógica é uma ciência, a ciência do pensamento, antes integrada na filosofia, mas hoje se desmembra dela, constituindo ciência à parte.

Como normalmente acontece na lógica, método não se estabelece "a priori": a prática precede à teoria para o estabelecimento dos métodos. Notamos assim que para atingir a verdade o método não é condição essencial mas acessória, tanto que foi ele estabelecido depois que o conhecimento foi atingido. Descartes, Newton, Leibniz e Boole foram os principais responsáveis pelo estabelecimento do método das ciências matemáticas; todos eles, porém, primeiro estudaram a matemática e depois seu método.

Apesar desse fato, a importância do método é evidente, principalmente quando se trata de pesquisa científica; um dos requisitos de uma ciência é a adoção de seus métodos peculiares. É ele que disciplina o espírito humano, exclui de suas investigações tudo que seja supérfluo e ocasional, atenua o esforço empregado na pesquisa, outorga ao saber sua firmeza, a sua coerência, a sua validade. É fator de segurança, de economia e facilidade.

Conforme acabamos de falar, uma das condições de uma ciência é a de ter o seu método. Cada uma delas possui métodos com particularidades que os fazem distinguir dos outros métodos. Existem porém métodos aplicados em geral e deles se socorre qualquer ciência. Isto porque uma ciência tem seu objeto próprio e a natureza desse objeto faz com que seu método adquira matizes próprios. Todas as ciências, todavia, seja qual for o seu objeto, têm a mesma missão; atingir a verdade, explicar o porquê dos fatos e por isso existe um método geral, cujos processos são aplicados a qualquer espécie de conhecimento. Falaremos aqui de alguns deles.

INFERÊNCIA MEDIATA – A inferência é a operação lógica pela qual se passa de uma ou de várias proposições, consideradas em si mesmas, a uma outra proposição que dela ou delas resulta, como conseqüência necessária por virtude de leis lógicas. A inferência pode ser imediata quando inferimos uma proposição de uma só. É mediata quando existir uma proposição intermediária (de "medius" = meio). Em outras palavras, a inferência mediata consta de duas ou mais proposições para delas se inferir a conclusão.

Os dois tipos de inferência imediata são a oposição e a conversão e delas nos ocupamos no item 6. Ocupar-nos-emos agora da indução e da dedução, os dois tipos de inferência mediata.

A principal espécie de dedução é o silogismo, do qual nos ocuparemos pormenorizadamente nos capítulos seguintes. O silogismo serve-se de duas proposições para gerar a conclusão, enquanto que a dedução em si pode servir-se de maior número de proposições. Nas ciências matemáticas, por exemplo, a dedução assume formas mais variadas.

A dedução é o processo de raciocínio que nos leva a concluir do universal para o particular ou menos universal. Chama-se ainda dedução quando se conclui uma proposição de igual valor das proposições tomadas como base.

A indução é um processo de sentido contrário pois dos fatos particulares chega-se à conclusão universal. Tomemos o exemplo de dedução:

– o mútuo, o depósito, a compra e venda, o mandato, a troca, são contratos;

– o mútuo, o depósito, a compra e venda, o mandato, a troca, são acordos;

– logo, o mútuo, o depósito, a compra e venda, o mandato, a troca são acordos.

Vimos por esse exemplo, que de cinco fatos particulares, inferimos uma proposição universal.

Tomemos porém o exemplo de uma dedução, isto é, em que de proposição universal se extrai uma particular:
– os contratos são acordos;
– a locação é um contrato;
– logo, a locação é um acordo.

ANALOGIA – Este termo deriva etimologicamente de uma palavra grega que significa "segundo proporção", semelhança, paridade. A analogia é um processo de raciocínio que, de certas semelhanças observadas, conclui outras semelhanças ainda não observadas. A base essencial da analogia é a semelhança ou a coincidência de alguns pontos entre objetos distintos. Dois objetos são análogos quando possuem entre si alguns pontos de coincidência.

Há diferença entre analogia e indução; a indução leva-nos a conclusão segura, que gera a certeza, enquanto que a analogia leva-nos a conclusão apenas provável. A indução faculta-nos a estabelecer uma proposição universal partindo de fatos particulares, conforme vimos no exemplo acima exposto. A analogia leva-nos a juízos de igual valor, por concluir do semelhante para o semelhante. Concluindo do semelhante para o semelhante, não nos encaminha ela a não ser a uma probabilidade; daí o caráter hipotético de toda conclusão por analogia.

Por exemplo, o juiz deve julgar alguma questão relacionada com estacionamento de veículo. Não há lei que regulamenta esse tipo de contrato, mas o novo Código Civil regulamentou o contrato de prestação de serviços. O trabalho realizado pelo posto de estacionamento de veículos apresenta muitos pontos de coincidência com o trabalho das empresas prestadoras de serviços; realiza ele o serviço de guardar o carro de seu cliente, devolvendo-o em seguida. Há muita analogia com o contrato de depósito, tal como é regulamentado no Código Civil. Como poderá o juiz julgar essa questão? Poderá se basear na analogia entre o contrato de estacionamento e os contratos de depósito e prestação de serviços.

Aliás, a analogia constitui fonte de direito, segundo está previsto na Lei de Introdução ao Código Civil, no art. 4º:

264

"Quando a lei for omissa, o juiz decidirá o caso de acordo com a analogia, os costumes e os princípios gerais do direito".

Apesar do caráter hipotético do raciocínio analógico, não deixa ele de ser altamente empregado na pesquisa científica, tanto quanto no direito.

Newton, por exemplo, estabeleceu a sua teoria da atração dos corpos, iniciando seu raciocínio pela analogia com a queda de uma maçã.

Saint Hilaire e Cuvier estabeleceram a teoria da anatomia comparada iniciando-se com o estudo da analogia de funções entre o braço do homem, a asa da ave, a perna do quadrúpede e a barbatana do peixe. Todas essas funções apresentam pontos de coincidência entre si, como por exemplo, todas servem de impulso ao movimento.

O próprio Cuvier reconstituiu a formação óssea de diversas espécies desaparecidas, partindo de um só osso fóssil, baseando-se na analogia e servindo-se da lei de correlação orgânica.

Encontra porém a analogia restrições quando a lei for claramente positiva e clara quanto à sua aplicação. O Direito Penal, por exemplo, faz restrições a quem quiser basear conclusão com base na analogia, por basear-se ela em presunções. Ainda que certo ato apresente analogia com crime previsto em lei, não se poderá considerar esse ato como crime, ainda que apresente muita semelhança com o previsto crime. Só pode haver crime se a lei prever, como diz o art. 1º do Código Penal (nullum crimen, nulla poena sine lege).

ANÁLISE E SÍNTESE – A maior dificuldade de compreensão dos objetos é a sua complexidade. A complexidade advém do grande número de elementos que podem constituir um objeto. Para vencer o obstáculo da complexidade o espírito humano socorre-se da análise e da síntese.

A análise é a decomposição do todo nas partes que o constituem; a síntese é o contrário; é a reconstituição do todo decomposto pela análise. Vemos assim que a análise é o processo que parte do mais complexo para o menos complexo, enquanto que a síntese parte do mais simples para o menos simples.

A análise e a síntese formam um só método, não se separando a não ser para maior exame do processo; se o todo é analisado, o processo só se completará depois que for reconstituído pela síntese. Isto porque a ciência de um objeto não se limita ao conhecimento minucioso das suas diversas partes, mas, exige ainda o conhecimento dessas partes na formação do todo.

Podemos analisar objetos concretos como ácido, motor e outros semelhantes; é a análise experimental, também chamada análise física ou real; é usada nas ciências da natureza, a física, a química e a biologia.

A análise racional, lógica ou ideal, é a divisão de realidades intelectuais. É esta que nos interessa, pois é a utilizada no direito. É a análise de idéias ou de grupo de idéias. Nos primeiros bancos escolares, depara-se com estudo da análise lógica ou sintática, ensinando o estudante a compreender melhor um texto complexo, por conter várias idéias. A análise lógica ou sintática separa as idéias e juízos contidos na exposição do pensamento.

Já se chegou a afirmar que a análise sintática fosse análise real, por separar palavras, que são objetos materiais. Não é o que ocorre, pois a realidade nos indica que as idéias é que são separadas de um complexo de idéias. Não se separam palavras, mas termos, os quais representam a expressão verbal de um juízo.

É o que faz o juiz ao analisar um processo; separa ele as diversas idéias contidas no processo, visando a estudar cada uma de per si; depois reagrupa essas idéias para formar o todo. Eis nesse exemplo, a aplicação da análise e da síntese.

Assim também faz o acadêmico para compreender melhor um texto. Se ele for muito complexo, por conter muitas idéias, decompõe o acadêmico esse texto nas idéias que o compõem e, se necessário, analisa também essas idéias. Em seguida faz a síntese, reagrupando as idéias dissecadas. Prestaram assim a análise e a síntese reais serviços ao pensamento, constituindo uma a contraprova da outra.

266

Vamos citar exemplo dos serviços prestados pela análise e pela síntese, citando um texto complexo, pouco compreendido, embora muito conhecido: "ouviram do Ipiranga às margens plácidas de um povo o heróico brado retumbante". Se formos decompor esse texto chegaremos a várias idéias, que, analisadas em si, nos darão seu verdadeiro sentido:
Sujeito: às margens plácidas do Ipiranga;
Liame: ouviram;
Predicado: o brado retumbante;
De quem? – de um povo heróico.

A INTUIÇÃO NA INVESTIGAÇÃO CIENTÍFICA – Para chegar ao conhecimento de um objeto, o espírito humano nem sempre faz uso da lógica ou do raciocínio. É chamado de conhecimento lógico o tipo de conhecimento brotado da combinação de idéias, ou mais precisamente, de qualquer processo de raciocínio mediato ou imediato.

Nem sempre porém o espírito humano necessita do raciocínio para apreender a verdade, podendo chegar a ela diretamente, por meio do conhecimento intuitivo. A palavra "intuição" é vulgarmente empregada no sentido de pressentimento ou espécie de instinto pelo qual se descobre ou adivinhe o que é ou deve ser. Por exemplo; o sol brilha; não é necessário o raciocínio para se saber que o sol está brilhando. Se o espírito humano quiser saber por que o sol brilha, será contudo forçado a usar o raciocínio.

O termo "intuição" na lógica, todavia, designa o conhecimento claro, direto e imediato da verdade, sem auxílio do raciocínio. O conhecimento intuitivo, contraposto ao conhecimento discursivo, caracteriza-se pela espontaneidade e pela evidência. É chamado também de conhecimento vulgar. Examinaremos mais tarde que a lógica considera três tipos de conhecimento: intuitivo ou vulgar, científico e filosófico.

A origem etimológica da palavra é do verbo latino "intuere" = ver; é normalmente vendo o objeto que tomamos conhecimento dele. Não é contudo só da visão que tomamos intuitivamente conhecimento da verdade, pois outros sentidos também apreendem o objeto em seu próprio ser presente. Distinguem-se duas espécies de intuição: sensorial e intelectual.

A intuição sensorial não se observa apenas no homem mas também nos animais. A ela pertencem as apreensões do conhecimento sensível: sensação, percepção, imagem. Este conhecimento direto e imediato do objeto não deixa de ser importante na investigação científica, porque é a partir dele que o espírito humano elabora sua produção intelectual. Além do mais, o conhecimento intuitivo, apesar de ametódico, assistemático e sem comprovação, é, muitas vezes verdadeiro e revela a um cientista verdades que o próprio raciocínio encontra dificuldades em descobrir.

A intuição intelectual é privativa do espírito humano. Através dela apreendemos de forma direta não objetos concretos e individuais mas idéias ou representações intelectuais. É mais rara em se observar, pois, normalmente nosso espírito procura realizar evoluções para apreender idéias, fazendo com que idéias se tornem produtos da abstração. Assim, se o professor fala ao aluno: "a locação é um contrato", fica o aluno sabendo intuitivamente que a locação é um contrato, pois o conhecimento foi adquirido por meio da audição, sem precisar de raciocínio. Quererá ele saber entretanto por que a locação é contrato ou o que é contrato.

### 19.9. Do silogismo e seus elementos. Regras

O silogismo é uma inferência mediata, cuja teoria se deve a Aristóteles e constitui a base de seu sistema lógico. Esta teoria foi exposta no tratado ANALYTICA PRIORA (Primeiros Analíticos), que, juntamente com outros tratados aristotélicos sobre lógica foi agrupado sob o nome de Organum. Podemos assim defini-lo:

"O silogismo é o raciocínio dedutivo e mediato, constituído de três proposições, dispostas de tal modo que a terceira, chamada conclusão, deriva logicamente das duas primeiras, chamadas premissas".

Três termos são empregados na formação do silogismo, usados porém duplamente, de tal modo que serão seis termos. Os seis termos são distribuídos em três proposições. Ex:

Os menores de 16 anos são incapazes (premissa maior – PM);
　　　 M　　　　　　 T
Olavo é menor de 16 anos (premissa menor – Pm);
　t　　　 M
Logo, Olavo é incapaz.
　　　 t　　 T

Os termos são assim designados: o termo menor (t) é sempre o que exerce na conclusão a função de sujeito. O termo maior (T) é sempre o que na conclusão exerce a função de predicado. O terceiro termo será evidentemente o termo médio (M).

Uma premissa será assim constituída do termo médio (M) e do termo maior (T), chamando-se por isso premissa maior (PM). A outra premissa será constituída do termo médio e do termo menor, chamando-se por isso premissa menor (Pm). Notaremos que as duas premissas conterão sempre o termo médio (M) que, por sua vez, nunca está na conclusão. São estes os termos do silogismo.

REGRAS E FIGURAS DO SILOGISMO – O silogismo é regulamentado por oito regras, das quais, quatro se referem aos termos e quatro às proposições. São as seguintes as regras que regulamentam os termos:

1º – O silogismo só pode conter três termos:

São Francisco é um santo;
São Francisco é uma universidade;
Logo, os santos são universidades.

A conclusão errônea desse silogismo advém da presença de quatro termos na sua formação; as palavras São Francisco constituem na realidade dois termos pois designa dois objetos diferentes. Há então quatro termos nesse silogismo defeituoso.

2º – Nenhum termo pode ter na conclusão, extensão maior do que contiver nas premissas:

Esta regra enquadra-se na primeira, porquanto, mudando-se a extensão de um termo, determina-se a presença de outro termo. Ex:

Algumas plantas são venenosas;
      M           T

Estes cogumelos são plantas;
     t         M

logo, os cogumelos são venenosos.
     t        T

As palavras "cogumelos", na segunda premissa, é um termo particular, pois se aplica a um restrito número de cogumelos. Todavia, na conclusão, é termo universal, por aplicar-se à totalidade dos cogumelos.

Assim sendo, o termo "cogumelos" tem extensão maior na conclusão do que na segunda premissa, desobedecendo à regra e levando a conclusão errada.

Vejamos outro exemplo:

As orcas são ferozes;
  M     T

Algumas baleias são orcas;
     t       M

logo, as baleias são ferozes.
     t      T

O termo "baleias" é particular na segunda premissa por designar "algumas baleias", enquanto que na conclusão é termo universal, por se referir a todas as baleias. Tem pois o termo "baleias" extensão maior na conclusão do que na segunda premissa. A desobediência à regra, leva-nos a conclusão falsa pois nem todas as baleias são ferozes, mas apenas algumas.

3º – O termo médio (M) deve ser universal ao menos uma vez:

Os baianos são brasileiros;
Os paulistas são brasileiros;
Logo, os baianos são paulistas.

O termo médio (M), ou seja, brasileiros, tanto na premissa maior como na menor, não é universal, mas particular, por ter extensão restrita.

4º – A conclusão nunca deve conter o termo médio:

O menor de 16 anos é incapaz;
Olavo é incapaz;
Logo, todo incapaz é menor de 16 anos.

Veja-se aqui que o termo médio (incapaz) aparece na conclusão. Se o sujeito da conclusão é o termo menor e o predicado o termo maior, e tendo a proposição apenas dois termos, não haveria lugar para o termo médio.

As regras referentes às proposições:

1º – Não podem ambas as premissas ser negativas:

Nenhum crime traz benefícios;
O cigarro não é crime;
Logo, o cigarro traz benefícios.

2º – Não podem ambas as premissas ser particulares:

Algum contrato é bilateral;
A doação é um contrato;
Logo, a doação é bilateral.

A regra deste exemplo enquadra-se na 3ª regra referente aos termos, pois se ambas as premissas são particulares, o termo médio (M) será particular em ambas. Neste caso, bilateral e contrato são termos particulares, o que levou à conclusão errada, visto que a doação não é bilateral mas unilateral.

3º – A conclusão segue sempre a parte mais fraca:

Entenda-se como parte mais fraca a proposição particular ou negativa nessa regra; se uma das premissas for negativa, a conclusão também o será; se uma das premissas for particular, a conclusão também será particular. Vejamos o exemplo de Aristóteles, em que a segunda premissa é particular, ficando a conclusão também particular.

Todo ser humano é mortal;
Sócrates é ser humano;
Logo, Sócrates é mortal.

4º – Se ambas as premissas forem afirmativas, a conclusão será afirmativa.
É o caso do silogismo acima citado. Baseia-se essa regra no princípio de identidade, porquanto se houver duas afirmações, não pode haver uma negação ao mesmo tempo.

FIGURAS DO SILOGISMO: SUB-PRAE – PRAE-PRAE – SUB-SUB – O termo médio (M) pode ocupar nas duas premissas qualquer posição e de acordo com a sua colocação determinará três figuras, previstas por Aristóteles, vulgarmente assim chamadas: sub-prae, prae-prae, e sub-sub (abreviaturas de "subjectum" e "praedicatum"). Vamos agora exemplificar as três figuras.

1º – O M (termo médio) é sujeito na premissa maior (PM) e predicado na menor (Pm):

SUB-PRAE - Os menores de 16 anos são incapazes (PM);
Olavo é menor de 16 anos (Pm)
Logo, Olavo é incapaz.

272

Como se vê no exemplo acima, o termo médio, ou seja, "menores de 16 anos", é sujeito na primeira premissa e predicado na segunda.

2º – O termo médio é predicado nas duas premissas.

PRAE-PRAE - Nenhum imortal é homem;
        T    M

      Olavo é homem;
       t    M

      Logo, Olavo não é imortal.
       t     T

3º – O termo médio é sujeito nas duas premissas:

SUB-SUB -Todo contrato é acordo;
      M    t

      Todo contrato é um acerto;
      M     T

      Logo, algum acordo é acerto.
       t    T

## 19.10. Modos do silogismo. Espécies

Consoante vimos no item 6, existem quatro espécies de proposição (A, E, I, O). Essas proposições podem se combinar para a formação do silogismo, ocupando qualquer lugar entre as duas premissas. Multiplicando 4 por 4, teremos então 16 modos de se formar o silogismo. Como existem quatro figuras, notaremos 64 modos de um silogismo ser formado. Vamos então representar as 16 combinações que se podem realizar com as quatro proposições:

| AAAA | - | EEEE | - | I I I I | - | OOOO |
|------|---|------|---|---------|---|------|
| AEIO | - | AEIO | - | AEIO | - | AEIO |

273

Acontece porém que a grande parte das combinações acima citadas infringem as regras do silogismo. Assim, a combinação EE, não é legítima pois ambas as proposições são negativas. A combinação O-I contraria também a regra por serem ambas particulares.

Eliminando todos os modos que desobedecem às 8 regras do silogismo, sobrarão apenas 19 modos legítimos: 4 para a primeira figura, 4 para a segunda, 6 para a terceira e 5 para a quarta. Esses 19 modos recebem nome específico:

1º - Barbara – Celarent – Darii – Zerio;
2º – Cesare – Camestres – Festino – Baroco;
3º – Darapti – Disamis – Datisi – Felapton – Bocardo – Ferison
4º – Bramantip – Camenes – Dimaris – Fesapo – Fresison.

Essas palavras são simbólicas pois todas elas são trissílabas, e cada uma das três vogais representa a espécie de proposição. Por exemplo: Barbara designa um modo tendo três proposições universais afirmativas: A-A-A. – Exemplifiquemos esses modos, indicando apenas um silogismo para cada figura:

1ª figura – DARII –     A -   Todo menor de 16 anos é incapaz (PM);
                                      M                   T
                        I -   Olavo é menor de 16 anos (Pm);
                                t              M
                        I -   logo, Olavo é incapaz.
                                     t          T

2ª figura – CESARE -    E -   Nenhum ato jurídico é ilícito (PM);
                                         T              M
                        A -   Todo crime é ato ilícito (Pm);
                                    t        M
                        E -   Nenhum crime é ato jurídico.
                                      t           T

3ª figura – DARAPTI -   A -   Todo crime é ilícito (PM);
                                    M        T
                        A -   Todo furto é crime (Pm);
                                    t        M
                        I -   Algum furto é ilícito.
                                    t        T

4ª figura – CAMENES -  A -  Todo <u>contrato</u> é <u>acordo</u> (PM):
M t
E -  Nenhum <u>crime</u> é <u>contrato</u> (Pm)
T M
E -  Nenhum <u>acordo</u> é <u>crime</u>.
t T

ESPÉCIES de SILOGISMO – O silogismo tem formação muito rígida, tanto que é regulamentado por oito regras. Existem porém certas espécies de raciocínio que seguem os critérios silogísticos, não seguindo porém suas regras. São os seguintes:

1 – ENTIMEMA – É silogismo em que fica elíptica uma das premissas.
Ex:  Toda virtude é louvável – logo, a esperança é louvável.
Todo contrato é acordo – logo, a compra e venda é acordo.
Todo negócio jurídico é válido – logo, o contrato é válido.

Nota-se nos exemplos acima que ficou faltando a premissa menor.

2 – EPIQUEREMA –  É o silogismo em que as premissas são acompanhadas de outra proposição que justifica ou explica seu sentido. É célebre o epiquerema construído por Cícero na famosa oração "Pro Milone" em quem procura defender seu amigo Milone pelo assassinato de Clódio:

– É permitido matar o injusto agressor – a lei natural e a positiva autorizam-no;
– Clódio foi injusto agressor de Milone – a escolta e as armas provam-no;
– Logo, era permitido a Milone matar Clódio.

3 – POLISSILOGISMO – É uma cadeia de silogismos, em que a conclusão de um é, ao mesmo tempo, a premissa do silogismo seguinte. Ex:
Todo corpo tem volume; O ar é um corpo; logo, o ar tem volume;
O que tem volume é pesado; logo, o ar é pesado;
O que é pesado é sensível; logo, o ar é sensível.

4 – SORITES – É o silogismo constituído de diversas proposições encadeadas, em que o predicado de uma proposição é o sujeito da proposição seguinte. O sujeito da primeira proposição é o sujeito da última e o predicado da penúltima é o predicado da última (conclusão). Ex:

O avarento é ambicioso; o ambicioso é atormentado; o atormentado é infeliz; o infeliz vive pouco; logo, o avarento vive pouco.

5 – DILEMA – É espécie de silogismo composto de proposição disjuntiva como premissa maior e duas ou mais proposições condicionais como premissas menores que nos levam a idêntica conclusão. É por isso chamado de "faca de dois gumes". Famoso é o dilema apresentado por oficial romano à sua sentinela, que abandonara seu posto à aproximação do inimigo:

– Ou estavas no teu posto ou não estavas; se não estavas, abandonaste o teu posto;

– Se estavas, não avistaste os teus companheiros;

– Logo, em ambos os casos, mereces ser condenado.

Outro exemplo famoso é o dilema apresentado pelo filósofo grego Protágoras ao seu aluno Euatro. Protágoras dera aulas ao advogado Euatro com pagamento previsto para a primeira causa que Euatro ganhasse. Como Euatro não quisesse defender causa alguma, Protágoras processou-o pois assim teria que atuar em causa própria. O dilema apresentado foi o seguinte:

Ou ganhas esta causa ou a perdes; se a ganhares, terás de pagar-me conforme o trato;

Se a perderes, terás de pagar-me, de acordo com a sentença;

Logo, em ambos os casos terás de pagar-me.

Euatro, por sua vez, retorquiu com outro dilema:

Ou perco esta causa ou a ganho; se a ganho não te pago, de acordo com a sentença;

Se a perco não te pago de acordo com nosso trato; logo, em ambos os casos, não te pago.

6 – SILOGISMO HIPOTÉTICO – Quando a premissa maior for uma proposição hipotética (também chamada condicional). Ex:
– Se houver acidente, você receberá o prêmio do seguro; não houve qualquer acidente;
– Logo, você não receberá o seguro.

7 – SILOGISMO DISJUNTIVO – Quando a premissa maior for proposição disjuntiva (também chamada alternativa). Ex:
– Esta figura é quadrada ou retangular; esta figura é quadrada;
– Logo, esta figura não é retangular.

8 – SILOGISMO CATEGÓRICO – É todo silogismo que não seja disjuntivo ou hipotético, vale dizer, a maioria.

## 19.11. Valor do silogismo. Do sofisma

Segundo Aristóteles, o silogismo é a forma por excelência do raciocínio, tanto que nele repousam as bases essenciais da lógica clássica. Tem-se discutido há muitos séculos sobre a importância que assumiu o silogismo na evolução do pensamento. É indubitável que atualmente não mais poderá ser o silogismo a base essencial da extração de novas idéias, visto que a ciência evoluiu bastante, pedindo assim outros métodos.

Já nos séculos XV e XVI dois críticos se insurgiram contra seu emprego: o inglês Bacon e o francês Descartes. Os ataques se processam de forma bem dirigida, visto que os inimigos do silogismo não só se apegam aos princípios lógicos para combatê-lo, como ainda propõem outros processos de raciocínio.

Bacon o considera inaplicável ao estudo das ciências da natureza, enquanto que Descartes, secundado mais tarde por Stuart Mill, reputa-o como pura tautologia, ou seja, mero jogo de palavras. Assim, por exemplo, afirma Descartes, se tomarmos em consideração o silogismo:
– As estrelas são brilhantes – O sol é uma estrela;
– Logo, o sol é brilhante.

Desde que citamos a proposição universal é porque já sabemos que o sol é uma estrela e também é brilhante.

Essas opiniões não se generalizam entretanto dentro da filosofia, tendo o silogismo seus cultores até no mundo moderno, conforme se pode notar nessa afirmação de Leibniz:

"A invenção dos silogismos é uma das mais belas e das mais consideráveis do espírito humano".

Ainda hoje o valor do silogismo é ressaltado por filósofos contemporâneos, como Jacques Maritain e Bertland Russel. Realmente, a conclusão está implícita na premissa maior, porém não é conhecida. Lança então o processo do silogismo a ação do termo médio, mediante a qual é descoberta uma verdade, que não estava explícita.

DO SOFISMA – O sofisma é o pensamento errado que entretanto se apresenta com aparência de verdadeiro. Recebe ainda o nome de "paralogismo" se for cometido de boa-fé, enquanto que o sofisma propriamente dito é raciocínio incorreto, apresentado para iludir.

Perante a lógica porém não nos cabe apreciar a intenção com que o sofisma for feito, mas analisar as modalidades de sofismas, refutá-los e colocar o raciocínio dentro dos princípios lógicos e de seus processos. Assim, sofisma e paralogismo são a mesma coisa para a lógica, embora sejam diferentes para a Ética. Procura a lógica orientar o advogado e o juiz para que não se deixem enganar pela aplicação de recurso matreiro de argumentação.

Os sofismas decorrem de dois fatores: podemos raciocinar bem, mas assentados em bases falsas, sendo pois de causas provenientes de palavras, isto é, erros de interpretação de linguagem; são por isso chamados de sofismas verbais ou sofismas de palavras.

Outros sofismas decorrem de raciocínios mal dirigidos, embora suas bases sejam legítimas; são portanto sofismas de idéias, sendo por isso chamados de ideais. Haverá portanto sofisma verbal e sofisma ideal. Vejamos então os variados tipos de sofismas.

### Sofismas verbais

1º Equívoco – Consiste em empregar palavras que constituam termos diferentes. É quando se fala de uma pessoa, referindo-se a outra, ou uma coisa referindo-se a outra. Ex:

– São Francisco é um santo. – São Francisco é uma universidade.
– Logo, as universidades são santas.
– O mandado é uma ordem judicial. – O mandado é um oficial de justiça.
Logo, o oficial de justiça é uma ordem judicial.

2° – **Sofisma de oposição** – Ocorre se forem empregadas irregularmente as regras da oposição, estudadas no item 6. Ex:
– Todo ser humano é injusto, logo, nenhum ser humano é injusto.
– Toda lei é perfeita, logo, nenhuma lei é perfeita.
Nesses exemplos, a primeira proposição é falsa, e por isso, conclui-se erradamente que a proposição contrária seja verdadeira.

3° – **Sofisma de conversão** – Ocorre se forem empregadas irregularmente as regras da conversão, estudadas no item 6. Ex:
Todo ser humano é ser vivo. – Logo, todo ser vivo é ser humano.
O raciocínio expresso na segunda proposição tornou-se sofisma por haver-se processando na conversão simples de uma proposição universal afirmativa (A), que não é proposição recíproca.

**Sofismas ideais**

Os sofismas ideais, isto é, os que se assentam em bases legítimas porém se processam irregularmente na extração de novo juízo podem ser sofismas de indução e de dedução.

1. Sofisma de acidente – Consiste em tomar uma coisa que seja acidental sob a consideração de que seja essencial. Ex:
   – Clóvis Bevilaqua e Teixeira de Freitas são juristas.
   – Ambos são mortos.
   Logo, os juristas são mortos.

2. Sofisma de falsos supostos (ignoratio elenchi) – Consiste em demonstrar como verdadeira uma questão que não está em assunto. Por exemplo: numerosos advogados ao defenderam um acusado de qualquer deslize legal, costumam demonstrar que o

réu é trabalhador e bom chefe de família. Isto é naturalmente um desvio da questão em pauta, um "ignoratio elenchi", uma vez que o assunto é discutir se o réu é culpado ou inocente e não se ele é ou não bom chefe de família e trabalhador. Esse tipo de sofisma é de larga aplicação por advogados chicaneiros.

3. Sofisma de falsa analogia – Consiste em concluir devido a certos pontos de semelhança existentes entre objetos distintos. Ex:
– Marte e terra são planetas.
– A terra é habitada.
– Logo, Marte é habitado.
Outro exemplo; troca e venda transferem bens; a venda tem o preço; logo, a troca também tem preço. Mais outro exemplo: doação e venda são contratos; a doação é unilateral; logo, a venda é unilateral.

4. Sofisma de arrolamento imperfeito – Este sofisma nos leva a concluir por um juízo universal, baseados na coincidência de determinados fatos particulares insuficientes. É bem parecido com o sofisma de acidente. Ex:
– Orlando Gomes, Fran Martins, Clóvis Bevilaqua e Teixeira de Freitas são juristas. Eles são nordestinos.
– Logo, os juristas são nordestinos.

SOFISMAS DE DEDUÇÃO
1. petição de princípio – Consiste em tomar como princípio do argumento aquilo mesmo que está em questão. É o caso, por exemplo, de se afirmar que o papa é infalível porque não erra. – Outro exemplo: O crime é condenável porque é um ato criminoso.
2. círculo vicioso – É dupla petição de princípio, que consiste em demonstrar, uma por outra, duas proposições que igualmente necessitam de serem demonstradas. É o caso, por exemplo, de se dizer que: – o papa é infalível porque não erra; e porque não erra? – porque é infalível.

280

## 19.12. Da indução e suas formas. Fundamentos da indução

A indução é o raciocínio pelo qual, de muitos casos particulares, infere-se uma lei geral. Para que a indução seja legítima cumpre considerar não um, dois ou poucos casos particulares, mas muitos, pelo menos tantos quantos autorizem uma generalização. Não é, por exemplo, no caso de existirem em uma comunidade duas ou três pessoas inidôneas que se tenha direito de dizer que em geral todos os sejam.

Enquanto a dedução conclui do universal para o particular ou da essência do objeto para as propriedades necessárias dele, a indução, partindo dos casos particulares observados, pretende chegar a uma lei universal que seja válida igualmente para os casos não observados. É portanto operação mental que vai dos fatos, de um certo número de observações e experiências, a uma proposição universal, à lei. Pertencem ao domínio da indução, por exemplo, as leis das ciências naturais e da psicologia científica.

Nas ciências jurídicas a indução igualmente se faz presente. Concorre com a dedução, malgrado com menor incidência. Distinguem-se habitualmente duas formas fundamentais de inferência indutiva: formal e amplificante.

A indução formal, também chamada de completa ou aristotélica, por ter sido Aristóteles quem a indicou, consiste na observação dos fatos particulares, isto é, em uma enumeração. Vejamos como se chegou, por exemplo, à proposição universal de que toda coisa é objeto material: A mesa, a cadeira, o livro, o armário são coisas; todos são objetos materiais: logo, as coisas são objetos materiais.

Note-se que falamos em quatro objetos apenas, mas poderiam ser milhares deles. Esclareça-se ainda que "coisa" é um bem material, concreto, corpóreo, segundo nos ensina o Direito das Coisas, integrado no Direito Civil.

A indução amplificante é também chamada de indução incompleta ou baconiana, por ter sido descrita por Bacon. De um número relativamente reduzido de fatos observados, conclui-se para todos os casos semelhantes.

Amplificamos assim o resultado de nossas observações e generalizamos constantemente. Ex: os cisnes são brancos (fazemos essa conclusão porque já vimos diversos cisnes, todos brancos, e assim generalizamos o que nos foi dado observar. Exemplo semelhante: os patos gostam da água; assim concluímos porque se vêem muitos patos na água.

Ainda outro exemplo de indução amplificante: "as ações executivas são eficazes". Concluímos desta forma porque elas são mais rápidas do que as ordinárias.

FUNDAMENTO DA INDUÇÃO – O fundamento da indução é o princípio do determinismo ou das coincidências constantes. Entretanto, a ciência crê, mas não demonstra esse princípio, razão por que o fundamento da indução, que é o princípio do determinismo dos fatos, é um postulado, ou seja, princípio indemonstrável, mas que exige sua aceitação provisória em vista de sua fecundidade metológica.

### 19.13. A verdade e o erro. Critério da verdade e da certeza

A descoberta da verdade é o objeto de toda ciência e o objeto da lógica é dar ao pensamento os meios necessários para atingir de forma precisa e segura a verdade procurada. Torna-se pois imprescindível estudar a natureza da verdade e do erro e indicar os sinais que os distinguem.

A lógica é uma ciência autônoma, embora sempre tenha sido parte da filosofia, como também a psicologia e outras ciências autônomas. O direito é também uma ciência e como ciência autônoma necessita também de seus métodos na procura da verdade e do erro. Por essa razão, surge a lógica jurídica, especialmente voltada para estudar a metodologia científica, para que forneça ao direito os mecanismos necessários à pesquisa da verdade. Torna-se pois imprescindível estudar a natureza da verdade e do erro e indicar os sinais que o distinguem. Esse estudo constitui o objeto da lógica científica.

A verdade é a relação de conformidade entre o conhecimento e o objeto conhecido, ou seja, é a harmonia entre o objeto concebido e o conceito que fazemos desse objeto. Assim foi ela definida por Aristóteles: "a verdade consiste em dizer o que é e o que não é". Se a verdade é a relação entre o objeto pensado e o pensamento, supõe-se que às vezes o pensamento deve-se conformar com o objeto e, outras vezes, é o objeto que se conforma com o pensamento. Daí duas verdades:

A – verdade lógica – é o conhecimento do objeto tal qual ele é, vale dizer, a conformidade do pensamento com o objeto pensado. É o caso da testemunha que diz o que ela realmente viu, como por exemplo, uma arma. As características da arma são as que estão no pensamento da testemunha; há identidade entre o objeto e a representação do objeto na mente de quem depõe.

B – verdade ontológica – é a consideração das coisas como as concebemos. É a hipótese da testemunha que afirma ter visto a arma que é colocada à sua frente. Não é porém a mesma arma. Na mente da testemunha a arma apresentada é igual à que ela afirma ter visto. Não está a testemunha faltando com a verdade, mas expõe a verdade que existe em seu pensamento.

## CRITÉRIO DA VERDADE E DA CERTEZA

A inteligência humana tende naturalmente para a verdade mas nem sempre consegue atingi-la ou então a atinge de forma imperfeita. Iremos então observar quatro estados de espírito ante a verdade: ignorância, dúvida, opinião, certeza.

A – Ignorância – é a impossibilidade do espírito humano em afirmar ou negar alguma coisa; é portanto a ausência de conhecimento. Se perguntarmos a pessoa comum o que seja "preempção", ver-se-á essa pessoa sem resposta, ante essa palavra que nunca escutara.

B - Dúvida – não é o estado negativo do espírito como na ignorância, mas estado de equilíbrio entre duas proposições contra-

283

ditórias. Se perguntarmos a alguém o que seja "mandato", poderá ela confundir com "mandado" e seu conhecimento ficar em dúvida quanto ao seu significado.

C – Opinião – é o estado de espírito que afirma com temor de errar, pois julga haver razões para afirmar e também para negar. Uma testemunha não pode expor esse estado de espírito, mas os outros três. Assim, se o juiz lhe pergunta se a arma era uma faca ou um punhal, poderá a testemunha ser colocada nos seguintes estados de espírito:

Ignorância – Não sei como é um punhal, pois sempre pensei que fosse uma faca.

Dúvida – Estava meio escuro **e acho** que era um punhal, mas bem parecia ser uma faca.

Opinião – **Acho** que era um punhal.

Certeza – Era uma faca, porque não tinha o formato de um punhal.

D – Certeza – observa-se quando a inteligência se amolda de forma segura e decidida à verdade. É o estado de espírito que afirma sem temor de enganar-se. O critério da verdade, ou seja, o sinal que a distingue claramente e o motivo último de toda certeza é a **evidência**.

Descartes, na sua obra "Discurso sobre o Método" indicou-a claramente ao dizer que "não se deve receber coisa alguma a não ser que esteja evidentemente conhecido como tal". Foi ela definida como o "fulgor da verdade que arrebata o assentimento da inteligência". Evidência é palavra de origem latina: "evidens" = claro, patente. Um fato será evidente, se ele for claramente demonstrado e provado. Uma prova evidente é a prova convincente, contra a qual não se pode opor opinião contrária.

ERRO – É o contrário da verdade; é a não conformidade do juízo com a realidade. Vê-se a diferença entre o erro e a ignorância; esta é a impossibilidade da inteligência em afirmar ou negar, enquanto que o erro consiste em afirmar o que não corresponde à realidade. Nosso Código Civil traz uma seção, nos arts.138 a 144, denominada "Do Erro ou Ignorância", cuja teoria será estudada na teoria geral do Direito Civil.

A tendência normal do espírito humano é buscar a verdade, regozijar-se em atingi-la, embora nem sempre consegue fazê-lo. Existem causas lógicas do erro, que provêm da fraqueza nativa da inteligência, ou seja, das falhas físicas ou intelectuais, como por exemplo:

A – insuficiência de nossos sentidos em conhecer um objeto;

B - falhas da memória que não permitem a fiel reprodução das verdades anteriores;

C - falta de perspicácia ou de método para analisar o que é obscuro ou complexo.

O erro advém às vezes de causas morais que impedem a correta evolução de nosso pensamento, fazendo-o desviar-se da verdade. Entre essas causas podemos citar, de forma apenas exemplificativa, não enumerativa:

A – a vaidade, que nos leva a conceder muita importância à nossa inteligência;

B - o interesse, que nos impele a juízos não verdadeiros mas vantajosos;

C – a preguiça intelectual, que nos impede de aplicar o termo exato a um conceito, ou estabelecer juízos precipitados.

Nosso Código Civil refere-se muitas vezes aos erros e suas causas, e, de acordo com sua causa, provoca o erro diferentes conseqüências jurídicas. O art. 171 do Código Penal, por exemplo, capitula o estelionato da seguinte forma:

"Obter, para si ou para outrem, vantagem ilícita, em prejuízo alheio, induzindo ou mantendo alguém em **erro**, mediante artifício, ardil, ou qualquer outro meio fraudulento".

Há dois tipos de erro no estelionato; o estelionatário comete erro devido ao interesse, que impele esse criminoso a expor erro vantajoso a ele; para a vítima, o erro advém da ignorância da questão.

No decorrer do curso de direito, os acadêmicos vão se deparando com muitos tipos de erros, como erro de fato, erro de direito, erro substancial, erro acidental, quando irão poder aplicar os conceitos aprendidos no estudo desta matéria.

CRITÉRIO DE VERDADE SEGUNDO ALGUMAS DOUTRINAS – É conveniente citar que não existe critério uniforme de interpretação da verdade nas diversas doutrinas, adotando cada uma critérios próprios. Essas teorias colocam-se entre o ceticismo e o dogmatismo, segundo confiem ou não na capacidade humana em atingir a verdade. Estudemos as teorias principais.

CETICISMO – É teoria por demais antiga, anterior mesmo a Aristóteles, pois remonta aos sofistas que floresceram na Grécia no século IV a.C., cujos principais foram Protágoras e Górgias. Afirmam os céticos que não podemos legítima e cientificamente ter certeza de alguma coisa, devendo-nos abster de qualquer afirmação ou negação e permanecer na dúvida universal, único estado de espírito permanente e legítimo.

Argumentam eles que o espírito humano não tem poderes que o capacitem a conhecer a verdade. Se o espírito humano pudesse atingir a verdade, ele se imporia definitivamente, não havendo mais discussões nem teorias. As verdades se relacionam de tal forma que, para admitirmos uma verdade, teríamos que conhecer muitas outras, fato superior às nossas forças intelectuais. O poder de nossos sentidos é muito limitado; a vaidade e o interesse nos afastam da verdade.

Se temos que interpretar a lei é porque estamos em dúvida em relação a ela. Se tivermos certeza naquilo que a lei diz, não haveria necessidade de interpretação: "in claris cessat interpretatio" = na clareza cessa a interpretação.

DOGMATISMO – É a teoria antagônica à precedente, afirmando que a certeza é o estado legítimo do espírito. Para chegar à verdade, o homem foi dotado dos instrumentos necessários; se assim não fosse, jamais o conhecimento humano poderia evoluir.

PRAGMATISMO – Trata-se de teoria tipicamente norte-americana, com alguns reflexos na Inglaterra. Criação de Pierce (1839-1914), apresenta entretanto como vultos principais William James e John Dewey.

Para o pragmatismo a verdade não só existe, mas acontece. Uma idéia torna-se verdadeira se revelar utilidade na sua aplicação. Ao indagar de um juízo se ele é verdadeiro ou falso, procura aplicá-lo no domínio prático da ação: se os resultados forem positivos o juízo será verdadeiro; se não produzir nada de útil será falso. O conhecimento da verdade não é a sua pura contemplação mas um guia para a ação, donde a origem do nome, de origem grega: pragma = ação.

Daí a concepção pragmática da verdade, que deixa de ser a equação da inteligência com o objeto, para se transformar no índice de utilidade que possa ter o juízo. As vantagens que uma idéia possa trazer é o único critério para admiti-la como verdadeira. Pelo que se nota, o pragmatismo é a predominância do interesse em todo o pensamento humano.

Utilizando-se da doutrina pragmatista, será nosso novo Código Civil correto ou não? Teremos que esperar sua aplicação e a jurisprudência que surgir. Se ele provocar bons resultados será bom; se os resultados forem ruins será mau.

POSITIVISMO – É doutrina criada pelo filósofo francês Augusto Comte no século XIX. O positivismo ingressou no Brasil com grande vigor, exercendo extraordinária influência em nosso desenvolvimento intelectual. O lema de nossa bandeira, "ordem e progresso", é de origem positivista. Influenciou bastante o movimento republicano no Brasil.

Para o positivismo só o sensível é real pois o espírito humano só pode atingir as verdades de ordem experimental. Qualquer conhecimento fora do conhecimento sensível é metafísica e esta é impossível. Possível mesmo só é a ciência positiva. As verdades

287

filosóficas são possíveis à nossa inteligência, porém a filosofia positiva resume-se nas verdades de ordem experimental, integradas nas ciências positivas, classificadas segundo o critério de complexidade crescente e generalidade decrescente. São elas: matemática, mecânica, física, química, biologia, sociologia.

A filosofia vem a ser portanto o agrupamento das seis ciências experimentais e positivas. Segundo o critério de Comte, a matemática apresenta fatos muito genéricos e pouco complexos, e essa complexidade vai aumentando até chegar na sociologia, em que os fatos são muito complexos. Ao revés, os fatos da sociologia são os menos genéricos.

DIALÉTICA – É talvez a doutrina de mais larga aplicação no direito, criada pelo filósofo alemão Hegel. Para ele, as idéias surgem e se afirmam pela oposição de outras, fazendo surgir outra, que será a verdadeira e perfeita, por ser mais moderna e baseada em fundamentos mais ricos. Para Hegel, a evolução do conhecimento se processa em três fases:
- TESE – Aspecto racional do conceito.
- ANTÍTESE – idéias contrárias à tese.
- SÍNTESE – nova idéia, surgida do choque entre a tese e a antítese, fundindo-as.

A doutrina de Hegel projetou-se no século XIX, por seu aproveitamento por Carlos Marx, ao criar a dialética materialista. Para a doutrina marxista, a tese é a situação econômica, política, social e jurídica da sociedade. Com o tempo e as transformações econômicas, começa essa situação a deteriorar-se e revelar seus erros: é a antítese. Esta acaba prevalecendo por não trazer os vícios da tese. Entretanto, ao impor-se, absorve alguns elementos da tese.

Exemplo dado por Marx é o ovo; este constitui a tese, mas ele começa a revelar o germe de sua destruição e esse germe (antítese) prevalece; contudo esse germe absorve o ovo, transformando-o num frango.

Aplicando a dialética na evolução e aperfeiçoamento do direito e da lei, podemos dar como exemplo o novo Código Civil. Existia o Código de 1916; este constitui a tese. Pouco a pouco foi esse código revelando seus erros e as transformações ocorridas na sociedade brasileira tornaram-no inadequado. Surgiu então a antítese, as novas idéias em oposição ao Código de 1916, e estas prevaleceram, surgindo a síntese, o Código Civil de 2002. A síntese porém não eliminou a tese, pois assimilou muitas idéias do Código de 1916, tanto que permaneceram muitos artigos "ipsis literis".

## 19.14. Lógica e teoria do conhecimento. Origem do conhecimento. A lei

Conhecer é a operação imanente do espírito pela qual uma pessoa em si mesma representa mentalmente um objeto. Um sujeito representa, dentro de sua mente, uma coisa que está fora dele; com tal ato passa a conhecer essa coisa. Conhecer é portanto o ato pelo qual um sujeito torna um objeto presente em sua mente.

O sujeito é a pessoa que conhece: o objeto é a coisa conhecida. A palavra objeto é de origem latina "ob jectum" = colocado adiante. A palavra "sujeito" tem origem análoga: "sub jectum" = colocado abaixo. A palavra "imanente" é também de origem latina. Ela vem de "in" = dentro, e "manere" = ficar, permanecer. Imanente é a qualidade daquilo que fica dentro.

Ora, o ato de conhecer é dito imanente, porque o seu efeito, isto é, o conhecimento (o conhecimento é o efeito do ato de conhecer) fica, permanece dentro do sujeito que conhece.

O conhecimento é o efeito resultante da operação de conhecer. É a representação mental que o sujeito se faz do objeto. Dizemos representação mental porque o objeto é espiritualizado: é o próprio objeto tornado realidade psíquica dentro do sujeito pensante. Nessas condições, quando o objeto for alvo de conhecimento, passa ele a existir em dois mundos diferentes. Existe **fisicamente** no mundo da natureza e existe **espiritualmente** no mundo psíquico.

Entretanto, se o objeto é o que está colocado adiante, como poderia estar no sujeito? Como pode o não-eu estar dentro do eu? Não é entretanto o objeto em si que está dentro do sujeito, mas sua representação. Aristóteles dizia que não é a pedra que está na alma

289

mas a sua forma. Estava Aristóteles dizendo, portanto, que os objetos, por sua natureza, estão fora do sujeito; só podem estar dentro do sujeito por meio de algo que os represente.

Existem muitos meios pelos quais os objetos externos são representados no sujeito. Mas esses meios dependem dos instrumentos que o espírito humano dispõe para os criar. São os instrumentos cognitivos. Dispomos de três instrumentos cognitivos:

A – órgãos sensórios;
B – inteligência objetiva ou material;
C – inteligência subjetiva ou espiritual.

ÓRGÃOS SENSÓRIOS – São órgãos corporais, cujas funções ou faculdades são as de conhecer concreta e individualmente as qualidades sensíveis dos objetos materiais. Os órgãos sensórios produzem o conhecimento sensível, que consiste em sensações, percepções e imagens.

Se o conhecimento sensível chega até o sujeito, pela excitação de um órgão sensório, esse conhecimento será então conhecimento individualizado, empregando-se aqui o termo indivíduo no seu exato sentido, ou seja, aquilo que não pode ser dividido sem deixar de ser o que é. Uma árvore é um indivíduo; se a cortarmos ao meio não mais será árvore, mas lenha ou madeira.

O conhecimento sensível é conhecimento individualizado porque é conhecimento de certo e determinado objeto.

INTELIGÊNCIA OBJETIVA – A inteligência objetiva ou material não é um órgão; é a faculdade de conhecer abstratamente e de maneira geral os objetos materiais. Esta faculdade produz o conhecimento intelectual objetivo, que são as idéias e os juízos. Este conhecimento não é de objetos materiais em si, mas que se acham conectados, ligados à matéria. Esses objetos, nós o chamamos materiais em si. Tal é o caso da idéia, que é a representação apenas intelectual, mas abstraídas das imagens; estas entretanto são representações de coisas materiais.

INTELIGÊNCIA SUBJETIVA – Também chamada inteligência espiritual, a subjetiva é também uma faculdade: a faculdade de conhecer objetos espirituais, isto é, objetos absolutamente desligados da matéria. É o caso, por exemplo, da bondade, da boa-fé, ou dos princípios lógicos de identidade, de não contradição, de terceiro-excluído e de razão suficiente. São objetos conhecidos de nós mas que não se encontram em matéria nenhuma. A inteligência subjetiva ou espiritual não é citada nos compêndios e raros professores lhe fazem referência.

Aristóteles dizia que nada existe no intelecto que não tenha passado pelos sentidos. É evidente que, ao fazer essa afirmação, Aristóteles se referia à inteligência objetiva ou material, completamente esquecido da inteligência subjetiva ou espiritual. A inteligência subjetiva ou espiritual produz o conhecimento intelectual subjetivo; consiste este nas noções espirituais.

Notamos assim, de forma sinóptica, três tipos de conhecimento, conforme é originado de um dos três instrumentos cognitivos:

| INSTRUMENTO COGNITIVO | CONHECIMENTO |
| --- | --- |
| - órgãos sensórios | sensível (sensação, percepção, imagem) |
| - inteligência objetiva | intelectual objetivo (idéia, juízo, raciocínio) |
| - inteligência subjetiva | intelectual subjetivo (noções espirituais) |

GRAUS DO CONHECIMENTO – O conhecimento humano não apresenta uniformidade, visto que é conhecimento de três graus: vulgar, lógico, filosófico.

**Conhecimento vulgar** – Vulgar ou intuitivo é o conhecimento brotado do jogo espontâneo da inteligência diante dos fatos comuns da vida. É o conhecimento simples, banal, nascido da experiência quotidiana, nascido sem ordem preestabelecida, sem método assentado. É o conhecimento que nos serve a cada instante. Por exemplo, um cidadão presencia de perto um acidente automobilístico. Ele viu o choque e ouviu o barulho; sabe ele que houve um acidente, mas não precisou raciocinar para saber dele. Vemos a fumaça do ônibus subir e ficamos sabendo que ela subiu.

**Conhecimento científico** – Também se chama conhecimento lógico. Vemos a fumaça do ônibus subir, mas podemos ficar sabendo que ela sobe porque é mais quente que o ar ambiental e sendo mais quente é mais leve e por isso se sobrepõe ao ar mais frio. Há explicação lógica para esse fenômeno; está indicada a causa dele; estamos então ante o conhecimento lógico ou científico.

É claro que a inteligência humana não se contenta com o conhecimento vulgar ou empírico. O ser humano é extremamente curioso. Poderíamos mesmo dizer que é infinita a curiosidade humana. Vive o ser humano a perguntar o por que das coisas. Desde os primeiros anos a criança vive a interrogar sobre tudo: por quê? – por que isto? – por que aquilo? – por que isto é assim? – qual a razão, qual a causa, qual o motivo?

É que ao ser humano não basta saber que as coisas existem. Ele quer saber a causa das coisas. Não basta saber que a chuva cai. E esta curiosidade natural da mente humana leva-nos a nos aprofundar nos conhecimentos, leva-nos à causa dos fenômenos. E, quando ele descobre as causas, o seu conhecimento deixa de ser simples conhecimento empírico e vulgar, para ser conhecimento demonstrado. É evidente que o ser humano passa do conhecimento do primeiro grau para conhecimento mais alto, para o conhecimento do segundo grau que é o conhecimento demonstrado, o conhecimento pelas causas.

Aristóteles dizia textualmente;

> "Conhecemos uma coisa de maneira absoluta quando sabemos qual é a causa que a produz e porque essa causa não poderia ser outra. É isto saber por demonstração e por isso a ciência se reduz à demonstração."

Muito mais recente é o aforismo de Bacon: "Vere scire per causas scire" = conhecer verdadeiramente é conhecer pelas causas.

Ora, o conhecimento pelas causas é que constitui aquilo que **chamamos conhecimento científico**, também chamado **conhecimento lógico**. O conhecimento científico é o conhecimento de segundo grau.

O conhecimento científico caracteriza-se por duas notas: a **generalidade** e a **necessidade**. O conhecimento científico há de ser geral, precisamente porque é conhecimento pelas causas. As causas são sempre causas gerais de seus efeitos particulares. Assim, a força de gravidade é a causa geral da queda dos corpos em particular. A pedra cai, a chuva cai, a maçã cai do pé; eis aí o rol de efeitos particulares da causa geral constituída pela força da gravidade. A causa é geral; os efeitos é que são particulares, de maneira que a generalidade é realmente a nota característica do conhecimento científico.

**Conhecimento filosófico** – As causas de determinado fato podem chegar ao nosso conhecimento por meio dos órgãos sensórios. Outras porém não podem impressionar nossos sentidos por serem atingidas pela luz da razão; são as causas primeiras, também chamadas metafísicas. Essas causas ficam além da experiência, fogem ao poder de nossos sentidos.

A filosofia é a ciência das causas primeiras ou das razões mais elevadas de todas as coisas. É o conhecimento de terceiro grau. É ciência também, por ser conhecimento pelas causas mas as causas que a filosofia procura são as **insuscetíveis** de impressionar nossos sentidos.

**A LEI** – A origem da palavra lei é bastante controvertida. Sabe-se que é de origem latina: lex – legis. Consta que certas normas eram afixadas publicamente para que fossem lidas; assim o termo originou-se do verbo latino "legere" = ler. Cícero dá porém outra origem; afirma derivar de "eligere" = eleger, escolher, pois a lei é norma escolhida para o comportamento humano. São Tomás de Aquino dá-lhe outra etimologia; para ele lei vem de ligar, porque obriga a agir.

As leis são formas que regulamentam uma ordem. Há duas espécies de ordem:

1 – a ordem da natureza ou ordem física;
2 – a ordem do comportamento ou ordem ética.

Haverá assim duas espécies de lei: a física e a ética. As físicas são fórmulas da ordem da natureza ou do mundo material. É o caso desta lei: "a matéria atrai a matéria na razão direta das massas e na razão inversa das distâncias". Resulta ela do conhecimento sensório e, após, do conhecimento científico.

O que nos interessa neste momento são as leis éticas, a fórmula da ordem do comportamento humano, como por exemplo; "aquele que causar prejuízo a outrem, por ação voluntária, negligência ou imprudência, ainda que exclusivamente moral, comete ato ilícito".

A lei ética origina-se da inteligência e da vontade do ser humano; elas não existiriam se o ser humano não existisse, visto que sua vigência depende de atos humanos, que são atos livres. São alteráveis, substituíveis, mas não invioláveis.

Toda lei ética é imperativa e só a lei ética é imperativa. As leis físicas ou leis da natureza não são imperativas porque não podem impor dever, uma vez que a imperatividade só existe se existir liberdade. Por isso, a lei ética é uma norma e só a lei ética é norma, porquanto normaliza o comportamento. Elas não dizem o que é mas o que deve ser.

As ciências que estabelecem leis éticas são chamadas de normativas, como a lógica, a ética (também chamada moral), as ciências jurídicas, a sociologia; são as ciências do "dever ser". As ciências que estabelecem leis físicas são as ciências especulativas, como a química, a física, a psicologia.

Vamos estabelecer paralelo entre o direito e a psicologia; podemos dar a ambos a mesma definição: é a ciência do comportamento humano. A psicologia diz como é o comportamento humano; o direito diz como deve ser o comportamento humano. Eis aí a distinção entre a ciência especulativa e a normativa.

**Provo** *Distribuidora* / *e Gráfica*

Pabx: (011) 4178 05 22 fax ramal: 30
provo@uol.com.br